河北省社会科学基金项目
河北构建生育支持政策体系探索研究
项目编号：HB21SH010

构建生育支持政策体系探索研究

以河北省为例

吕静 魏强 等 著

河北大学出版社
·保定·

出 版 人：朱文富
责任编辑：翟永兴
装帧设计：赵 谦
责任校对：陈浩苏
责任印制：常 凯

图书在版编目（CIP）数据

构建生育支持政策体系探索研究 ：以河北省为例 / 吕静，魏强 等 著. -- 保定 ：河北大学出版社，2023.6
ISBN 978-7-5666-2208-2

Ⅰ. ①构… Ⅱ. ①吕… ②魏… Ⅲ. ①计划生育－人口政策－研究－河北 Ⅳ. ① C924.21

中国国家版本馆 CIP 数据核字 (2023) 第 097722 号

出版发行：河北大学出版社
地址：河北省保定市七一东路2666号 邮编：071000
电话：0312-5073003 0312-5073029
网址：www.hbdxcbs.com
邮箱：hbdxcbs818@163.com
印 刷：保定市北方胶印有限公司
幅面尺寸：170 mm × 240 mm
字 数：220千字
印 张：16.75
版 次：2023年6月第1版
印 次：2023年6月第1次印刷
书 号：ISBN 978-7-5666-2208-2
定 价：50.00 元

前　言

河北省是一个人口大省。2020 年“七普”数据表明，河北省人口数量为 7 461.02 万，居全国第六位，占全国总人口的 5.28%，比 2010 年的 5.36%降低了 0.08 个百分点[①]，反映出河北省人口数量相对减少的情况。根据“七普”数据，河北省流入人口数量为 315.53 万，流出人口数量为 548.03 万，流出人口数量比流入人口数量多出 232.50 万，这成为河北省人口数量在全国总人口中占比下降的一个重要原因。河北省人口数量在全国总人口中占比下降的另一个原因是生育水平下降幅度更大。从河北省人口出生率与全国人口出生率的比较看，在 2011—2020 年的 10 年中，河北省有 6 年低于全国，有 4 年略高于全国，由此也可以证实河北省人口数量在全国总人口中占比下降的情况。

河北省同全国一样，自 20 世纪 90 年代初期生育率就降到了更替水平以下，1991 年为 1.81。但这种下降趋势并没有因为降至更替水平以下而停止，而是继续下降，2000 年降至 1.32（普查数据，有人认为排除漏报后应为 1.60 左右），2010 年仍为 1.32（普查数据，有人认为排除漏报后应为 1.60 左右），2020 年依然为 1.32。尽管 2013 年党的十八届三中全会将原来的“提倡一孩”政策调整为“单独二孩”政策、2015 年党的十八届五中全会进一步调整为“全面两孩”政策，至此，执行了几十年的“一孩化”政策画上了终止符。2021 年 5 月 31 日中共中央政治局会

---

① 国家统计局，国务院第七次全国人口普查领导小组办公室．第七次全国人口普查公报（第三号）[R/OL].(2021-05-11)[2023-02-16]. http://www.stats.gov.cn/tjsj/tjgb/rkpcgb.

议进一步作出了放宽生育政策、“实施一对夫妻可以生育三个子女政策及配套支持措施”的重大决策。但生育新政的实施，仅仅是部分释放了多年来积累下来的生育势能，生育水平只是出现短暂回升，并没有出现原来预想的生育高峰，出生人数反而在 2018 年后出现“三连降”，出生率从 2016 年开始持续下降了 5 年。2020 年的总和生育率降至 1.32 的超低水平。

在长期实行“提倡一对夫妇只生育一个孩子”的生育政策过程中，多数群众难以接受“只生一个”或没有男孩的现实，宁愿承受经济和行政处罚也要“超生”，以至于形成了国家政策限制二孩生育与多数群众希望生育两个孩子之间的矛盾，计划生育成为“天下第一难”的工作。生育政策由原来的限制二孩变为“单独二孩”政策、“全面两孩”政策和“三孩政策”后，生育率不升反降，这是为什么呢？究其原因主要在于，家庭生育行为的主导因素发生了重大变化，由主要依靠国家政策和行政干预的外力推动变成了生育主体根据自身和家庭状况的自主决策。① 部分育龄夫妇或家庭因为感到生育孩子经济压力过大、缺乏家庭照料资源、影响女性就业和职业发展等，降低了生育意愿，自觉减少了生育子女数。②

可见，当前生育意愿低迷、生育动力不足的情况，已经成为影响生育水平难以回升的重要因素。为解决这一难题，中共中央、国务院审时度势，于 2021 年 5 月 31 日召开政治局会议，作出了进一步放宽生育政策、“实施一对夫妻可以生育三个子女政策及配套支持措施”的重大决策，提出了“要将婚嫁、生育、养育、教育一体考虑，加强适婚青年婚恋观、家庭观教育引导，对婚嫁陋习、天价彩礼等不良社会风气进行治理，提高优生优育服务水平，发展普惠托育服务体系，推进教育公平与优质教育资源供给，降低家庭教育开支。要完善生育休假与生育保险制

---

① 吕红平. 适度生育水平：人口长期均衡发展的重要基础 [J]. 晋阳学刊，2022 (1)：45-53.

② 陈卫，刘金菊. 近年来中国出生人数下降及其影响因素 [J]. 人口研究，2021，45 (5)：57-64.

度，加强税收、住房等支持政策，保障女性就业合法权益”的具体要求。2021 年 7 月 20 日，《中共中央 国务院关于优化生育政策 促进人口长期均衡发展的决定》正式颁布，专门就优化生育政策、实施一对夫妻可以生育三个子女政策、取消社会抚养费等制约措施、清理和废止相关处罚规定、配套实施积极生育支持措施等人口发展中的重大问题作出决定；2021 年 8 月 20 日，十三届全国人大常委会第三十次会议表决通过了《关于修改〈人口与计划生育法〉的决定》，把“一对夫妻可以生育三个子女”写进法律。这一系列重大决策，为促进人口长期均衡发展、平缓总和生育率下降趋势、实现适度生育水平、改善人口结构、提高人口素质、保持人力资源禀赋优势等人口工作做好了顶层设计，指明了发展方向，确定了任务目标，提出了具体要求。国家生育政策是否能够落到实处、见到实效，还有赖于各地能够制订实施切实可行的具体方案。

作为一个人口大省，河北省贯彻落实生育政策不仅是解决本省人口问题的必然选择，而且对全国也具有重要影响。从实际情况看，河北省同全国一样，也存在生育意愿低迷、生育动力不足的问题，人口形势不容乐观。为了深入研究这一问题的表现特征、形成原因、社会后果以及解决对策，我们申请了 2021 年河北省社会科学规划项目课题“河北构建生育支持政策体系探索研究”，幸运的是，课题申请顺利获得了河北省社会科学规划办的立项资助，这为我们的课题研究提供了良好的条件，也更加坚定了我们对这一课题进行深入研究的信心。

课题获得立项后，课题负责人组织课题组成员再一次讨论修订了研究计划，细化了工作方案，进行了具体分工，确定了分工与合作相结合的课题研究工作模式，提出了完成初步研究成果和撰写本书的时间安排和质量要求。2022 年 6 月底，本书初稿按计划完成后，课题组成员集中两天时间，进行了封闭式汇报交流。大家集思广益，认真讨论，对各个部分存在的问题及应当改进提升的内容提出了具体的意见和建议，并且达成了突出亮点、补充短板、精益求精、高质量完成最终成果的共识。本书写作进入第二阶段修改完善后，一方面要求本书各部分承担人员按要求仔细修改；另一方面课题负责人加强了与各个写作人员的沟通和联系，直接参与到各个部分的修改完善之中，对实现体例的一致性、解决部分内容重复和遗漏问题、提高本书质量起到了重要作用。10月底，各部分修改稿完成后，课题负责人进行了统稿。然后，又将完成的修改稿发至有关专家征求意见，并且根据专家意见和建议，对书稿再次进行修改完善，最终完成了定稿。

吕静、魏强、林顺利、魏晓、吕沫含、吕红平等参加了本书的写作与修改工作。吕静负责总体策划和审稿定稿，魏强协助统稿定稿。

感谢河北大学出版社将本书列入出版计划，感谢责任编辑翟永兴副编审认真负责的敬业精神以及在书稿编审中提出的宝贵意见和具体建议！

吕静

2023年4月

目　录

① 2003年7月18日河北省第十届人民代表大会常务委员会第四次会议通过。

② 根据2014年5月30日河北省第十二届人民代表大会常务委员会第八次会议《河北省人民代表大会常务委员会关于修改〈河北省人口与计划生育条例〉的决定》修正。

③ 根据2016年3月29日河北省第十二届人民代表大会常务委员会第二十次会议《河北省人民代表大会常务委员会关于修改〈河北省人口与计划生育条例〉的决定》修正。

④ 2021年11月23日河北省第十三届人民代表大会常务委员会第二十七次会议修订。

第一章　绪论

从国家层面说，人口发展是关系中华民族长远发展的重大战略问题，是全面建设社会主义现代化国家、实现第二个百年奋斗目标的人力资源保障。就河北省而言，人口发展不仅关系到 2035 年全面建成经济强省、美丽河北和基本实现社会主义现代化远景目标，而且关系到能否为雄安新区建设和有效承接北京非首都功能提供足够的人力人才资源，关系到第二个一百年乃至更长时期河北发展的人力资源持续供给。虽然人口发展是一个内容非常丰富的概念，包含数量、质量、结构、分布等多方面的内容，但人口数量无疑是这些内容中最为基础的方面，没有数量，其他方面皆无从谈起。就人口数量变化而言，从目前情况看主要取决于生育水平高低。我国在实行了几十年严格的计划生育政策之后，为了改变长期低生育水平导致的一系列人口问题、推进实现人口长期均衡发展，分别于 2013 年出台“单独二孩”政策、2015 年出台“全面两孩”政策、2021 年 5 月 31 日出台“三孩政策”。然而，从“单独二孩”政策和“全面两孩”政策的实施效果看，并不尽如人意，远未实现政策预期目标。那么，如何才能落实好“三孩政策”呢，本书将从河北省实际情况出发，以构建生育支持政策体系为主题，以帮助育龄夫妇解决生育难题、促进生育意愿提升和生育行为为目标，作出探索性研究。

一、研究背景

实施“全面两孩”政策的五年间，河北省出生人口数量不仅没有出现原来预计的“井喷”式增加，反而呈现出明显的下降态势，与原来的政策预期形成较大反差。与全国相比，河北省出生人口数量表现出更大的波动性和更大幅度的减少。

河北省自2017年以来出生人口数量下降是一个不争的事实。那么，为什么"提倡一孩"的生育政策画上了终止符，开启了生育政策放宽的新时代，生育率不仅没有上升，反而出现了持续下降的情况呢？一般说来，生育率变化是多种因素共同作用的结果，既与育龄妇女数量和生育旺盛期妇女数量变化、育龄期妇女初婚数量变化等人口学因素导致的生育群体数量变化的分母效应直接相关，也与消费观念和消费水平变化、子女抚养成本上升和托幼社会服务供给不足等经济社会因素影响所导致的生育主体生育意愿下降高度相关。

从育龄妇女数量变化情况看，根据2020年河北省第七次人口普查资料以及根据"六普"和"七普"数据推算的年度数据，无论与2010年相比，还是与2015年相比，2016年以来全省育龄妇女数量及其占比一直处于减少和下降态势。2020年与2010年、2015年相比，15—49岁育龄妇女数量分别减少12.84%和6.67%；20—35岁生育高峰期育龄妇女数量分别减少10.92%和13.93%。在其他条件不变的情况下，生育人群规模减小必然导致出生人口数量减少，这是不言自明的道理。但育龄妇女人数减少比例大大低于出生人数减少比例（按全省住院分娩活产婴儿数计算，2020年比2010年减少40.89%，比2015年减少19.55%）的情况说明，虽然育龄妇女数量减少是出生数量减少或生育率下降的一个重要因素，但并非全部因素，必然还有其他因素在起作用。

与全国相同的是，由于几十年来大张旗鼓地开展"计划生育好"的正面宣传倡导，多数群众潜移默化地接受了"少生优育"和"只生一个"的生育观念，并且已经固化为一种内在的自我意识①。以至于近年来生育政策调整后，国家支持和鼓励生育二孩，多数育龄夫妇却并不"买账"，二孩总和生育率并没有出现实质性升高，即多数已育一孩的育龄妇

① 吕红平. 适度生育水平：人口长期均衡发展的重要基础［J］. 晋阳学刊，2022（1）：45-53.

女并没有生育二孩，这与20世纪八九十年代群众难以接受“提倡一孩”的政策要求，不少家庭千方百计甘愿承受经济和行政处罚也要“超生”的情况形成了鲜明对比。这说明，家庭生育行为决策的主导因素已经发生了由主要依靠国家政策和行政干预的外力推动向生育主体根据自身和家庭状况自主决策的重大转变，生育主体的生育意愿成为是否生育二孩的决定性因素。

生育率持续下降必然导致人口再生产萎缩或人口负增长，影响人口长期均衡发展，进而弱化甚至消除人力资源禀赋优势，影响到河北人口大省的地位以及经济强省和现代化建设目标的实现。

为推进实现人口长期均衡发展，2021年5月31日，习近平总书记主持召开中共中央政治局会议，听取“十四五”时期积极应对人口老龄化重大政策举措汇报，审议《关于优化生育政策促进人口长期均衡发展的决定》，会议提出了“进一步优化生育政策，实施一对夫妻可以生育三个子女政策及配套支持措施”的要求，把“三孩政策”提升到了“有利于改善我国人口结构、落实积极应对人口老龄化国家战略、保持我国人力资源禀赋优势”的高度，强调要求“各级党委和政府要加强统筹规划、政策协调和工作落实，依法组织实施三孩生育政策，促进生育政策和相关经济社会政策配套衔接，健全重大经济社会政策人口影响评估机制”。并且还从加强适婚青年婚恋观、家庭观教育引导，综合治理婚嫁陋习、天价彩礼等不良社会风气，提高优生优育服务水平，发展普惠托育服务体系，推进教育公平与优质教育资源供给，降低家庭生育、养育、教育成本，完善生育休假与生育保险制度，加强税收、住房等支持政策，保障女性就业合法权益等角度，提出了健全生育支持政策体系的任务目标。2021年7月20日，《中共中央 国务院关于优化生育政策 促进人口长期均衡发展的决定》正式颁布，专门就优化生育政策、实施一对夫妻可以生育三个子女政策、取消社会抚养费等制约措施、清理和废止相关处罚规定、配套实施积极生育支持措施等人口发展中的重大问题作出决定。2021年8月20日，十三届全国人大常委会第三十次会议表决通过了

《关于修改〈人口与计划生育法〉的决定》。“一对夫妻可以生育三个子女”写进法律。2022年10月16日，习近平总书记在党的二十大报告中指出：“优化人口发展战略，建立生育支持政策体系，降低生育、养育、教育成本。”这一系列国家层面的重大决策，为促进人口长期均衡发展、平缓总和生育率下降趋势、实现适度生育水平、改善人口结构、提高人口素质、保持人力资源禀赋优势等人口工作做好了顶层设计，指明了发展方向，确定了任务目标，提出了具体要求。①

贯彻落实中共中央、国务院关于生育政策调整的一系列重大决策，认真实施2021年11月23日河北省第十三届人民代表大会常务委员会第二十七次会议修订的《河北省人口与计划生育条例》，推进实现河北省人口长期均衡发展，是河北省近期人口工作的重点任务，需要根据河北省实际情况，制定实施细则，细化支持政策，努力构建生育友好型社会，帮助育龄夫妇解决生育难题，鼓励群众按政策生育，把好事办好，让人民满意。本书就是在“三孩政策”背景下，围绕贯彻落实“三孩政策”、促进河北省人口长期均衡发展这一主题展开的。

二、研究意义

开展河北构建生育支持政策体系探索研究这一课题，其主要目的就是根据中共中央、国务院文件要求，从河北省现实人口省情及未来发展趋势出发，研究探索通过构建生育支持政策体系，全面贯彻落实“三孩政策”，推进实现河北省人口长期均衡发展，保持河北省人力资源禀赋优势，服务于全面建成经济强省和社会主义现代化目标。具体而言，本研究具有以下几个方面的目的和意义。

（一）落实国家生育政策、实施河北省人口发展战略的重要保障

我国在实行了几十年严格的计划生育政策之后，为了改变长期低生

① 吕红平．适度生育水平：人口长期均衡发展的重要基础［J］．晋阳学刊，2022（1）：45-53.

育水平导致的一系列人口问题、推进实现人口长期均衡发展，分别于2013年出台“单独二孩”政策、2015年出台“全面两孩”政策、2021年5月31日出台“三孩政策”。为落实好生育政策，中共中央、国务院还专门出台决定，作出安排和规划。2015年12月31日，《中共中央 国务院关于实施全面两孩政策 改革完善计划生育服务管理的决定》提出了“保持适度生育水平”的目标和“建立完善包括生育支持、幼儿养育、青少年发展、老人赡养、病残照料等在内的家庭发展政策，鼓励按政策生育。完善计划生育奖励假制度。增强社区幼儿照料、托老日间照料和居家养老等服务功能”的基本要求。2017年10月18日，党的十九大报告提出“促进生育政策和相关经济社会政策配套衔接”的要求。2020年10月29日，中国共产党第十九届中央委员会第五次全体会议通过的《中共中央关于制定国民经济和社会发展第十四个五年规划和二〇三五年远景目标的建议》提出：“制定人口长期发展战略，优化生育政策，增强生育政策包容性，提高优生优育服务水平，发展普惠托育服务体系，降低生育、养育、教育成本，促进人口长期均衡发展，提高人口素质。”2021年3月13日，《中华人民共和国国民经济和社会发展第十四个五年规划和2035年远景目标纲要》对“推动实现适度生育水平”作出具体规划，要求“增强生育政策包容性，推动生育政策与经济社会政策配套衔接，减轻家庭生育、养育、教育负担，释放生育政策潜力。完善幼儿养育、青少年发展、老人赡养、病残照料等政策和产假制度，探索实施父母育儿假”，“发展普惠托育服务体系，健全支持婴幼儿照护服务和早期发展的政策体系。加强对家庭照护和社区服务的支持指导，增强家庭科学育儿能力。严格落实城镇小区配套园政策，积极发展多种形式的婴幼儿照护服务机构，鼓励有条件的用人单位提供婴幼儿照护服务，支持企事业单位和社会组织等社会力量提供普惠托育服务，鼓励幼儿园发展托幼一体化服务”。2021年7月20日公布的《中共中央 国务院关于优化生育政策 促进人口长期均衡发展的决定》明确要求：在实施一对夫妻可以生育三个子女政策的同时，要取消社会抚养费等制约措施，清理和废止相关处罚规定，配套实施积极生育支持措施，建立健全支持政策和标准规范体系，大力发展多种形式的托育普惠服务。2022 年 10 月 16 日，党的二十大报告进一步要求“建立生育支持政策体系”。河北省作为一个人口大省，根据中共中央、国务院文件精神，制定实施河北省具体方案，不仅是对全国的贡献，也是河北省自身发展的需要。

为推进实现河北省人口长期均衡发展，河北省在出台的一系列规划和文件中都作出了具体安排。2016 年 11 月 2 日，河北省委、省政府出台《关于实施全面两孩政策改革完善计划生育服务管理的意见》，明确要求“稳妥扎实有序实施全面两孩政策”“各部门要加强协作，及时出台配套管理办法，做好与全面两孩政策实施相关的经济、社会和家庭政策衔接。健全女性生育保障体系，落实生育休假等待遇。支持女性生育后重返工作岗位，维护群众合法权益”。2018 年 9 月 13 日，河北省人民政府印发《河北省人口发展规划（2018—2035 年）》，提出了“全面落实生育政策”“促进人口长期均衡发展”“总和生育率稳定在适度水平”“完善鼓励按政策生育的制度体系，促进生育政策和相关经济社会政策配套衔接”“优化儿童照料资源配置”“加强科学预测，强化部门协同，合理规划配置儿童照料、学前和中小学教育、社会保障等资源，满足基本公共服务需求。引导和鼓励社会力量举办非营利性妇女儿童医院、普惠性托儿所和幼儿园等服务机构。鼓励和推广社区或邻里开展幼儿照顾志愿服务”“构建生育支持体系”“减轻生养子女家庭负担”“完善计划生育奖励假制度和配偶陪产假制度，鼓励用人单位为孕期和哺乳期妇女提供灵活的工作时间安排及必要的便利条件，支持妇女生育后重返工作岗位。支持机关和企事业单位建立育婴室和托儿所，方便生育妇女兼顾就业与照料子女。增强幼儿照料、托老日间照料和居家养老等服务功能”“探索构建支持按政策生育家庭的补贴政策，减轻生养子女家庭的经济负担”等目标和措施。2021 年 5 月 31 日，河北省公布《河北省国民经济和社会发展第十四个五年规划和二〇三五年远景目标纲要》，作出了“健全人口与发展综合决策机制，促进生育政策与相关经济社会政策衔接，进一步推动落实产假、哺乳假、父母育儿假等制度，降低生育、养育、教育成本，释放生育政策潜力”“发展普惠托育服务体系，完善婴幼儿照护服务政策，积极构筑政府推动、社会参与、家庭为主、托育补充的服务供给体系，支持指导家庭婴幼儿照护，扶持推动社区婴幼儿照护，支持社会力量开展多种形式照护服务，鼓励幼儿园发展托幼一体化服务。推进婴幼儿照护服务专业化、规范化发展，提高保育保教质量和水平”等规划性制度安排。2021 年 6 月 7 日，河北省人民政府办公厅出台《关于促进养老托育服务健康发展的实施意见》，提出了“按照省委九届十一次、十二次全会部署，进一步完善政策体系，优化市场环境，健全监管机制，补齐发展短板，提升服务水平，构建具有河北特色的养老托育公共服务体系”“实施普惠养老、托育专项行动，建设一批普惠性养老和托育服务机构。对社会力量举办非营利性养老托育服务机构的，所在地县级政府要积极予以支持。鼓励各类市场主体建设普惠性养老托育服务机构和集中管理运营服务设施，通过新建或改扩建适宜的厂房、医院、闲置校舍等方式建设养老托育服务机构，扩大普惠性服务供给，为老年人群体和有婴幼儿照护提供服务质量好、价格可承受、方便可及的服务”等具体要求。2021 年 11 月 23 日，河北省第十三届人民代表大会常务委员会第二十七次会议修订《河北省人口与计划生育条例》，围绕“一对夫妻可以生育三个子女”的生育政策目标，从多个方面作出了“减轻家庭生育、养育、教育负担”的规定。这些文件对于调整完善与生育政策相适应的经济社会配套支持政策都提出了原则性要求和规划性目标，成为河北省未来一个时期做好人口工作、落实生育政策的依据和遵循。本书围绕如何贯彻落实这些原则性要求和规划性目标，提出了符合河北省实际、具有较强操作性的具体政策措施，使之成为实施河北省人口发展战略、实现河北省人口长期均衡发展目标的重要保障。

（二）适应生育行为主导因素变化、推进实现适度生育水平的重要措施

我国妇女总和生育率由 1970 年自然生育状态下 5.81 的高水平下降到 2020 年 1.30 的极低水平，仅用了 50 年，这在生育率转变史上是鲜有先例的。然而，在当今我国人口形势发生转折性变化、需要适当提升生育水平、生育政策连续作出重大调整的现实情况下，由于育龄群众生育意愿低迷，却难以实现生育政策的预期目标了。为什么生育政策放宽了，生育数量不增反减呢？究其原因，除了人口年龄结构变化、育龄人口数量减少等人口因素和初婚年龄推迟、不婚人数增加等社会因素的影响之外，更为主要的原因在于，影响生育行为的主导因素发生了变化，由原来的“外力”主导变成了“内生”因素主导。具体说来，我国妇女总和生育率由 1970 年的 5.81 自然生育水平下降到 1991 年 2.01 的更替生育水平以下的过程，实际上是在并不具备生育率转变条件情况下，主要通过政策约束、行政手段和奖惩措施等“外力”施加于生育主体实现的。原来行之有效的很多办法可以做到“不让生”，即使政策外怀孕也有办法拿下“大肚子”。在生育新政下，虽然解决了“允许生”和“可以生”的政策问题，但并没有找到“催生”的有效办法。进一步说，由于国家生育政策要求与群众生育意愿之间的矛盾发生了性质上的变化，过去是国家生育政策要求的生育数小于群众意愿生育数，现在则变为群众意愿生育数小于国家生育政策要求的生育数；过去是生育几个主要取决于政策规定，现在则是经济因素对生育行为的影响具有了决定性意义，生育主体对是否生育、何时生育、生育几个的问题有了较大决策权。一句话，主导生育行为的主要因素发生了由“外力”为主向“内生”为主的转变。因此，在提倡三孩生育的现实背景下，就难以依靠政策允许和行政管理的办法使育龄妇女的肚子鼓起来了。另一方面，《中共中央 国务院关于优化生育政策 促进人口长期均衡发展的决定》明确要求“取消社会抚养费等制约措施、清理和废止相关处罚规定”，这样，过去常常使用的具有

较大威慑力的行政管理和限制措施也就不能再用了。《中国报道·党建先锋》上疯传的《落实三孩政策，党员干部硬件行动》的网络文章所提出的“国家依法实施三孩政策，是家庭人气增长的需要，也是国家人口发展的需要。每一名党员干部不能因为这样那样的主客观因素，不结婚、不生育，也不能因为这样那样的原因只生育一个或两个孩子”是否真实，是否反映了国家高层的意图，笔者不得而知。但即使是真实报道，也是行不通的。因为这种观点不仅有不尊重人权的嫌疑，而且也不符合市场规律，不符合法律精神。按照《人口与计划生育法》的规定，“公民有生育的权利”，但是并没有否定公民有不生育的权利；“一对夫妻可以生育三个子女”的规定，也没有规定只生育二孩、一孩甚至不生育就不可以。按照“法无禁止即可为”的原则，不生育并不能算作“违法”，更何况从生理学的角度讲，有人根本就不具备生育能力，也有继发性不生育的情况，还有不结婚（既有自愿不婚者，也有非自愿不婚者）的情况。如果都要求必须生育三个孩子，岂不是不可理喻的怪事。从这个意义上，笔者认为这种网络文章的可信度不大，不宜采信，更不用说上升到国家政策和法律的高度了。

实施“三孩政策”，提升育龄群众的生育意愿，推进实现适度生育水平，唯一的办法就是适应市场经济形势，利用经济杠杆加社会服务的方式，帮助育龄群众解决生育中的困难。其实，党的十九大报告就提出“促进生育政策和相关经济社会政策配套衔接”，2015 年 12 月 31 日颁布的《中共中央 国务院关于实施全面两孩政策 改革完善计划生育服务管理的决定》提出“鼓励按政策生育”，2021 年 7 月 20 日公布的《中共中央 国务院关于优化生育政策 促进人口长期均衡发展的决定》提出“配套实施积极生育支持措施”，2022 年 10 月 16 日党的二十大报告要求“建立生育支持政策体系”，这些文件都是在强调生育支持问题，只不过这些原则性规定还没有很好地体现在相关部门和地方政府的实施细则中。因此，当前最为急迫的工作就是，建立生育支持政策体系，实施生育支持配套政策，帮助育龄群众解决好婚嫁成本飙升，生育、养育、教育成本难以承担，家庭缺乏照料资源，女性就业受到影响等现实问题。为此，应该把党的十九大提出的“促进生育政策和相关经济社会政策配套衔接”、2021 年 5 月 31 日中共中央政治局会议提出的“实施一对夫妻可以生育三个子女政策及配套支持措施”、党的二十大报告提出的“建立生育支持政策体系”进一步具体化，落实到具体政策措施之中。

一是认真落实中共中央文件精神，构建与“三孩政策”相适应的生育支持政策体系，减轻生育家庭的经济负担。为了体现鼓励按政策生育的精神，应当尝试建立生育津贴制度，对按政策生育的家庭发放生育津贴（包括一次性生育津贴和按月发放的育儿津贴），减轻家庭的生育抚养负担。育儿津贴的发放时长和具体数额可以根据生育形势和财政状况确定。由于福利制度具有较强的“刚性”特征，所以，发放时长和津贴标准开始时要慎重确定，发放时长不宜过长（即不宜像独生子女奖励金那样发放至 18 岁），津贴数额不宜过高，可实行动态调整制度，根据政策的实施效果，随时进行调整。现在一些地区为了鼓励生育，出台了发放高额奖金、免除房租等措施，但由于缺乏规范性，容易引起不当攀比。笔者认为，应当制定实施全国统一，至少省级统一的具体措施，允许根据当地实际情况适当提高标准，但应当规定一个上浮限度，杜绝任意而为。

二是完善产假和陪护假制度，增设育儿假，帮助生育家庭解决孩子照料困难。从现实情况看，已经有不少省份在新一轮修订的《人口与计划生育条例》中延长了产假和陪护假，增设了三岁以下孩子育儿假。这对生育家庭来说，是一个利好政策。但是，随之而来的一个问题是，各地政策不一，同样是按国家政策生育，产假和陪护假却不一致；育儿假也存在有的省份有、有的省份没有，在时间上有长有短等问题。笔者建议，应当建立全国统一的产假、陪护假和育儿假制度，并且还可以制定实施具有一定弹性的产假制度，即在享受最低强制性产假时间的基础上，实行“低薪育儿假”，使休完法定产假后因缺乏家庭照料资源还想继续在家照料抚育孩子的妇女，能够放心地在家照料孩子，解决部分家庭因为没人带孩子而不愿生育或不敢生育的问题。这样的弹性产假政策，能够较好地体现人文关怀原则，照顾缺乏照料资源家庭的实际困难，有利于提升群众的生育意愿和生育动力，促进实现适度生育水平和人口长期均衡发展。

三是完善婴幼儿托育政策，加大托育机构建设，解决好孩子没处送的问题。为解决部分家庭没有人照料孩子的问题，应当按照《国务院办公厅关于促进3岁以下婴幼儿照护服务发展的指导意见》要求，积极构建政府主导、社会参与、单位支持的婴幼儿托育体系，既要努力建设公办托儿所，也要鼓励通过市场化方式，采取公办民营、民办公助等多种方式，在就业人群密集的产业聚集区域和用人单位完善婴幼儿照护服务设施，也要支持用人单位以单独或联合相关单位共同举办的方式，在工作场所为职工提供福利性婴幼儿照护服务。此外，还应将九年义务教育向前延伸，实行学前教育免费制度，把幼儿园纳入义务教育之列，减轻家庭在托育方面的负担。据了解，新疆已经成为我国第一个基本普及十五年义务教育（包括学前三年义务托育）的地区，在这一领域走在了全国前列。

四是支持生育女性重返工作岗位，保障生育女性就业权益，帮助生育女性解决好生育与工作的矛盾。一些单位尤其是私营和外资企业，为了减少女性生育带来的损失，不愿招用女性，或者对生育女性采取能辞就辞、诱导辞职等手段。应该说，企业不愿招聘女性、不愿留用生育女性的做法，不符合法律规定和社会道德，有悖于社会正义。但是从市场经济角度看，却是经济理性选择的结果，并不违背市场经济原则。虽然我国为了保护女性的生育和就业权利，实行了生育保险制度，但生育保险只能解决女性生育期间工资待遇的社会统筹问题，减轻企业在生育女性产假期间工资支付上的负担。但是，女性在生育休假期间，企业还需要临时安排代岗人员，支付代岗人员的工资，更何况一些特殊岗位还需要经过专门培训才能上岗，进而还会增加相应的培训费用。而且我国现行生育保险制度只覆盖了国家机关、事业单位以及国有企业和一些大型私营企业，不少小型非公有制企业参加的较少，农村就更不用说了。所以，很多企业会因为女性生育带来一些经济上的利益损失。在这一问题上，单纯要求企业保障生育女性的就业权利、指责企业侵害生育女性就业权利等做法，或许能够起到一定作用，却难以从根本上解决问题。因为这些做法仍然是计划体制下行政管理的思路，而不是把企业作为一个独立的经营主体、按照经济原则解决女性生育补偿问题。所以，在社会化程度越来越高的现代社会，应当承认生育的社会价值，探讨构建家庭、单位、社会共同分担生育成本的机制，尤其要完善生育保险制度，扩大生育保险覆盖范围，使企业不致因招收女性员工而带来效率和效益上的损失，这才是保障女性就业权益，解决好生育女性在生育与就业和职业发展之间的矛盾，以及企业不愿雇佣女性、不愿留用生育女性问题的治本之策。

总之，在影响生育行为的主导因素发生由“外力”向“内生”转变的现实情况下，落实“三孩政策”，实现适度生育水平，就必须在提升生育意愿、增强生育信心、减轻生育家庭负担等方面上采取切实可行的应对措施，以增强育龄群众生育二孩、三孩的内在动力。①

（三）提升群众生育意愿、促进生育行为的重要途径

在生育主导因素方面，当前面临的形势与以往相比已经发生了根本性变化。自 20 世纪 70 年代开始实行计划生育后，由于群众生育观念还保留着较多的传统性，对“只生一个”的生育政策要求不甚理解，没有男孩难以接受，但国家倡导“只生一个好”，政策要求“少生优育”，所以，就形成了群众生育观念与国家政策要求之间的矛盾。在政策宣传倡导和行政力量推动下，群众的生育行为逐渐被规范在政策要求范围之内，即使不少群众内心深处并不愿意接受“只生一个”，也有不少育龄妇女千方百计“政策外怀孕”，但多数群众并不能如愿，而是被“动员”堕胎，

---

① 吕红平，耿之璇. 生育支持政策：推动实现适度生育水平的重要保障［J］. 人口与健康，2022（1）：19-22.

能否生育、何时生育在很大程度上取决于政策要求和行政管理，夫妇或家庭只是对政策的“响应”而已。久而久之，群众的生育意愿也发生了潜移默化的变化，逐渐接受了“少生优育”和“只生一个好”的生育观念，并且内化为一种自我意识。因此，在生育政策作出重大调整后，国家鼓励和支持生育二孩、三孩，但很多育龄夫妇并没有强烈的生育二孩、三孩的冲动和计划。我们的调查证实：育龄群众意愿生育子女数已经降到 1.7 以下，愿意生育两个孩子的不到 2/3，愿意生育 3 个孩子的不到 12%。这种生育意愿低迷、生育动力不足的问题，既是长期以来“提倡一孩”政策宣传倡导“习而惯之”的结果，更有诸多现实困难的原因。所以，只有增强对家庭生育行为的外部支持，减轻家庭生育子女的现实困难，才有可能提振群众的生育意愿，使生育主体形成生育二孩、三孩的内在需求，自觉践行国家现行生育政策，这样，“三孩政策”才有可能落地。在这个意义上讲，构建具有河北特色的生育支持政策体系就成为促进生育政策贯彻落实的重要基础。

（四）遏制生育水平下降、平缓人口负增长速度的基本策略

生育水平是决定人口数量和人口结构的重要因素。河北省自 20 世纪 70 年代初期开始实行计划生育，70 年代中后期出生率和总和生育率就有了明显下降，分别降至 20‰左右和 2.30 左右；1991 年进一步下降到 16.6‰和 1.81，2000 年分别降至 11.3‰和 1.32 的低水平。2000 年以后的 20 年间，基本上都保持着这种低生育水平。虽然 2013 年党的十八届三中全会作出实施“单独二孩”政策决定的次年（即 2014 年）和 2015 年党的十八届五中全会作出实施“全面两孩”政策决定的后两年（即 2016 年和 2017 年）生育水平稍有回升，但很快就回落到了持续下降的轨道上，2020 年的人口出生率降至 9‰以下，总和生育率降至 1.32 的极低水平；2021 年人口出生率进一步降至 7.15‰，人口自然增长率为－0.43‰（全国为 0.34‰），成为全国 13 个人口负增长的省份之一，早于全国正式进入负增长时代。按照国际社会公认的解释，总和生育率降至

1.5以下就被视为进入“低生育率陷阱”。根据国外一些国家的经验，一旦跌入“低生育率陷阱”，就很难再有显著回升了。河北省1.32的总和生育率（与全国相同）当然就更危险了，这种危险在于提升的难度会更大，进而会严重影响到适度生育水平和人口长期均衡发展目标的实现。

生育水平长期低于更替水平，尤其是近年来低于1.50的情况，预示着内在自然增长率早已降至负数，之所以现在的人口数量仍在继续增加，完全是人口惯性作用的结果，具体说来，是过去几十年出生人口规模大的原因。随着20世纪五六十年代生育高峰期出生的人口群体陆续进入老年和高龄死亡风险较大阶段，人口负增长的速度将会非常快，进而对劳动力供给和劳动力负担产生非常大的影响。从河北省1950年以来的人口增长速度看，20世纪90年代以来就开始显著下降，进入新世纪后下降速度进一步加快，70年间每10年的人口增长率分别为20.08%、20.40%、13.58%、19.18%、8.00%、7.79%和3.71%；2020年全省住院分娩活产婴儿数已经不足60万，而当年死亡人数接近50万。根据国家统计局2021年统计资料，全国2021年出生人口数量为1062万，比2020年减少138万，死亡人口数量为1014万，人口净增加48万，人口自然增长率仅为0.34‰，已经接近人口负增长边缘。河北省2021年人口自然增长率为−0.43‰，已经超前于全国、与其他12个省份一起进入了人口负增长时代。只有通过构建生育政策支持体系，提升群众的生育意愿，提振生育水平，使生育水平尽快由“极低”的不合理状态提升至适度水平，才能平缓人口负增长速度，保持人口适度规模。无论一个国家还是一个地区，人口规模既不是越大越好，也不是越小越好，而是适度才好，追求适度目标才是最佳选择。

（五）延缓人口老龄化速度、减缓未来劳动力压力的必要措施

河北省与全国同步于2000年进入人口老龄化。2000年河北省60岁及以上老年人口数量为685.21万，占总人口的10.28%；65岁及以上老年人口数量为469.91万，占总人口的7.05%。2020年，河北省60岁及

以上老年人口数量为 1 481.20 万，占总人口的 19.85%；65 岁及以上老年人口数量为 1 038.79 万，占总人口的 13.92%（见图 1-1）。20 年间，60 岁及以上老年人口数量增长了 1.16 倍，65 岁及以上老年人口数量增长了 1.21 倍，均大大高于总人口 11.89%的增长率；60 岁及以上和 65 岁及以上老年人口数量在总人口中的占比分别增加了 9.57 和 6.87 个百分点；从年平均增长率看，总人口年平均增长率仅为 0.56%，而 60 岁及以上和 65 岁及以上老年人口年平均增长率分别为 3.74%和 4.05%，均超过总人口增长率五六倍。与全国相比，2000 年时河北省老龄化程度稍低于全国平均水平，但 2020 年就超过全国平均水平了，河北省老龄化速度明显快于全国（20 年间全国 60 岁及以上老年人口数量增长了 1.03 倍，年平均增长率为 3.61%；65 岁及以上老年人口数量增长了 1.16 倍，年平均增长率为 3.92%）。

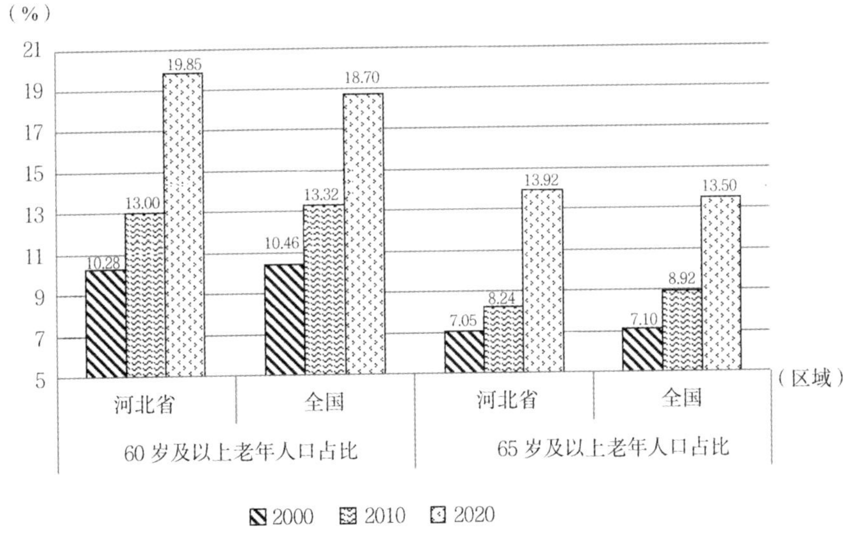

图 1-1　河北省人口老龄化程度与全国比较

人口老龄化是人口发展的必然趋势，是经济社会进步的重要表征，但人口老龄化速度过快、程度过高也会带来一系列问题和困难。人口老龄化不可避免，但可以通过调节生育水平延缓其发展态势，尽量降低其不利影响。尽管河北省自 2000 年进入人口老龄化以来的 20 年间老年人口增长速度已经相当快了，但实际上还不是老龄化速度最快的时期。1962 年后长达 10 年的第二次生育高峰期间年平均出生 121 万人的情况，决定了 2022 年后的一段时间才会是河北省人口老龄化速度最快的时期。2021 年，河北省 60 岁及以上和 65 岁及以上老年人口占比已经分别超过 20％和 14％（分别为 20.23％和 14.92％），进入中度老龄化阶段。根据笔者的预测，2030 年河北省 60 岁及以上老年人口占比将超过 26％，65 岁及以上老年人口占比将接近 20％；2040 年将分别接近 30％和 23％，2050 年将分别接近 35％和 25％，由此可见人口老龄化快速发展的态势。

人口老龄化必然导致劳动力抚养系数升高，加重劳动力负担，还有可能出现劳动力不足问题，这将对经济社会发展产生严重不利影响。2000—2020 年间，河北省劳动力总抚养比升高了 9.35 个百分点，其中少儿抚养比下降 1.75 个百分点，老年抚养比升高 11.10 个百分点；2020 年，总抚养比升至 51.85％，“人口红利”窗口已经关闭。按照河北省人

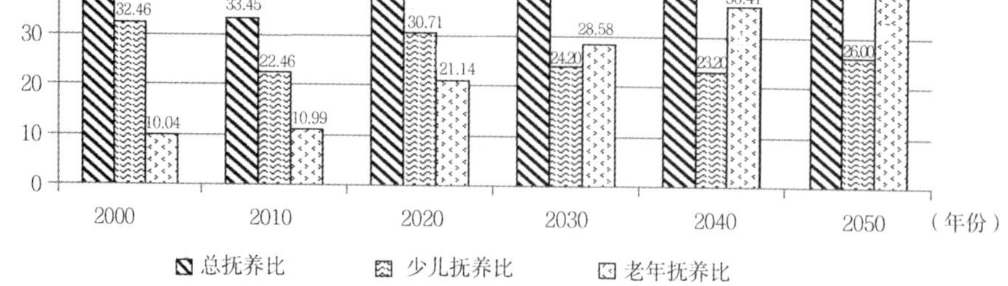

图 1-2　河北省劳动力负担系数变化情况

口发展状况预测，2020—2050年总抚养比将升高15.58个百分点，其中少儿抚养比下降4.71个百分点，老年抚养比升高20.23个百分点（见图1-2）。为了减缓人口老龄化速度过快以及由此导致的劳动力负担过重和劳动力不足问题，就必须提升生育水平，保障未来劳动力供给。因此，在生育意愿普遍低迷的现实情况下，构建生育支持政策体系，帮助育龄夫妇提升生育意愿，解决家庭生育养育困难，就显得十分重要了。

（六）增强家庭养老功能、提升家庭发展能力的重要基础

家庭作为社会的细胞组织，具有多种功能，如生育功能、教育功能、养老功能、生产功能、消费功能等，在传统社会甚至还有惩戒功能。即使在我国当代社会，家庭养老也是最主要的养老模式，并且赡养父母也是人们心目中“天经地义”的做人原则。“不孝父母”虽然不再划归“十恶不赦”之列，但总归不是什么光彩的事，不仅会受到舆论的谴责，而且也有违《老年人权益保障法》对子女赡养父母责任和义务的规定：“老年人养老以居家为基础，家庭成员应当尊重、关心和照料老年人。”“赡养人应当履行对老年人经济上供养、生活上照料和精神上慰藉的义务，照顾老年人的特殊需要。”从西方一些曾经推行“从摇篮到坟墓”的福利主义国家的情况看，现在也认识到了家庭养老的重要性，看好我国的家庭养老模式。

然而，从近年来的实际情况看，由于家庭小型化与核心化速度加快，家庭养老功能严重弱化，发展能力严重不足。“七普”数据显示，2020年河北省户均人数仅2.75人，比2000年“五普”时的3.59人减少0.84人，比2010年“六普”时的3.36人减少0.61人。与此同时，还出现了离婚率明显升高的趋势，单人家庭、单亲家庭、丁克家庭、空巢家庭等特殊类型家庭大量增加，三代及以上家庭所占比例逐步下降，人口流动性显著增强。在这些因素的综合作用下，不可避免地增加了家庭养老的困难。虽然老有所养是每一个老年人的最大愿望，多数子女也愿意赡养父母，但实际上却面临“有心无力”的问题，形成了家庭养老需求与资

源供给之间的尖锐矛盾。① 要增强家庭养老功能，提升家庭发展能力，一个最基本的措施就是增加生育子女数，减轻每个子女的养老负担。② 在育龄夫妇生育意愿低迷、生育动力不足的现实情况下，研究探索生育支持政策体系，帮助生育家庭解决生育、养育中的困难，使多数育龄夫妇能够生育二孩或三孩，意义重大而深远。

三、文献综述

近年来，在我国生育政策连续作出几次重大调整，支持和鼓励生育二孩、三孩的政策背景下，生育率不仅没有出现政策预期的提升态势，反而向相反的方向发展。2021 年 5 月 11 日公布的“七普”主要数据表明，我国 2020 年的总和生育率仅为 1.30。围绕近年来生育意愿低迷、生育动力不足、生育水平持续走低的状况，学术界围绕生育支持政策体系建设问题展开了广泛研究，下面分专题对研究的焦点问题进行综述。

（一）生育支持政策概念和内涵研究

生育支持和生育支持政策，是我国近年来根据实施“单独二孩”政策、“全面两孩”政策和“三孩政策”后生育意愿仍然很低、生育水平走低趋势并没有得到改变的情况下，为了提振育龄群众生育意愿、提升妇女生育水平提出来的概念。生育支持、生育支持体系和生育支持政策密切相连：生育支持的外延大于生育支持政策的外延，生育支持政策是生育支持最重要、最核心的内容，生育支持体系则是一个较为笼统的概念。

有学者认为：生育支持主要指社会不同主体（包括政府、企业和社会等）为有儿童和青少年照料需求的家庭提供时间、经济、服务、就业等方面的一揽子支持和服务；生育支持政策主要是保障各类支持和服务顺利落地的公共政策。从狭义的角度看，生育支持政策包括生育假、儿

① 吕红平．我国的生育政策：变化轨迹与未来调整［J］．人口与社会，2015，31（4）：12-21.
② 吕红平．适度生育水平：人口长期均衡发展的重要基础［J］．晋阳学刊，2022（1）：45-53.

童照料服务、税收优惠和弹性工作制度等；从广义的角度看，生育支持政策还应包括稳定的就业机会和保障生育支出的薪资。① 生育支持政策体系是指针对个人和家庭的医疗支持、看护支持、税收支持、住房支持等一系列保障生育的相关社会经济制度的总和，具体包括生育保险、带薪产假、父亲育假、婴幼托育、福利津贴和子女专项税收减免等政策工具和服务措施。生育支持政策体系作为现代家庭政策的重要组成部分，是生育配套政策的重要一环。②

生育支持政策一般都是通过国家制定实施法律法规的形式加以实施，其内容大致包括以下方面：一是产假待遇，生育女性产假期间享受原工资福利待遇，目的是为母婴健康提供保障。二是经济支持，通过向生育家庭发放补贴的形式，如分娩津贴、育儿津贴（亦称生育津贴或生育补助）、住房补贴等，或者国家提供免费产检、儿童福利、家庭税收减免、儿童医保等福利政策，帮助生育家庭解决经济困难，减轻家庭生育负担，目的是支持和帮助生育家庭解决经济困难。三是服务支持，主要包括孕期健康咨询和健康检查服务，以及针对婴幼儿的上门照护服务等。四是就业支持，通过法律法规保障在职女性生育后能够重返工作岗位，通过提供免费职业培训帮助职业中断的生育女性实现再就业，目的是尽可能降低生育女性的就业风险，缓解女性生育与工作或职业发展的矛盾与冲突。③ 与发达国家实行生育支持政策覆盖范围广、涉及生命周期长（家庭生命周期的全过程）的情况相比，发展中国家生育支持政策的对象范围主要限于生育前后以及有未成年孩子的家庭。④

1955 年 4 月 26 日，依照《国务院关于女工作人员生产假期的通

① 杨菊华．生育支持与生育支持政策：基本意涵与未来取向［J］．山东社会科学，2019（10）：98-107.

② 朱荟．生育支持体系对青年流动女性就业的影响研究［J］．青年研究，2019（2）：61-72.

③ 杨菊华．生育支持与生育支持政策：基本意涵与未来取向［J］．山东社会科学，2019（10）：98-107.

④ 吕世辰，许团结．发达国家生育支持政策及启示［J］．山西师大学报（社会科学版），2019，46（2）：17-22.

知》，我国建立了生育支持制度，作出了女职工产假为56天的规定，以保障生育女性和婴幼儿的健康。1998年《女职工劳动保护规定》出台后，产假延长至90天。2012年《女职工劳动保护特别规定》实施后，产假延长至98天。为了鼓励计划生育，绝大多数省份自20世纪80年代起，开始执行在国家规定产假基础上对实行晚育的妇女给予奖励产假45天的规定。实施“全面两孩”政策后，各省又在原来基础上进一步延长了产假：在《女职工劳动保护特别规定》98天产假基础上，延长了30—82天。2021年5月31日，中共中央政治局召开会议听取“十四五”时期积极应对人口老龄化重大政策举措汇报并审议《关于优化生育政策促进人口长期均衡发展的决定》，作出“进一步优化生育政策，实施一对夫妻可以生育三个子女政策及配套支持措施”的重大决策。2021年7月20日，《中共中央 国务院关于优化生育政策 促进人口长期均衡发展的决定》提出“实施一对夫妻可以生育三个子女”的政策。自此之后，各省份按照“三孩政策”的新精神相继修订了《人口与计划生育条例》，至2022年7月底，除西藏之外的30个省、自治区、直辖市完成了《人口与计划生育条例》修订工作。从修订后的《人口与计划生育条例》看，多数省份都在原来延长产假基础上再一次延长了产假。此外，为了鼓励男性参与，2000年前后，多数省份设立了男性陪产假，当时的陪产假一般在7—10天；实施“全面两孩”政策后，各地陪产假时间有了较大差距，最少的7天，最多的1个月。2021年新一轮《人口与计划生育条例》修订后，多数省、自治区、直辖市的男性陪产假延长至15天，湖南、重庆、四川等延长至20天，宁夏回族自治区延长至25天，安徽、江西、河南、云南、甘肃等延长至1个月。

关于家庭支持，有学者认为，家庭支持政策是国家和政府为家庭及其成员提供的福利和服务，是一个国家福利体系不可或缺的要素。① 家

① 杨菊华. 生育支持与生育支持政策：基本意涵与未来取向［J］. 山东社会科学，2019（10）：98-107.

庭支持的重点在于国家通过制定实施家庭政策，实现对经济困难家庭和生育家庭的支持。家庭政策的实施目的，主要在于通过提供支持和优惠措施，帮助部分家庭解决生活困难，提高家庭发展能力和福利水平。虽然不同国家的家庭政策在理论基础、价值取向和政策目标等方面存在差异，但侧重点基本上都是放在保障家庭抚育幼儿、促进儿童成长、平衡家庭与工作关系等方面。因此，家庭政策的实施有助于降低生育成本，可以起到鼓励生育的作用。① 在家庭支持的基础上，还有学者提出了家庭友好政策。Simkin 和 Hillage（1992）将家庭友好政策定位为“一系列为保证员工能够协调家庭责任和工作而制定的官方或非官方条款”②。这一定义除了强调政府的官方政策，还强调了雇主对雇员的责任，即雇主的社会责任。在李亮亮的研究中，详细归纳和介绍了国外学者在这一领域的研究成果：根据人群的不同，家庭友好政策一般分为定向和非定向两种形式，前者特指家中有儿童需要照料的职工群体，后者指有老人或其他亲属需要照顾的职工群体。此外，还介绍了广义家庭友好政策的观点，认为广义家庭友好政策不仅包含医疗保险、带薪假期等传统福利形式，还包含稳定工作和足额薪水政策等能够对家庭发展起到重要支持作用的内容。③

本书认为，家庭支持政策与家庭友好政策并无实质性差异，但家庭支持政策或家庭友好政策与生育支持政策还是有一定区别的。从外延上说，生育支持政策的外延较小，支持对象主要限于生育孩子的家庭；家庭支持政策覆盖的范围更广、涉及的生命周期更长，包括了家庭生命周期的全过程，尤其注重对老年照护、家务劳动社会化等方面的支持。因此可以说，生育支持政策是家庭支持政策的重要组成部分，生育支持政策与家庭支持政策密切相关。由于国外基本上没有生育支持的提法，而

---

① 吴帆．家庭政策支持：全面二胎放开后人口均衡发展的实现路径［J］．广东社会科学，2016（4）：196-202.

② Clare Simkin, James Hillage. Family Friendly Working: New Hope or Old Hype? IMS Report Series. Institute of Manpower Studies, 1992.

③ 李亮亮．欧盟典型国家家庭友好政策［J］．国际劳动，2013（3）：23-26.

是把生育支持纳入家庭支持的框架内，一般仅是对家庭支持政策的研究，所以不太注重区分生育支持政策和家庭支持政策。

（二）实施生育支持政策必要性研究

生育支持政策始于西方发达国家。自20世纪后半叶开始，一些西方发达国家就出现了生育率下降现象。为应对生育水平下降、老龄化程度升高等人口社会问题，一些西方发达国家开始制定实施包括产假福利、生育津贴、幼儿托育、代际支持和女性就业等在内的生育支持政策，以期能够通过生育支持政策措施，为有生育支持需求的家庭提供社会服务，提升生育意愿，促进生育水平回升。自20世纪90年代以来，不少发展中国家为了应对与发达国家趋同的低生育率而产生的人口社会问题，在产假福利、幼儿托育和女性就业等方面推出了生育支持政策，旨在降低家庭生育成本，减轻家庭养育负担，但由于各国生育支持政策的内容和力度差异较大、生育文化差异很大，产生的实际效果大不相同：有的国家取得了较好的效果，但不少国家效果不明显。①

关于我国构建生育支持政策体系必要性的研究，有学者认为，构建生育支持政策体系是解决多数育龄夫妇生育意愿低迷与国家实行“全面两孩”政策和“三孩政策”之间的矛盾、帮助育龄夫妇提升生育意愿、帮助生育家庭解决生育和养育困难、贯彻落实“全面两孩”政策和“三孩政策”的重要前提，是实现人口长期可持续发展和保持人力资源优势的基本保证。② 最近几年的各种调查结果均显示，我国已进入低生育率陷阱风险期，育龄群众的生育意愿已经低于更替水平，而且由于生活成本高涨导致高生育成本和高养育成本，致使育龄群众的生育观念低迷、生育动力不足。另一方面，我国目前尚未建立起一个完整的家庭支持政

---

① 阚唯，梁颖，李成福. 国际鼓励生育政策实践对中国的启示［J］. 西北人口，2018，39（5）：47-56.

② 吕红平，吕静. 生育政策调整后计划生育奖励扶助政策改革研究［M］. 北京：人民出版社，2021：26-27.

策体系或生育支持政策体系，因此实施“全面两孩”政策和“三孩政策”后，生育率并没有出现显著回升。要实现人口长期均衡发展的战略目标，就必须提升生育水平。为此，亟须以减轻家庭生育成本、养育成本和教育成本为核心，积极构建家庭友好型的制度环境，实施积极的生育政策。[①] 有学者认为，建立生育支持政策体系，是解决育龄群众因为生育压力过大导致的生育意愿低迷、生育动力不足的迫切需要。我国实施“全面两孩”政策后，之所以没有出现原来估计的出生高峰，就是由于不少符合生育政策的人群持观望态度，“不愿生”“生不起”“养不起”的问题比较突出。究其原因：一是伴随经济社会快速发展，人们的生育观念发生了很大变化，不愿意因生育孩子而牺牲闲暇时间和生活质量；二是一些以往不符合二孩生育政策的育龄妇女因年龄偏大失去生育能力或因面临高龄产妇风险而放弃生育；三是养育成本走高、托幼服务短缺、女性就业和职业发展压力加大等原因，也成为一些育龄夫妇“不愿生”“不敢生”的重要原因。[②]

（三）生育支持政策体系研究

生育支持是在我国育龄群众生育压力过大、生育意愿低迷、生育水平持续下降背景下提出来的一个新概念。2015 年 10 月，党的十八届五中全会提出“全面实施一对夫妇可生育两个孩子政策”；2015 年 12 月 31 日，《中共中央 国务院关于实施全面两孩政策 改革完善计划生育服务管理的决定》明确提出了“构建有利于计划生育的家庭发展支持体系”的要求。围绕构建家庭发展支持体系的主题，学术界主要就生育支持体系展开了全面而深入的研究。杨菊华首先区分了生育支持的提供主体和接受主体，提出了四大领域的支持内容——时间支持、资金支持、服务支持和就业支持，认为政府、企业、社会和社区等属于支持提供主体，父

① 吴帆．欧洲家庭政策与生育率变化——兼论中国低生育率陷阱的风险［J］．社会学研究，2016（1）：49-72.

② 杨云彦．构建鼓励生育的社会支持体系［J］．中国卫生，2017（4）：47-48.

母、孩子、祖辈和其他利益相关者属于支持接受主体。时间支持，主要指产前、产后对生育主体提供的假期保障；资金补贴亦称经济支持，主要指由政府提供的包括免费产检、分娩津贴、育儿津贴、父母休假期间的收入补贴、儿童福利收入免税、家庭税收减免、儿童医保、住房补贴等在内的资金或物质支持；服务支持，主要指对生育家庭提供的社会服务，包括产妇健康恢复、婴儿照料指导、正规机构的照顾或上门照护、社区和邻居的临时服务等；就业支持，主要指通过就业保障政策，尽可能降低生育主体的市场风险，缓解女性工作与家庭的矛盾和冲突，以及为因生育而中断就业的女性开展就业培训和实习等服务，以帮助她们提升就业能力。①

由于生育支持和家庭支持密切相关，对家庭的支持在很大程度上也就是对生育的支持，所以也有一些学者对家庭支持进行了深入研究：一是从关注家庭规模和结构变化出发，强调生育支持政策对家庭发展能力提升和生育率提升作用的研究；② 二是重视家庭发展支持体系对育龄妇女、儿童、老人等特殊人群的影响研究，强调家庭福利体系建设对于家庭发展支持体系的重要作用；③ 三是从关注育龄妇女在生育政策调整完善过程中面临家庭、职业上的矛盾，强调平衡工作和家庭的政策体系建设的研究；④ 四是从关注婚姻、家庭和个体出发，强调应对现代社会风险的家庭政策现代化建设的研究。⑤ 一些学者认为，虽然国家层面的制度设计对家庭发展支持体系的制度框架和总体目标作出了明确规定，但由于缺乏实施层面系统性强、针对性强、可行性强的制度安排和具体措施，对提升育龄妇女生育意愿的激励作用十分有限。这说明，我国家庭

---

① 杨菊华．生育支持与生育支持政策：基本意涵与未来取向 [J]．山东社会科学，2019（10）：98-107.

② 杨云彦．构建鼓励生育的社会支持体系 [J]．中国卫生，2017（4）：47-48.

③ 温勇．加强婴幼儿照护服务 构建生育支持体系 [J]．人口与健康，2019（12）：24-27.

④ 房莉杰，陈慧玲．平衡工作与家庭：家庭生育支持政策的国际比较 [J]．人口学刊，2021，43（2）：86-97.

⑤ 贺丹．完善生育支持政策 构建家庭友好社会 [J]．人口与健康，2020（10）：6-7.

发展支持政策体系在解决育龄家庭生育顾虑方面存在“短板”，这一点成为没有实现生育政策预期的重要原因。①

（四）生育支持政策体系优化与完善对策研究

针对生育支持政策体系没有达到政策预期和政策效应的问题，一些学者认为，应该在已有奖励扶助政策体系基础上，基于我国特殊国情，重点解决生育、抚育、教育方面的困难和问题，并以此为突破口对生育支持政策体系作出进一步完善。杨菊华提出了包括优化生育假期制度、加大对生育家庭的经济支持、完善婴幼儿保育服务和保障育龄妇女平等就业权益等在内的具体对策；② 房莉杰着重从平衡工作与家庭关系的角度，并从家庭生育支持政策的国际比较中，提出了我国应当采取的主要政策措施。③

（五）简要评述

以往研究成果比较系统地界定了生育支持政策的内涵，较为全面地分析了发达国家生育支持政策的具体措施及其效果，也提出了国外经验对我们的启示。更多学者以大量实际调查资料为基础，分析了二孩生育意愿不强的原因和困难，提出了解决的对策和建议。不少学者还对我国低生育水平下的人口社会问题进行了系统分析，解释了“低生育陷阱”的危害性，分析了我国能否以及如何摆脱“低生育陷阱”的问题。当然，在这一问题的判断上尚存在不同观点。多数学者认为，只要政策得当、措施有力，我国的生育水平完全可以得到提升。但是，针对河北省这样一个近年来生育率持续走低的人口大省的研究成果较少，这既是一个缺

---

① 吴帆．家庭政策支持：全面二胎放开后人口均衡发展的实现路径［J］．广东社会科学，2016（4）：196-202.

② 杨菊华．生育支持与生育支持政策：基本意涵与未来取向［J］．山东社会科学，2019（10）：98-107.

③ 房莉杰，陈慧玲．平衡工作与家庭：家庭生育支持政策的国际比较［J］．人口学刊，2021，43（2）：86-97.

憾，也为本书留下了足够的研究空间。

四、研究思路与方法

（一）研究思路

本书突出问题导向，服务现实需求。具体说来，就是沿着提出问题、实际调查、分析问题、解决问题的思路，紧紧围绕河北省实际情况，总结河北省在生育支持政策体系建设方面取得的成就，分析依然存在的问题，探求解决问题的河北方案，力求为全国及其他地区完善生育支持政策体系提供借鉴。

基于这一研究思路，本书首先对已有相关文献资料和基础理论进行了系统梳理和分析，力求在认真吸收具有较高学术价值的观点和方法基础上，努力找到进一步开展深入研究的突破口和重点领域，系统探讨生育支持政策体系的逻辑框架、主要内容、运行机制和策略选择等。

对河北省人口发展过程及生育支持政策体系运行实践进行简要回顾，主要目的是系统总结其中的经验教训，探索与新时代、新时期、新任务、新目标不适应的环节和问题，提出并论证在新的人口形势下如何通过构建和强化生育支持政策体系，提升群众生育意愿、促进生育水平提升、推进实现人口长期均衡发展的运行机制和政策框架。

为了使本书的研究建立在客观事实和实际需求的基础上，我们在河北省范围内选择部分育龄对象进行了生育意愿和生育行为问卷调查，利用第一手调查数据，分析了育龄家庭的生育顾虑、影响因素，以及不同生育主体各种生育顾虑与生育支持政策体系之间的关联度，为构建生育支持政策体系奠定了坚实基础。

运用参与式评估方法，从政策和社会经济两个维度对生育支持政策体系的运行效应进行科学评估，详细刻画了生育支持政策体系的政策传导和社会动态过程，揭示了生育支持政策体系构建与中央“鼓励按政策生育”精神的差距，找出了主要问题和瓶颈。

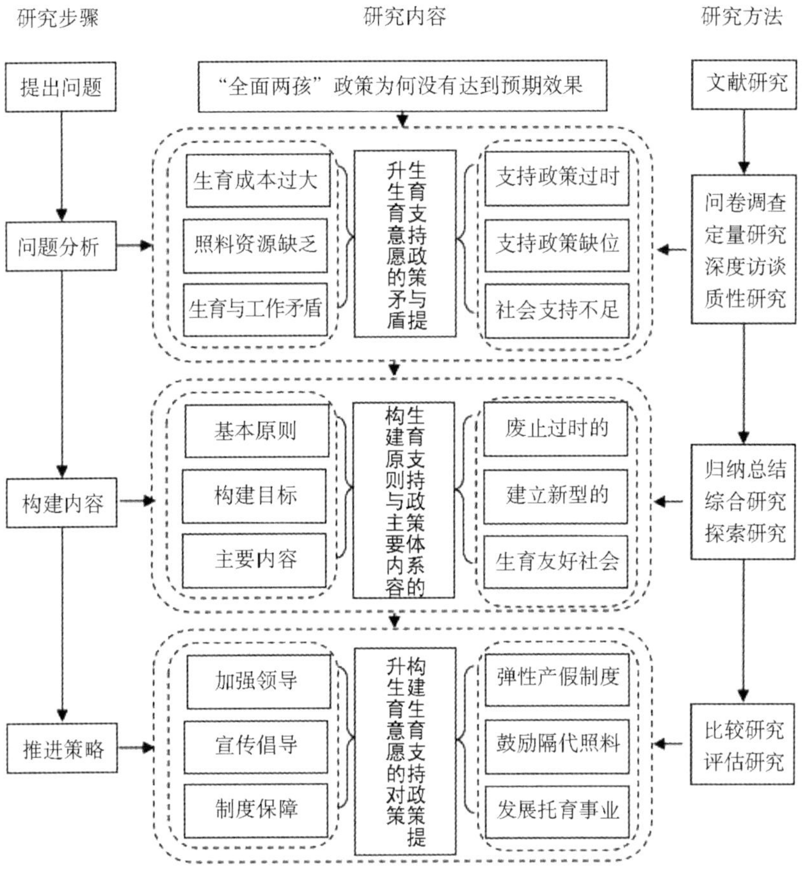

图 1-3 研究框架和技术路线

根据分析结果，针对生育支持政策不足、体系不完善，以及难以对生育主体产生吸引力的问题，提出并论证了构建和完善生育支持政策体系的总体框架、运行机制、具体政策、实现路径、保障措施等，以求形成促进“三孩政策”落地的河北方案。

（二）研究方法

1. 文献研究法

对文献资料和相关基础理论进行检索、研读和梳理，构建生育支持政策体系的理论基础，寻找本书研究的主要方向、突破口和创新点，为探索构建生育支持政策体系奠定前提条件。

2. 问卷调查法

为获取第一手最新研究资料，我们分别以河北省和保定市为调查范围，以育龄夫妇为调查对象，进行了生育主体生育意愿和生育行为问卷调查，主要内容涉及：被调查者基本情况、生育意愿、实际生育情况、家庭照料资源、生育顾虑及影响因素等，为开展定量分析奠定资料基础。

3. 定量分析法

以调查数据以及现有官方数据为基础，选择合适的分析模型，对影响生育结局的各种自变量进行分层分级处理，对影响因变量的各种因素进行定量分析，确定生育主体生育顾虑与生育支持政策体系之间的关联度，找到需要解决的重点问题和政策完善的主要方向。

4. 深度访谈法

在全省范围内选择不同层级实际工作部门的干部以及部分育龄群众及其父母，进行半结构式访谈，深度了解他们在生育问题上的所思所想，以及他们在生育（尤其是二孩、三孩生育）面前面临的各种实际困难；听取他们对生育支持政策构建的意见和建议，了解他们在生育问题上最基本、最需要、最急迫的支持和扶助内容，为提出政策建议奠定基础。

此外，本书还采用案例分析法和比较研究法，与上述方法互相印证、互相补充。

第二章　河北省人口发展过程简要回顾

在一个封闭人口中，人口数量变化无非取决于两个因素：一是生育水平或出生人口数量的变化，二是死亡水平或死亡人口数量的变化。在人类发展的历史长河中，人们在生育面前只能顺应自然生理规律，结婚和生育紧紧地结合在一起，生育一般都处于相对稳定状态，出生率维持在35‰左右的较高水平，死亡率则因为经常受到饥荒、战争、传染病等因素的影响而处在波动之中。因此，人口出生率或出生人口数量变化并非人口增长率或人口数量变化的主导因素，死亡率或死亡人口数量变化才是人口增长率或人口数量变化的主导因素，凡是没有饥荒、疾病等特殊因素的年份，人口死亡率就会下降，人口增长率就会升高，人口数量就会增加；反之，人口自然增长率就会下降，人口数量就会减少（即负增长）。直到第二次世界大战结束以后，随着和平环境的实现、物质财富的增加和医疗卫生事业的发展，人口死亡率得到控制，并且逐渐稳定在较低水平，但生育率却依然维持在较高的自然生育状态，这样便形成了自然增长率提升较快的情况，出生率开始成为人口增长率或人口数量变化的主导因素。

为了缓解人口增长过快的压力，实现人口发展与经济社会发展、资源环境承载力相适应，我国自20世纪70年代开始推行计划生育。经过几十年的艰难工作，人口过快增长的势头得到有效控制。但由于“一孩化”政策实施时间过长，部分群众的生育观念在很大程度上固化在“少生”和“一孩”上，以至于国家为了解决人口结构失衡、人口老龄化速度过快等问题而调整生育政策，实施“全面两孩”政策、“三孩政策”的情况下，很多育龄夫妇却“不愿生”“不想生”了，究其原因虽然有很多方面，但生育、养育压力过大无疑是最为重要的原因。正是在这一背景下，才提出了构建生育支持政策体系的论题。

构建河北省生育支持政策体系，是从现实人口状况和未来发展趋势出发作出的重大选择，是推进实现人口长期均衡发展和保持人力资源禀赋优势的基本保障。在某种程度上讲，现实人口状况是以往人口发展变化的结果，而未来人口发展趋势取决于现实人口状况。所以，本章先对新中国成立以来河北省人口发展过程做一个简要回顾，从中总结不同阶段的人口发展特征，以此作为研究河北省构建生育支持政策体系的人口基础。

一、新中国成立以来河北省人口发展概况

自新中国成立以来，河北省人口数量由 1949 年的 3 086.06 万增加到了 2020 年的 7 461.02 万，增长了 1.42 倍，年平均增长率为 1.23%（见图 2-1），稍低于全国平均增长 1.61 倍、年平均增长率 1.34%的水平。与全国相同的是，受不同阶段经济社会发展水平及人口思想和生育政策变化的影响，河北省人口发展也表现出了明显的阶段性特征。

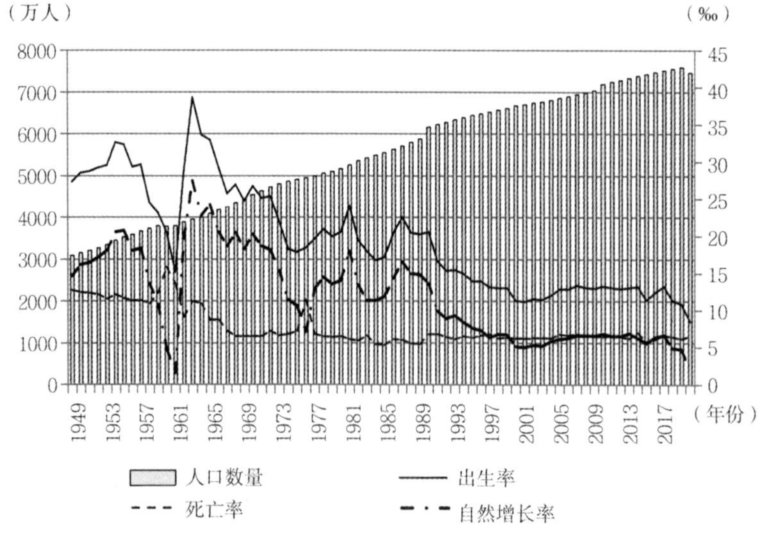

图 2-1　河北省 1949—2020 年人口自然增长情况

河北省人口增长的阶段性特征从大的方面可以分为两个阶段，即1973年以前的自然发展阶段和1973年及以后的生育控制阶段，这两大阶段又可以分为若干个不同的时期，下面分别加以介绍和分析。

（一）人口自然发展阶段

人口自然发展，亦可称为人口自由发展，指的是没有人为干预的人口发展过程。1949年新中国成立后到1972年的20余年间，一方面，“人多力量大”的“人手论”思想占据上风，虽然早在1957年曾经有过节制生育问题的大讨论，但由于政治上的原因，节制生育讨论并没有正常进行下去，而是被搁置下来，人口研究被打入禁区，节制生育工作没有付诸实践，人口生育行为一直处于自然状态，生育率维持在较高水平；另一方面，经济社会稳定发展（三年困难时期除外），医疗卫生事业长足进步，人口死亡率显著下降。总的说来，这一阶段的人口发展表现出两个方面的特点：一方面是生育率一直维持在较为稳定的高水平上，另一方面是死亡率快速下降。在这两种方向相反因素的综合影响下，就形成了自然增长率快速升高的态势。以三年困难时期为标志，可以把河北省这一阶段的人口发展分为三个不同的时期。

从新中国成立到1958年，河北省除1958年出生率（24.45‰）稍低外，其余年份均在28‰以上，年平均出生率为29‰左右；死亡率从12.73‰下降到10.92‰，年平均死亡率接近12‰；自然增长率除1958年（13.53‰）较低外，其余年份均在16‰以上，平均17‰左右。人口数量由1949年的3 086.06万增加到1958年的3 732.33万，增长了21%；年平均增加接近72万，年平均增长率为2.14%；年平均出生99.71万，成为第一个生育高峰。但与全国相比，河北省这一时期的出生率、死亡率和自然增长率均处于较低水平（全国这一时期的年平均出生率高达35‰左右，年平均死亡率15‰左右，年平均自然增长率20‰左右，1958年这三个指标分别为29.22‰、11.98‰和17.24‰）。

1959—1961年，河北省人口出生率显著下降，死亡率突发性升高，导致自然增长率急剧下降。3 年间，年平均出生率不到 20‰，年平均死亡率升至 14‰左右，年平均自然增长率不到 6‰；净增加人口数量仅为 63 万，年平均增加 21 万；年平均出生不到 74 万。无论是人口绝对增长量和相对增长量，还是出生人口数量，均大大低于前一时期。与全国相比，三年困难时期对河北省人口增长的影响稍微小一些，如 1960 年全国人口出现了 4.57‰的负增长，而河北省依然是 4.67‰的正增长。

1962—1972 年，河北省人口出生率一直稳定在较高水平，死亡率持续下降，自然增长率上升到较高水平。11 年间，年平均出生率接近 29‰，年平均死亡率降至 8‰左右，年平均自然增长率接近 21‰；年平均增加人口近 85 万，年平均增长率为 2.02%；年平均出生人口 121 万，成为第二个生育高峰（见表 2-1）。在这 11 年间，河北省每一年的人口出生率都低于全国平均水平，人口出生率平均值比全国平均水平低 6 个千分点，峰值出生率比全国平均水平低 4.76 个千分点，反映出河北省第二次生育高峰低于全国平均水平的特点。

表 2-1　1949—1972 年河北省人口数量发展变化情况

单位：万，‰

年份	总人口	出生率	死亡率	自然增长率
1949	3 086.06	27.30	12.73	14.57
1950	3 147.47	28.47	12.43	16.04
1951	3 205.09	28.71	12.29	16.42
1952	3 271.95	29.17	12.10	17.07
1953	3 343.19	29.47	11.48	17.99
1954	3 442.54	32.63	12.10	20.53
1955	3 529.00	32.29	11.64	20.65
1956	3 588.69	29.29	11.34	17.95
1957	3 670.10	29.62	11.30	18.32
1958	3 732.33	24.45	10.92	13.53
1959	3 791.26	23.09	12.29	10.80

续表

年份	总人口	出生率	死亡率	自然增长率
1960	3 779.19	20.51	15.84	4.67
1961	3 795.07	15.13	13.63	1.50
1962	3 883.58	28.68	9.06	19.62
1963	3 956.20	38.61	11.20	27.41
1964	3 996.85	33.63	10.91	22.72
1965	4 086.96	32.92	8.74	24.18
1966	4 183.34	29.22	8.69	20.53
1967	4 254.43	25.74	7.17	18.57
1968	4 346.62	26.86	6.52	20.34
1969	4 444.72	24.70	6.48	18.22
1970	4 549.55	26.73	6.49	20.24
1971	4 639.89	25.06	6.49	18.57
1972	4 727.55	25.27	7.22	18.05

资料来源：河北省地方志编纂委员会编《河北省志（第 12 卷 人口志）》（河北人民出版社 1991 年出版）第 23、61、69 页。

（二）生育控制阶段

1972 年 2 月，河北省成立计划生育领导小组，办公室设在省卫生局，负责领导全省计划生育工作，拉开了计划生育工作的序幕。1973 年 2 月，河北省革命委员会转发省计划生育领导小组《关于计划生育若干问题的意见》，明确提出了提倡晚婚晚育、每对夫妇生育两个孩子、生育间隔四年左右的生育政策，并且坚持贯彻落实党中央提出的“书记挂帅、全党动员、宣传教育、典型引路、加强科研、提高技术、措施落实、群众运动、持之以恒”① 的三十六字方针，开始推行计划生育。近 50 年

① 河北省地方志编纂委员会. 河北省志（第 12 卷 人口志）[M]. 石家庄：河北人民出版社，1991：165.

来，河北省实行计划生育后的人口发展过程大致可以分为以下三个阶段。

1973—1985 年，人口出生率持续下降，死亡率继续下降并稳定在较低水平，自然增长率持续下降。13 年间，年平均出生率已经低于 18‰，年平均死亡率降至 6.7‰左右，年平均自然增长率接近 10.7‰；年平均增加人口 63 万，年平均增长率为 1.24%；年平均出生人口 89 万，出生规模明显减小。在这 13 年间，河北省人口出生率有 8 个年份低于全国，有 5 个年份略高于全国，说明当时河北省的计划生育工作处于领先水平。

1986—1999 年，人口出生率继续下降，死亡率稳定在较低水平，自然增长率继续下降。14 年间，年平均出生率降至 17‰以下，年平均死亡率进一步降至 6.3‰左右，年平均自然增长率 10.4‰左右；年平均增加人口 76 万，年平均增长率为 1.26%；出生规模由 1986 年的 114 万减至 1999 年的不足 86 万。在此期间，1986—1990 年出生人口规模较大，年平均出生 120 万左右，成为第三次生育高峰。这五年间之所以形成了第三次生育高峰，究其原因主要有二：一是计划生育政策调整放宽的因素，1984 年计划生育政策调整后开始对农村地区实施“女儿户”政策，二孩照顾面有所扩大；二是人口再生产规律使然，50 年代第一次生育高峰时期出生的人口陆续进入婚育期，育龄人口规模扩大。在这 14 年间，河北省每一年的人口出生率都低于全国，依然显示出河北省人口控制工作好于全国平均水平的特点。

2000—2020 年，人口出生率平均 12‰左右，死亡率 6.4‰左右，自然增长率低于 6‰。年平均增加人口数量略微超过 40 万，年平均增长率为 0.58%；年出生人口规模在 86 万左右，2020 年仅出生 63.98 万，成为新中国成立以来仅多于 1961 年（57.30 万）的最低水平（见表 2-2）。这一时期的人口出生率，与全国平均水平较为接近，其中有 13 个年份略高于全国平均水平，有 8 个年份略低于全国平均水平。

表 2-2 1973—2020 年河北省人口数量发展变化情况

单位：万，‰

年份	总人口	出生率	死亡率	自然增长率
1973	4 803.97	21.13	6.56	14.57
1974	4 861.60	17.19	6.80	10.39
1975	4 913.39	15.57	7.22	8.35
1976	4 943.41	14.57	11.42	3.15
1977	4 998.23	15.52	6.77	8.75
1978	5 057.45	16.21	6.49	9.72
1979	5 104.64	16.07	6.36	9.71
1980	5 167.62	15.66	6.46	9.20
1981	5 256.29	23.99	6.07	17.92
1982	5 356.26	19.35	5.94	13.41
1983	5 420.23	17.91	6.60	11.31
1984	5 487.47	16.73	5.41	11.32
1985	5 547.52	17.04	5.49	11.55
1986	5 627.00	20.42	6.12	14.30
1987	5 710.00	22.50	6.00	16.50
1988	5 795.00	20.35	5.50	14.85
1989	5 881.00	20.19	5.44	14.75
1990	6 158.88	20.77	6.82	13.95
1991	6 219.73	16.61	6.75	9.86
1992	6 275.33	15.33	6.43	8.90
1993	6 334.09	15.43	6.11	9.32
1994	6 387.71	14.92	6.50	8.42
1995	6 436.51	13.93	6.32	7.61
1996	6 483.70	13.85	6.55	7.30
1997	6 524.60	13.11	6.82	6.29
1998	6 569.30	13.01	6.18	6.83

续表

年份	总人口	出生率	死亡率	自然增长率
1999	6 613.66	12.99	6.26	6.73
2000	6 674.27	11.30	6.21	5.09
2001	6 699.13	11.16	6.18	4.98
2002	6 734.60	11.53	6.25	5.28
2003	6 769.44	11.43	6.27	5.16
2004	6 808.75	11.98	6.10	5.88
2005	6 850.83	12.84	6.75	6.09
2006	6 897.80	12.82	6.59	6.23
2007	6 943.20	13.33	6.78	6.55
2008	6 988.80	13.04	6.49	6.55
2009	7 034.40	12.93	6.43	6.50
2010	7 185.42	13.22	6.41	6.81
2011	7 241.51	13.02	6.52	6.50
2012	7 287.51	12.88	6.41	6.47
2013	7 332.61	13.04	6.17	6.87
2014	7 383.75	13.18	6.95	6.23
2015	7 424.92	11.35	5.79	5.56
2016	7 470.05	12.42	6.06	6.36
2017	7 519.52	13.20	6.60	6.60
2018	7 556.30	11.26	6.38	4.88
2019	7 591.97	10.83	6.12	4.71
2020	7 461.02	8.50	6.12	2.38

资料来源：1973—1985 年数据源自河北省地方志编纂委员会编《河北省志（第 12 卷人口志）》（河北人民出版社 1991 年出版）第 23、61、69 页；1986—2005 年数据源自河北省地方志编纂委员会编《河北省志·人口与计划生育志（1979—2005）》（河北人民出版社 2017 年出版）第 56—57 页；2006—2019 年数据源自历年河北经济年鉴；2020 年数据源自《河北省全国第七次人口普查公报》。

二、新中国成立以来河北省人口构成变化情况

人口构成，也称人口结构，一般是指按照人口的不同特征划分后的

各组成部分在人口总体中所占的比重，主要包括自然结构、社会结构和区域结构三个方面。在分析人口构成时，有时也对部分与部分之间进行比较，例如性别比、老少比、负担系数（可分为劳动力总负担系数、少儿抚养比、老年抚养比）等。人口自然结构分为性别结构和年龄结构；人口社会结构主要包括民族结构、文化程度结构、婚姻状况结构、家庭规模和家庭类别结构、行业和职业结构等；人口区域结构主要包括城乡结构、行政区域结构等。人口自然结构是人口结构的基本结构，也是研究人口发展趋势的重要基础。根据本书研究需要，下面仅对河北省人口自然结构变化状况进行分析。

（一）人口性别构成变化

人口性别构成指的是一个国家或地区某一时点人口中男女两性的比例关系，是最基本的人口构成之一，一般用男性和女性人口在总人口中的占比或比重、男性人口与女性人口的比例等指标反映。新中国成立以来的七十余年间，河北省人口性别构成发生了很大变化，从总人口性别比变化情况看，表现出先升后降的特点，但变化幅度不大（见表 2-3）。

表 2-3 河北省人口性别构成变化情况

单位：万，%

年份	人口数量		人口占比		性别比	
	男性	女性	男性	女性	总人口	出生人口
1953	1 794.83	1 768.64	50.37	49.63	101.48	
1964	2 338.17	2 230.61	51.18	48.82	104.82	
1981	2 712.56	2 587.99	51.18	48.82	104.81	108.18
1990	3 121.01	2 987.26	51.09	48.91	104.48	111.73
2000	3 393.63	3 274.81	50.89	49.11	103.63	113.43
2010	3 643.01	3 542.32	50.70	49.30	102.84	114.88
2020	3 767.90	3 693.12	50.50	49.50	102.02	107.82

资料来源：河北省历次人口普查数据，其中 2020 年出生人口性别比为住院分娩登记数据。

在人口性别比研究中，人们更为关注的是出生人口性别比。从河北省出生人口性别比变化情况不难发现，出生人口性别比升高问题开始于1981年。第三次人口普查数据表明，1981年河北省出生人口性别比（108.18）已经超出了国际社会认可的102—107的正常值域范围，出现了出生人口性别比失调问题。问题的严重性更在于，自1981年之后的三十多年时间里，出生人口性别比表现出了显著的不断升高特征，直到2012年后才出现逆转，2020年下降到接近正常值域（102—107）上限附近。河北省出生人口性别比升高并长期偏高的问题主要表现为两大特点：一是出生人口性别比偏高问题主要源于二孩和三孩及以上孩次（见表2-4）；二是出生人口性别比偏高问题表现出较为显著的城乡差异，农村出生人口性别比偏高问题较为突出（见表2-5）。

表2-4 河北省分孩次出生人口性别比变化情况

单位：%

孩次	1982年	1990年	2000年	2010年	2020年
一孩		105.48	104.35	108.98	109.42
二孩		120.36	147.32	128.81	102.34
三孩及以上		127.13	187.57	180.65	134.38
总体	108.18	111.73	113.43	114.88	108.60

资料来源：根据第四、第五、第六和第七次人口普查前12个月的出生人口性别情况计算。

表2-5 河北省分城乡出生人口性别比变化情况

单位：%

城乡	1990年	2000年	2010年	2020年
市	111.28	113.32	114.19	107.99
镇	114.42	116.52	121.68	109.16
乡村	114.68	119.77	118.75	108.64
总体	111.73	113.43	114.88	108.60

资料来源：根据第四、第五、第六和第七次人口普查前12个月的出生人口性别情况计算。

出生人口性别比升高的直接原因在于，部分家庭存在较强的男孩偏好，为达到生育男孩的目的，在生育数量受到限制的情况下，通过非法手段采取非医学需要的胎儿性别鉴定和选择性别的人工终止妊娠——“流女保男”，这一问题之所以持续如此之长的时间得不到治理，既与严格执行“提倡一孩”政策时期群众较强的男孩生育偏好有关，更与我们对这一问题的苗头发现晚、缺乏敏感度，对其不良后果认识不足、治理措施不到位的情况有很大关系。近年来出生人口性别比下降的情况，既是“打击两非”工作的结果，也反映出群众生育性别观念的变化，当然也与生育政策调整放宽的情况有一定关系。

（二）人口年龄构成变化

人口年龄构成指的是一个国家或地区某一时点不同年龄组人口在总人口中的比例关系，人口年龄构成是最基本的人口构成之一。现实的人口年龄构成既是以往人口再生产过程的必然结果，也是影响未来人口再生产过程的重要因素，还是影响经济社会发展的基本条件。新中国成立以来的七十多年间，河北省人口年龄构成发生了很大变化。从总的趋势看，按国际社会认可的人口年龄构成类型划分标准（见表 2-6）判断，河北省人口年龄构成主要表现为由前二十年年轻化、后五十年经成年型向老龄化快速转变的特点。自 2000 年进入老龄化之后，受 20 世纪 50 年代生育高峰的影响，2010—2020 年老龄化和老少比升高速度明显加快（见表 2-7）。

通过对 2000 年和 2020 年河北省人口年龄金字塔的比较可以发现（见图 2-2 和图 2-3），与 2000 年相比较，2020 年的人口金字塔形状显得更不规则，这种情况既反映出不同年份出生人口数量存在较大波动性的特点，也说明按照人口发展规律优化人口年龄结构、实现人口长期均衡发展还有很长的路要走，需要坚持不懈的继续努力。

表 2-6　人口年龄构成类型划分标准

单位：%，岁

类型	少儿人口占比	老年人口占比	老少比	年龄中位数
年轻型	40 以上	5 以下	15 以下	20 以下
成年型	30—40	5—10	15—30	20—30
老年型	30 以下	10 以上	30 以上	30 以上

注：少年人口的年龄区间为 0—14 岁；老年人口的年龄标准为 60 岁（如果以 65 岁为标准，则老年人口占比情况为：年轻型 4%以下、成年型 4%—7%、老年型 7%以上）。

资料来源：佟新著《人口社会学（第四版）》（北京大学出版社 2010 年出版）第 159 页。

表 2-7　河北省人口年龄构成变化情况

单位：%，岁

时间	少儿人口占比	老年人口占比	老少比	年龄中位数
一普	33.52	6.24	17.34	22.58
二普	40.65	4.89	12.03	19.09
三普	30.78	5.67	18.43	23.72
四普	29.04	5.81	20.01	26.03
五普	22.78	7.05	30.93	31.24
六普	16.83	8.24	48.95	34.24
七普	20.22	13.92	68.84	38.25

资料来源：根据河北省历次人口普查数据计算。

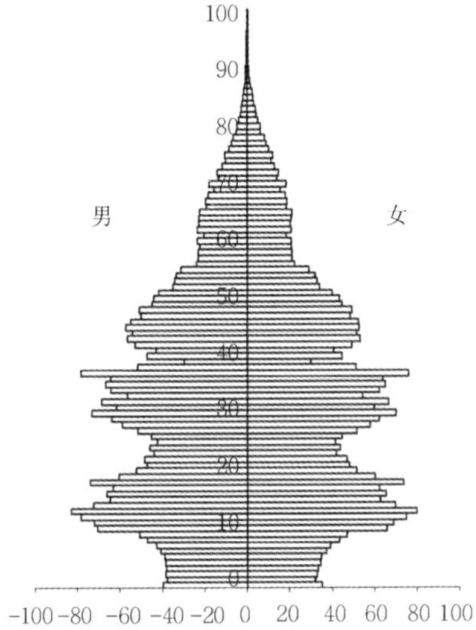

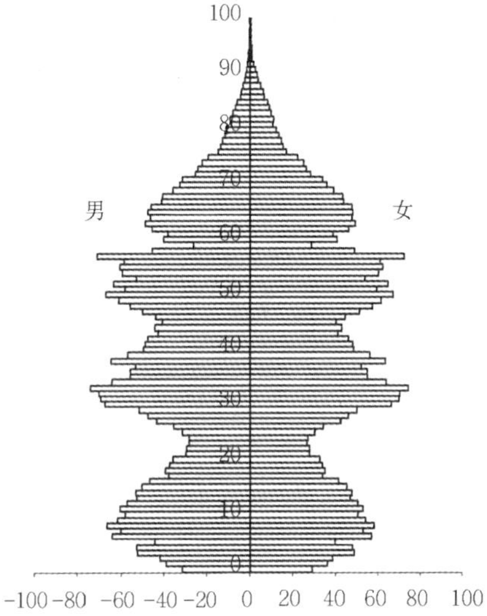

图 2-2　2000 年河北省人口年龄金字塔　　图 2-3　2020 年河北省人口年龄金字塔

三、新中国成立以来河北省妇女生育水平变化情况

妇女生育水平是影响人口出生率、出生人口规模以及人口年龄结构变化的重要因素。现代社会，由于人口死亡率已经稳定在较低水平，在不考虑人口流动迁移的情况下，妇女生育水平高低成为影响人口数量变化的主导因素。新中国成立以来的七十多年间，河北省妇女生育水平变化情况大体可以分为三个大的阶段：一是维持在较高水平的自然生育状态阶段，二是计划生育政策主导下的逐渐下降阶段，三是经济社会发展主导下的低生育水平阶段。

（一）维持在较高水平的自然生育状态阶段（1950—1971 年）

新中国成立后，河北省同全国一样，迎来了经济快速发展和社会秩序稳定的良好社会环境，妇女生育水平保持在较高自然生育状态。1950—1958 年全省妇女总和生育率均在 5.10 以上，其中 1952 年达到这一时期的最高水平（5.95）；1959—1961 年，受经济困难影响，食物严重不足，多数妇女因为极度缺乏营养导致生理周期紊乱，生育率大幅度下降，由 1958 年的 5.51 下降到 1959 年的 4.15、1960 年的 4.47 和 1961 年的 3.29；1962—1971 年，除 1969 年稍低（4.84）外，其他年份均在 5.00 以上，1963 年达到 7.50 的最高水平，成为有记录以来的最高值。在这二十年间，虽然妇女生育水平发生了较大变化，但主要与妇女生理功能的变化相关，基本上不存在人为干预的情况。

（二）计划生育政策主导下的逐渐下降阶段（1972—1991 年）

为贯彻落实 1971 年 7 月 8 日国务院批转卫生部军管会、商业部、燃料化学工业部《关于做好计划生育工作的报告》（〔71〕国发文 51 号）这一标志着我国开始计划生育工作的文件精神，中共河北省委于 1971 年 7 月 24 日下发文件，要求各级党委和革命委员会加强对计划生育工作的领导，做到思想上重视，工作上落实，各级有人抓，层层有人管。虽然早在 1971 年河北省就出台了关于实行计划生育的文件，但由于当时没有相应的计划生育领导机制和工作机构，实际工作也就没有真正开展起来。直到 1972 年 2 月成立河北省计划生育领导小组（办公室设在省卫生局）后，计划生育工作才有了专门的组织机构负责。1973 年 2 月 24 日，河北省革命委员会转发省计划生育领导小组《关于计划生育若干问题的意见》，明确提出了提倡晚婚、每对夫妇生育两个孩子、生育间隔四年左右的生育政策。这一政策要求比全国早了 5 年。① 1978 年 10 月 26 日中共中央批转《关于国务院计划生育领导小组第一次会议的报告》（中发〔1978〕69 号）下发后，尤其是 1979 年 6 月 18 日五届全国人大二次会议上国务院《政府工作报告》提出“要定出切实可行的办法，奖励只生一个孩子的夫妇……使社会经济政策有利于计划生育的开展”后，河北省革命委员会即于 1979 年 7 月 7 日作出《关于计划生育工作若干问题的试

① 1978 年 10 月 26 日中共中央批转的《关于国务院计划生育领导小组第一次会议的报告》提出：提倡晚婚，提倡一对夫妇生育子女数最好一个，最多两个，生育间隔三年以上。

行规定》（冀革〔1979〕122号），第一次明确提出了计划生育奖惩政策。1979年11月，中共河北省委发出93号文件，指示各级党委“一定要把计划生育工作的重点真正转移到一对夫妇只生育一个孩子上来”。1980年9月25日，中共中央发出《关于控制我国人口增长问题致全体共产党员、共青团员的公开信》，明确提出了“提倡一对夫妇只生育一个孩子”的生育政策。1981年4月，河北省人民政府发出《关于计划生育工作若干问题的补充规定》（冀政〔1981〕60号），明确提出了晚婚晚育的年龄要求，规定了照顾生育二胎的具体条件。1984年8月4日，中共河北省委根据中共中央批转的《国家计划生育委员会党组〈关于计划生育情况的汇报〉》（中发〔1984〕7号）文件精神和本省实际情况，调整了计划生育政策，放宽了二胎照顾面。此后，计划生育政策相对稳定下来，执行力度不断强化。随着计划生育政策的实施和严格的行政管理，河北省妇女总和生育率由原来的自然生育状态迅速下降到较低水平。1971年全省妇女总和生育率为5.01，1980年下降到2.29；80年代的10年间，总和生育率有升有降，1990年为2.35，1991年下降到1.81，此后便开始了在更替生育水平以下持续下降的过程。

（三）经济社会发展主导下的低生育水平阶段（1992年以来）

如果说前一阶段的生育率下降主要是政策限制和行政推动的结果，那么进入20世纪90年代后，由于市场经济体制建设快速推进，市场经济思想深入人心，便形成了政策限制和经济因素“双重”作用下的生育率持续下滑。进入21世纪后，随着经济发展水平的快速提高和子女养育成本的大幅度增加，经济因素进一步上升为影响生育水平变化的主导因素，少生优育成为多数家庭的主动选择，夫妻成为生育决策的真正主体。

河北省妇女总和生育率自1991年下降到1.81的低水平之后，并没有停下脚步，而是继续下滑，再无回升迹象。2013年11月12日党的十八届三中全会通过《中共中央关于全面深化改革若干重大问题的决定》后，开始“启动实施一方是独生子女的夫妇可生育两个孩子的政策”；党的十八届五中全会作出决定，启动“全面实施一对夫妇可生育两个孩子政策”，并把这一要求列入《中共中央关于制定国民经济和社会发展第十三个五年规划的建议》，大大放宽了生育政策。即使如此，河北省仍同全国一样，并没有如预期那样出现持续的出生堆积和生育高峰，而是仅仅出现了短暂的政策调整后次年的生育数量增加，积累多年的二孩生育势能只是得到部分释放。从河北省产妇住院分娩活产人数变化情况看，党的十八届三中全会前的两年间，生育数量仅在5%上下波动，变化幅度很小；实施“单独二孩”政策后的2014年，生育数量比上年增加了近20万，增长率接近20%；2015年比上年减少45万多，减少幅度近40%；实施“全面两孩”政策后的2016年，生育数量比上年增加近35万，增加幅度为47%；自2017年起便出现了“四连降”，其中有三个年份与上年相比出生规模减少数量在11万以上，2020年甚至比上年减少22.13%（见表2-8）。由此可见，生育政策调整的效应极其有限，仅仅在新政策生效的次年出现了短暂回升。这说明，在生育率变化影响因素中，生育政策的作用已经十分有限，个人和家庭决策开始占据主导地位，而个人和家庭的生育决策取决于生育意愿，生育意愿的变化主要取决于经济因素。

表2-8　2011—2020年河北省出生人口数量变化情况比较

单位：人，%

年份	产妇住院分娩活产人数	与上年比较增减人数	与上年比较增减比例
2011	1 004 393		
2012	1 050 560	46 167	4.60
2013	999 938	−50 622	−4.82
2014	1 195 383	195 445	19.55
2015	737 910	−457 473	−38.27
2016	1 084 347	346 437	46.95
2017	961 194	−123 153	−11.36
2018	798 714	−162 480	−16.90
2019	762 376	−36 338	−4.55
2020	593 648	−168 728	−22.13

为了具体分析生育政策调整导致的生育率短暂回升现象，我们对 2014—2021 年第一季度出生数量变化进行了具体分析，分析结果发现，与上年相比的生育数量变化，2017 年第一季度增加规模仍然较大，继续保持了 2016 年生育率回升的势头（见表 2-9）。2017 年第一季度生育规模较大的原因，可以归于 2016 年生育势能释放的继续。自 2017 年第二季度起，生育势能就开始衰减。2017 年第二季度、第三季度、第四季度分别比 2016 年同期减少 15.67%、17.75%和 23.78%；第二季度和第三季度减少的生育规模均超过 4 万，第四季度则超过 7 万。

表 2-9 河北省 2014—2021 第一季度住院分娩活产婴儿数量变化情况

单位：人，%

年份	合计	男	女	出生性别比	与上年比较增减人数	与上年比较增减幅度
2014	277 692	146 689	131 001	111.98		
2015	227 025	119 321	107 702	110.79	−50 667	−18.25
2016	225 835	117 874	107 961	109.18	−1190	−0.52
2017	267 616	138 146	129 467	106.70	41 781	18.50
2018	214 710	111 217	103 489	107.47	−52 906	−19.77
2019	195 456	101 546	93 909	108.13	−19 254	−8.97
2020	165 523	85 835	79 687	107.72	−29 933	−15.31
2021	126 724	65 280	61 443	106.24	−38 799	−23.44

注：分性别的住院分娩活产婴儿数量中，有的缺少性别项，故活产婴儿合计数并不等于男婴和女婴合计数。

2014—2021 年间，第一季度生育数量减少幅度最大的是 2021 年。究其原因，并非育龄妇女人数变化所致，而是与发生于 2020 年 1 月底的新冠疫情有很大关系。新冠疫情发生后，在“红事缓办”的要求下，不少原来打算结婚的青年推迟了结婚时间。受疫情本身很多不可知因素的影响，很多育龄夫妇因为害怕会影响到生育质量，推迟了生育计划。

严格执行“提倡一孩”生育政策时期，群众意愿生育子女数大于政策允许的生育数，但是我们主要依靠政策限制和行政推动压抑了群众的生育意愿，把生育率控制在较低水平。应该说，河北省同全国一样，在实现生育率转变方面，计划生育政策和计划生育工作起着决定性作用。在生育政策放开二孩、三孩后，群众生育意愿仍然维持在较低水平，生育意愿与生育政策的关系发生了逆转，意愿生育子女数变为低于政策允许生育数，国家期望通过调整生育政策，放宽生育限制，达到提升生育水平的目的，但实际情况却不尽如人意，生育水平只是在政策调整的次年短暂回升了一年的时间，远远低于政策预期。究其原因主要在于，控制生育可以依靠拿“大肚子”来实现，但实施“三孩政策”却难以依靠外力使育龄妇女的肚子“鼓起来”，而必须依靠提升育龄夫妇及其家庭的生育意愿，使育龄夫妇产生生育的内在需求，这就要求帮助育龄群众解除生育压力。因此，党的十九大提出“促进生育政策和相关经济社会政策配套衔接”，2021 年 5 月 31 日的中共中央政治局会议提出“实施一对夫妻可以生育三个子女政策及配套支持措施”，党的二十大提出“建立生育支持政策体系”。

近年来，根据我国人口发展形势的变化，提出了推动实现人口长期均衡发展和适度生育水平的目标。2015 年 12 月 31 日，《中共中央 国务院关于实施全面两孩政策 改革完善计划生育服务管理的决定》提出了“保持适度生育水平”的目标。2021 年 7 月 20 日公布的《中共中央 国务院关于优化生育政策 促进人口长期均衡发展的决定》在谈及“充分认识优化生育政策、促进人口长期均衡发展的重大意义”时，提出了“推动实现适度生育水平，促进人口长期均衡发展，为建设富强民主文明和谐美丽的社会主义现代化强国、实现中华民族伟大复兴的中国梦提供坚实基础和持久动力”的重要论断。《中华人民共和国国民经济和社会发展第十四个五年规划和 2035 年远景目标纲要》对“推动实现适度生育水平”作出专门规划安排，提出了实现这一目标的具体措施。

同样，河北省也根据国家政策要求和本省实际情况，在 2021 年 11

月 23 日河北省第十三届人民代表大会常务委员会第二十七次会议修订的《河北省人口与计划生育条例》“总则”中，提出了“调控人口数量，提高人口素质，推动实现适度生育水平，优化人口结构，促进人口长期均衡发展”的要求。

无论是人口再生产理论还是国家人口发展战略，无论是宏观经济社会发展还是微观家庭发展，都要求人口生育水平维持在一个适度范围内。因此，推进实现适度生育水平，将成为未来人口工作的一个重要方向性目标。

第三章 河北省生育政策实施与人口工作开展情况

生育政策的制定与调整取决于人口发展形势，同时也对人口发展状况具有重要影响。河北省是一个人口大省，也是开展节制生育宣传、成立计划生育机构、实行计划生育较早的省份。几十年来，河北省生育政策变化和计划生育工作基本上与全国同步，但也形成了较为鲜明的特色。因为河北省自然地貌类型多样、经济社会发展水平差异较大，所以在严格实行计划政策时期的政策规定也具有多样性：既有针对城镇居民的“一孩化”政策，也有针对一般农村居民的“一孩半”政策，还有针对坝上地区和部分山区的“两孩”政策。党的十八大以来，河北省生育政策逐渐走向全省统一，人口工作重点也由原来的控制人口增长逐步转向推进实现人口长期均衡发展。

一、1971 年以前河北省计划生育政策制定与人口工作开展情况

河北省是较早颁发支持节制生育、制定节育工作规划、开展计划生育宣传教育文件的省份。从新中国成立到正式实行计划生育政策前的二十多年间，河北省在节制生育方面主要开展了以下四个方面的基础性工作：一是开展宣传倡导，为节制生育创造条件；二是制定相关规划和政策，明确节制生育的目标和任务；三是开展节育试点，为全省推广积累工作经验；四是建立组织机构，为开展节制生育奠定组织保障。

（一）宣传和倡导节育

1953 年卫生部出台《避孕及人工流产办法》后，河北省即于 1953 年下半年放宽了对节育手术和销售避孕药具的限制。1954 年 9 月 10 日，省卫生厅发出通报，提出“已婚男女避孕节育一律不加限制，凡请求避孕者，医疗机关应予以正确指导”的要求。1956 年 2 月 1 日，省卫生厅向各地卫生部门发函（卫妇字 147 号），进一步提出“避孕是人民民主权利，政府不该予以限制”“各地卫生部门和医疗机构，妇幼保健院、所、站、接生站，都有传授指导避孕技术的义务……医疗供应部门可以陈列避孕用品，予购者以方便”。1957 年 2 月，中共河北省委转发省卫生厅、妇联、工会、共青团《关于开展节制生育向省委的报告》，要求卫生部门组织各方面力量，做好节制生育宣传工作，开启了河北省各部门齐抓共管计划生育的篇章。1958 年 1 月，中共河北省委在《关于开展节育宣传运动的指示》中，要求各级党委加强领导，组织各方面力量，在全省范围内开展节育宣传运动；要求全体党员和干部认真执行节育政策，成为节育的宣传者、组织者和执行者；要求广播、报纸、文化馆等宣传机构增加节育宣传内容；要求乡以上及大厂矿、学校有关部门建立计划生育委员会，重点抓好宣传和试点，推动本地节制生育工作。在此期间，全省各地培训了大批节制生育宣传员，建立了节制生育指导站和避孕用品销售点，并且为部分迫切要求节育的多子女夫妇发放避孕药具。① 1957 年，通过举办展览会、报告会、多子女父母座谈会等形式，使 620 多万群众受到避孕知识教育。1958 年初，对河间县（今河间市）景和乡的调查结果显示：全乡育龄妇女要求避孕的占 51%；555 名未婚青年中，提出推迟婚期的 389 人，占 70.09%。这说明，经过当时的节制生育宣传工作，很多育龄夫妇已经产生了节制生育的愿望和需求。1958 年 1 月 25 日，中共河北省委发出《关于开展节育宣传运动的指示》，认为“节制生

---

① 王明远. 中国人口（河北分册）[M]. 北京：中国财政经济出版社，1987：459-460.

育是解决人民内部矛盾的措施之一……是一项移风易俗改变生活习惯的群众运动”；河北省委还决定，以后每年都要举行一次节制生育宣传运动，使节育的意义家喻户晓，男女皆知，使有避孕要求的人学会避孕方法。1964 年 4 月至 5 月，省计划生育办公室组织计划生育宣讲团，分赴 9 个中等城市，先后举办 47 场宣讲活动，听众达 17 580 人。① 这些宣传倡导工作，为初期节制生育工作开展奠定了重要基础。

（二）规划和政策引领

1957 年 12 月，省政府制定《河北省节育工作十年（1958—1967）规划》，提出了“生男育女完全实行计划生育”和“十年内逐步改变早婚习惯”② 等目标任务。

根据 1962 年 1 月 18 日中共中央、国务院《关于认真提倡计划生育的指示》精神，中共河北省委于 1963 年 1 月 8 日发出《关于进一步开展计划生育的指示》，要求各级党委认真贯彻中共中央指示精神，“使生育问题逐渐走向有计划的状况”③；同年 4 月 3 日，中共河北省委、河北省人民委员会批转省卫生厅、妇联等 11 个部门《关于贯彻执行中共中央、国务院认真提倡计划生育指示的报告》，要求在全省开展计划生育工作；6 月，河北省人民委员会批转省卫生厅《关于当前我省计划生育工作开展情况和今后安排意见的报告》，主要对具体工作作出安排和规划；10 月，在天津市（当时为河北省省会）召开了全省第一次计划生育工作会议；11 月，作出关于加强计划生育工作领导和建立各级计划生育工作机构的决定。1964 年 1 月 31 日，印发《河北省实行计划生育十二年规划（1964—1975 年）》，提出了具体的出生率目标和实现目标的主要措施；

---

① 河北省地方志编纂委员会．河北省志（第 12 卷 人口志）［M］．石家庄：河北人民出版社，1991：163-164.

② 河北省地方志编纂委员会．河北省志（第 12 卷 人口志）［M］．石家庄：河北人民出版社，1991：163.

③ 河北省地方志编纂委员会．河北省志（第 12 卷 人口志）［M］．石家庄：河北人民出版社，1991：164.

同年3月，中共河北省委发出《关于计划生育给全省共产党员的一封信》，要求共产党员积极宣传并带头实行计划生育。① 这种以省委名义向全省党员发布公开信，倡导计划生育的做法，比1980年9月25日发表的《中共中央关于控制我国人口增长问题致全体共产党员共青团员的公开信》早了6年多，反映出河北省计划生育工作的超前性。1963—1964年间，河北省快节奏出台了一系列有关计划生育的文件，积极开展宣传倡导活动，为节制生育工作在舆论上被广大群众所接受、在行动上得到广大群众的支持提供了重要条件。

（三）开展试点工作

河北省是较早开展节制生育工作试点的省份。在节制生育工作初期阶段，河北省于1956年3月就在河间县（今河间市）召开了节制生育现场会。1957年，先后在河间县和张家口市卷烟厂开展节制生育试点，并召开工作现场会。1964年2月，河北省计划生育办公室组织召开了第一次地、市计划生育办公室主任会议；同年10月25日至30日，在安次县（今廊坊市安次区）召开河北省农村计划生育工作经验交流会。② 1964年，河北省还分别在石家庄市、获鹿县（今石家庄市鹿泉区）、安次县开展计划生育试点。这些试点工作符合群众工作特点，起到了总结经验、典型引路的效果，为普遍推广提供了经验支持。

（四）建立组织机构

河北省是建立计划生育组织机构比较早的省份。1954年，河北省率先成立节制生育领导小组，由时任中共河北省委书记的张承先任组长，办事机构设在省卫生厅。随后，各地区和38个市、县相应建立了节制生育领导小组，具体工作由妇幼科或妇幼保健站承办。1958年1月，中共

---

① 王明远. 中国人口（河北分册）[M]. 北京：中国财政经济出版社，1987：461-462.

② 河北省地方志编纂委员会. 河北省志（第12卷 人口志）[M]. 石家庄：河北人民出版社，1991：163-164.

河北省委发出《关于开展节制生育宣传运动的指示》，要求各级党委认真加以领导，各专、市、县、区、乡及大厂矿、学校，都要建立节制生育委员会。[①] 1963年5月29日，成立河北省计划生育委员会，办公室设在省卫生厅。1963年11月20日，中共河北省委、省人民委员会发出《关于加强计划生育领导和建立各级计划生育工作机构的决定》，要求各级党政组织都要重视对计划生育工作的领导，要有一位书记负责具体领导，一位副专员、副市长、副县长具体抓，县以上成立计划生育委员会，党委副书记任主任，吸收计委、民政、卫生、商业和妇联、共青团、工会等部门的领导同志参加；县以下各级和各部门、团体、厂矿、企业、学校均成立计划生育领导小组或确定一位负责人亲自抓这项工作。各级人民委员会建立专门的计划生育办公室，作为政府的主管部门。并且还规定了不同级别和不同人口规模市、县的编制人数和行政级别，明确要求各级政府计划生育办公室要配备强有力的干部，办公室主任、副主任，省级配备厅长级干部担任，专、市、县要配备相当于同级局、科长级干部担任。1964年1月2日，河北省计划生育委员会办公室开始独立办公。[②]

1966年5月，全国性"文化大革命"开始后，正常工作秩序被打乱，计划生育工作陷入瘫痪状态。1968年11月，省计划生育办公室人员全部进入"五七"干校劳动，计划生育工作完全中止。[③]

（五）小结

这一阶段计划生育工作的特点是：政策上，注重解除对节制生育的限制，为节制生育提供方便，满足群众节制生育需求；宣传上，以节育

---

① 河北省地方志编纂委员会．河北省志（第12卷 人口志）[M]．石家庄：河北人民出版社，1991：168.

② 河北省地方志编纂委员会．河北省志（第12卷 人口志）[M]．石家庄：河北人民出版社，1991：168-169.

③ 河北省地方志编纂委员会．河北省志（第12卷 人口志）[M]．石家庄：河北人民出版社，1991：164.

知识和移风易俗为主，坚持政策宣传和开展活动相结合；工作上，广泛发动群众，积极开展试点，坚持典型引路；组织上，重视机构建设，明确工作职责，初步形成组织网络。应该说，这一阶段的工作还是很有成效的，只是由于1966年开始的“文化大革命”，这一工作才如同其他所有工作一样，陷入无序状态，被迫停止下来。但是，应该肯定的是，这一阶段的宣传发动、群众教育、药具供应、组织建设等工作，为后来的计划生育顺利开展奠定了重要基础，其功绩不可磨灭。

这一阶段的计划生育工作基本上处于舆论宣传和组织准备、试点阶段，对人口数量和生育水平并未产生影响，人口增长依然保持在较高水平。

二、1971年以来河北省计划生育政策实施与人口工作开展情况

自1971年正式开始实行计划生育、1980年实施“一孩化”政策到2013年的生育政策重大调整，经过了40多年的时间。40年，在人类历史长河中简直短得不值一提，但在人口发展从必然王国走向自由王国的征程中却发生了难以置信的变化。就河北省计划生育政策和人口发展目标而言，基本上与全国相同，大体经历了从相对宽松的“晚、稀、少”到严格推行“一孩化”、人口增长速度大幅下降，稳定现行生育政策、统筹解决人口问题，调整放宽生育政策、推进人口长期均衡发展等三个阶段。

（一）从“晚、稀、少”到“一孩化”、人口增长速度大幅下降阶段

为了控制人口过快增长的态势，减缓人口增长过快对经济社会发展和资源环境的压力，推进实现人口与经济社会、资源环境的协调发展，1971年7月，国务院转发卫生部军管会、商业部、燃料化学工业部《关于做好计划生育工作的报告》（〔71〕国发文51号），提出了“除人口稀少的少数民族地区和其他地区外，都要加强对这项工作（指计划生育工

作——著者注）的领导，深入开展宣传教育，使晚婚和计划生育变成城乡广大群众的自觉行动”，以实现“在第四个五年计划期间，使人口自然增长率逐年降低，力争1975年，一般城市降到10‰左右，农村降到15‰以下”的目标。① 国务院转发这一文件，拉开了我国正式实行计划生育的序幕。

国务院转发的《关于做好计划生育工作的报告》中，对已经提前实现人口自然增长率降至15‰以下目标的河北省乐亭县提出表扬，这对河北省计划生育工作开展产生了极大的推动作用。为贯彻落实国务院文件精神，中共河北省委在国务院转发文件的当月就发出指示，要求各级党委和革命委员会进一步加强对计划生育工作的领导，各地、市、县革命委员会卫生部门要在现有编制内设立计划生育办事机构。②

1972年1月，卫生部军管会在河北省乐亭县召开17个省、直辖市、自治区计划生育工作座谈会③，乐亭、固安等地介绍了加强领导、开展工作的经验。会议认真讨论了“晚、稀、少”的计划生育政策问题，总结推广了乐亭县开展计划生育工作的经验，并集中探讨了计划生育工作中如何加强领导的问题。④

1972年2月，河北省成立计划生育领导小组。随后，各地、市、县相继恢复和建立健全了计划生育委员会或领导小组，并建立起相应的办事机构，公社和生产大队建立了计划生育领导小组，大队和生产队配备了专管计划生育的副队长（群众称为大嫂子队长）和计划生育宣传员，基本上实现了层层有领导管，工作有人抓。⑤ 1972年8月15日，河北省革命委员会出台“［1972］91号”文件，开始提倡每对夫妇生育两个孩

① 国家人口和计划生育委员会．中国人口和计划生育史［M］．北京：中国人口出版社，2007：85.

② 河北省地方志编纂委员会．河北省志（第12卷 人口志）［M］．石家庄：河北人民出版社，1991：165.

③ 国家人口和计划生育委员会．中国人口和计划生育史［M］．北京：中国人口出版社，2007：95.

④ 王明远．中国人口（河北分册）［M］．北京：中国财政经济出版社，1987：463.

⑤ 王明远．中国人口（河北分册）［M］．北京：中国财政经济出版社，1987：463.

子。自此，河北省兴起了全面开展计划生育工作的热潮。

1973 年 2 月 24 日，河北省革命委员会转发省计划生育领导小组《关于计划生育若干问题的意见》，提出了提倡晚婚、每对夫妇生育两个孩子、生育间隔四年左右的生育政策。① 这是河北省在计划生育工作中第一次把一般性倡导变为具体化的政策要求，政策目标得到进一步明确。其中“提倡晚婚”和“每对夫妇生育两个孩子”的提法与同年 12 月国务院计划生育领导小组在全国计划生育工作汇报会上提出的“晚、稀、少”政策高度一致，只是在时间上早了 10 个月。为了指导和推进计划生育工作，河北省计划生育领导小组从四个方面总结了前期开展计划生育工作的经验做法：一是搞好思想发动和宣传教育，营造良好的舆论氛围；二是总结先进经验，推广乐亭县制定与落实人口规划、定县（今定州市）鼓励男到有女无儿家结婚落户、望都县组织发放避孕药具等经验做法；三是大抓放置节育环为主的节育措施落实，全省仅 1973 年就做了 198 万例节育手术，其中放置节育环 155 万例；四是落实组织保障，省、地、县、社、生产大队层层建立计划生育委员会或领导小组，并且注重在群众中培养积极分子担任生产队的计划生育队长，实现了层层有人抓。②

1974 年 12 月，中共中央发出《通知》（中发〔1974〕32 号），批转了《关于上海开展计划生育和提倡晚婚工作的情况报告》和《河北省革命委员会关于召开全省计划生育工作会议的情况报告》。在河北省的情况报告中，充分肯定了河北省各级党委把计划生育工作列入议事日程，加强领导、常抓不懈的做法，表扬了南宫县（今南宫市）加强对计划生育工作的领导、乐亭县制定与落实人口规划、定县（今定州市）推行男到有女无儿家结婚落户的先进经验。随后，河北省重点总结推广了南宫县开展计划生育工作的经验，在全省范围内掀起了学赶南宫的热潮。全国

① 河北省地方志编纂委员会. 河北省志（第 12 卷 人口志）[M]. 石家庄：河北人民出版社，1991：165.

② 河北省地方志编纂委员会. 河北省志（第 12 卷 人口志）[M]. 石家庄：河北人民出版社，1991：165.

二十多个省市先后到南宫、乐亭等地参观学习[①]，河北省成为当时全国计划生育工作的“排头兵”。尤其是定县（今定州市）在 1974 年就针对群众中普遍存在的“有儿子可以顶门立户，没有儿子是绝户”的传统重男轻女思想，积极倡导和动员男青年到有女无儿家结婚落户，并且把这一活动作为破旧立新的新生事物给予大力支持，县领导主持全县规模的男到有女无儿户结婚典礼，既办喜事，又开现场会。公社、生产大队领导坚持做到凡是村民有男到有女无儿户结婚的，必亲自出席，讲话致辞。为了使男到有女无儿家结婚落户光荣真正成为一种社会风尚，巩固和发展下去，县里作出明文规定：到有女无儿户结婚落户的男方，在政治上、经济上、社会地位上享有与本村社员同等的权利。另一方面，对于干扰和破坏男到有女无儿户结婚落户的行为，作为反面典型给予严厉惩治，这就使在旧社会不被承认甚至遭受歧视的所谓“倒插门”“赘婿”受到政策的保护，并被当作移风易俗的光荣典型受到社会的支持和赞扬。[②] 这种婚姻领域的移风易俗工作，对于改变重男轻女的性别观念和只有男孩才能传宗接代、养儿防老的生育观念，促进计划生育政策落实，起到了非常重要的推动作用。

根据 1978 年 10 月 26 日中共中央批转的《关于国务院计划生育领导小组第一次会议的报告》（中发〔1978〕69 号）提出的“提倡一对夫妇生育子女数最好一个，最多两个。生育间隔三年以上”文件精神，以及在总结各地开展计划生育工作经验基础上提出的“书记挂帅、全党动手、宣传教育、典型引路、加强科研、提高技术、措施落实、群众运动、持之以恒”的计划生育工作方针[③]，特别是 1979 年 6 月五届全国人大二次会议提出的“要定出切实可行的办法，奖励只生一个孩子的夫妇”的要求，河北省革命委员会一方面于 1979 年 6 月 4 日把河北省计划生育办公

① 王明远．中国人口（河北分册）[M]．北京：中国财政经济出版社，1987：465-466.

② 王明远．中国人口（河北分册）[M]．北京：中国财政经济出版社，1987：466.

③ 国家人口和计划生育委员会．中国人口和计划生育史 [M]．北京：中国人口出版社，2007：87.

顾部分群众的实际困难，1984 年 4 月 13 日，中共中央批转《国家计划生育委员会党组〈关于计划生育情况的汇报〉》（中发〔1984〕7 号），提出了“要把计划生育政策建立在合情合理、群众拥护、干部好做工作的基础上”的要求，启动了计划生育政策由从严从紧向“开小口子，堵大口子”的调整工作。为贯彻落实中共中央文件精神，推进河北省计划生育工作开展，中共河北省委、河北省人民政府于 1984 年 8 月 4 日发出《关于印发〈全省计划生育工作会议纪要〉的通知》，《通知》认为：“加强对计划生育工作领导的核心是坚决地、全面正确地贯彻落实中发〔1984〕7 号文件……逐步完善具体政策，努力改进工作作风。”《会议纪要》提出：当前工作的重点是进一步完善计划生育的具体政策，即对农村要有控制地把生育二胎的口子开得稍大一些，坚决制止大口子，严禁徇私舞弊的歪口子，并为少数民族规定一个适当的政策。与 1982 年的《试行规定》相比较，这一次的政策调整放宽了二胎照顾面。其中，干部、职工和非农业人口的二胎照顾情况由原来的三条增加到六条；农村人口开始试点照顾只有一个女孩的夫妇生育二胎；对于少数民族，也提出了夫妇双方均系少数民族的可以生育二胎、但不得生育三胎的政策要求。[①]

1989 年 3 月 14 日河北省第七届人民代表大会常务委员会第六次会议通过、1989 年 3 月 20 日河北省人民代表大会常务委员会第七号公告公布施行《河北省计划生育条例》。《条例》的颁布实施，使河北省计划生育工作上升到法律层面，有了法律依据。《条例》提出了“一对夫妻只生育一个子女”的要求，明确了照顾生育二孩的十三种具体情况，强调了“严禁一对夫妻生育第三个子女”的规定，作出了“公民结婚和生育，应进行婚前和产前检查，接受优生指导”的规定；《条例》还对节育有关问题作出了具体规定，如“凡未安排生育的育龄夫妻，必须落实可靠的

① 河北省地方志编纂委员会. 河北省志・人口与计划生育志（1979—2005）[M]. 石家庄：河北人民出版社，2017：468-470.

节育措施”。

在1984年中发〔1984〕7号文件指导下进行生育政策调整后，直到2013年党的十八届三中全会，在近三十年的时间里，河北省计划生育政策再无重大变化，基本上保持着相对稳定性。

总的说来，这一阶段的前期，计划生育政策的主旋律是依靠宣传发动和倡导晚婚，努力把计划生育变为城乡广大群众的自觉行动。自1973年提出“晚、稀、少”和“每对夫妇生育两个孩子”具有一定弹性的生育政策后，这种和风细雨式的生育政策赢得了群众的欢迎，以提供节育服务为主的工作满足了部分群众的节育要求，所以，取得了生育率下降幅度最大的成绩（妇女总和生育率由1970年的5.50下降到1979年的2.25）。1979年11月中共河北省委发出93号文件后，“一对夫妇只生育一个孩子”的政策成为主流，计划生育政策明显收紧，反映出“一孩化”的政策导向。虽然1984年对计划生育政策进行了调整和完善，放宽了对农村的二胎生育照顾面，但依然坚守着“一对夫妇只生育一个孩子”的政策框架。

与生育政策变化过程相适应，河北省人口数量变化呈现出增长率下降特征，生育水平下降到更替水平以下。生育政策变化和人口数量、生育水平变化之间呈现出非常密切的关系，充分说明生育政策对人口数量和生育水平变化具有显著影响。人口数量和生育水平变化情况在第二章已经作出具体分析，在此不再赘述。

（二）稳定生育政策、统筹解决人口问题阶段

经过十几年的艰辛努力，河北省同全国一样取得了生育率显著下降、人口增长势头得到有效控制的巨大成就，但这一成就的取得并非像西方国家生育率转变那样，是生育主体生育意愿根本转变的结果，或者说是一个自然而然的过程，而是主要依靠政策限制和行政推动实现的，所以具有较大的不稳定性和出现反弹的可能性。河北省委清楚地认识到了这一点，在1991年4月27日《中共河北省委常委会讨论计划生育工作纪

要》（冀发〔1991〕13号）中指出：河北省自20世纪70年代初全面开展计划生育工作以来，虽然取得了很大成绩，但是控制人口增长的任务依然十分艰巨。因此，全省上下要把计划生育工作的位置摆得更突出一些，看得更重一些，抓得更实一些，努力巩固已有工作成果。并且还强调：各级党政主要领导对计划生育工作不仅要负总责，而且要具体动手抓。1991年5月12日，《中共中央 国务院关于加强计划生育工作 严格控制人口增长的决定》（中发〔1991〕9号）提出“严格控制人口增长是我国面临的一项重要而紧迫的任务”，要求“各级党委和政府务必把计划生育工作摆到与经济建设同等重要的位置上来，把人口计划纳入本地区国民经济和社会发展总体规划，列入重要议事日程。党政第一把手必须亲自抓，并且要负总责”，强调“必须坚定不移地贯彻落实现行政策，不能摇摆，不能松动，不能改变，以保持政策的稳定性和连续性”。为贯彻落实中共中央、国务院《决定》精神，河北省当年即确定了省级领导计划生育联系县制度，省级领导负责联系计划生育工作排位倒数的6个县。自1993年起，省委、省政府决定采取一年一排队的办法，把排在倒数20名的县作为重点管理县，省委书记、省长和省计划生育领导小组组长分别联系倒数第一、第二和第三的县，其他省级领导分头联系其他17个重点管理县。被列为省重点管理县的，当年不得评为综合先进县，党政主要领导和分管计划生育工作的领导不能享受6种奖励，不能提拔；第二年仍然被列为重点管理县的，由省政府发出黄牌警告；连续三年被列为重点管理县的，党政主要领导和分管计划生育工作的领导要就地免职。

为了体现省委、省政府对计划生育工作的高度重视，自1991年起，每年都召开计划生育工作会议，有的年份甚至召开两次。在计划生育工作会议上，省委、省政府主要领导到会，省委书记、省长和主管计划生育的主要领导亲自讲话，布置工作任务，强调责任分工，表彰先进单位和先进个人，充分彰显了省委、省政府对计划生育工作的高度重视。这种领导重视的做法，对于构建计划生育管理机制、推进计划生育工作起到了非常重要的积极作用。在1992年全省计划生育工作会议上，省委书记、省长在讲话中均强调了中发〔1991〕9号文件提出的“党政一把手亲自抓、负总责”要求，并且对为什么要求党政一把手“亲自抓”，如何“亲自抓”，“亲自抓”抓什么以及“负总责”的要求是什么等问题作出具体说明，提出了“既要抓紧，又要抓好”“统筹安排、全面组织、准抓实干、层层负责”“高标准、高质量完成计划生育各项目标”的具体要求。①

为了使计划生育“一票否决制”制度化，中共河北省委办公厅、河北省人民政府办公厅于1994年5月3日发出转发省委组织部等部门《关于在提拔任用干部中实行计划生育一票否决的规定》的通知（冀办发〔1994〕8号），要求各级党委、政府一定要高度重视，加强领导，各级组织、人事和计划生育部门要密切配合，执行好计划生育一票否决制度。② 至此，原来已经开始实行的“一票否决制”走向了制度化轨道，形成了计划生育硬约束。按此制度，在对各级党政领导干部进行综合评比或提拔使用前，必须由同级计划生育工作领导小组对其本人、亲属及其子女执行计划生育的情况、抓计划生育工作的情况，实事求是地作出书面评价，并加盖计划生育领导小组的印章，作为综合评比或提拔使用的基本依据。凡是没有计划生育领导小组提供上述材料的，不得评为综合性先进个人，不得提拔使用。此外，还建立了党政领导干部离职后计划生育审计追踪奖惩制度，审计的对象为各级党委、政府主要领导和分管计划生育工作的负责人，审计的时限原则上每届一次，遇有调动，随时审计。干部离职审计的内容主要包括：是否把计划生育工作摆在同经济工作同等位置，列入党委政府主要议事日程，坚持党政一把手亲自抓、负总责，实行人口目标管理责任制，切实解决工作中的问题；是否把人口控制目标纳入本地区国民经济和社会发展规划，并且根据当地实际情

---

① 河北省计划生育委员会. 计划生育学习材料汇编（内部资料）[G]. 河北省计划生育委员会，1992：80-82.

② 河北省计划生育委员会. 计划生育学习材料汇编（内部资料）[G]. 河北省计划生育委员会，1994：153-155.

况，制定完成人口控制指标的相应保证措施；人口目标责任书完成情况；执行有关计划生育政策、法规情况；各部门落实计划生育职责情况；计划生育工作中是否存在违纪行为，本身实行计划生育的情况；等等。

2000 年 3 月 2 日，《中共中央 国务院关于加强人口与计划生育工作稳定低生育水平的决定》（中发〔2000〕8 号）强调了稳定低生育水平的必要性和重要性，提出了“今后十年人口与计划生育工作的目标”，指出了实现人口与计划生育目标的政策措施，即完善人口与计划生育工作的调控体系和相关社会经济政策，建立适应社会主义市场经济体制的人口与计划生育工作管理机制，切实加强党和政府对人口与计划生育工作的领导。此外，还强化了坚持党政一把手亲自抓、负总责，坚持和完善人口与计划生育目标管理责任制，落实“一票否决”制度等对计划生育工作起到重要保障作用的领导机制。

2006 年 12 月 17 日，《中共中央 国务院关于全面加强人口和计划生育工作 统筹解决人口问题的决定》（中发〔2006〕22 号）颁布。《决定》认为：“以人的全面发展统筹解决人口问题，变人口压力为人力资源优势，为经济社会发展提供持久动力，是实现中华民族伟大复兴的战略选择。”《决定》提出：“稳定低生育水平是新时期人口和计划生育工作的首要任务。”《决定》还提出了四个不动摇的要求，即“必须坚持计划生育基本国策和稳定现行生育政策不动摇，党政第一把手亲自抓、负总责不动摇，稳定人口和计划生育工作机构、队伍不动摇，不断创新人口和计划生育工作体制、机制、手段和方法不动摇。”《决定》不仅要求千方百计稳定低生育水平，而且还要求大力提高出生人口素质、综合治理出生人口性别比偏高问题、不断完善流动人口管理服务体系、积极应对人口老龄化，体现出人口工作是一项系统工程，必须统筹解决人口问题的整体思路。

党的十八大虽然提出“坚持计划生育的基本国策，提高出生人口素质，逐步完善政策，促进人口长期均衡发展”，预设了“逐步完善生育政策”的要求，但是并没有对计划生育政策作出具体调整，仍然维持着既有的政策。

从这一时期河北省计划生育工作看，基本上都是围绕中共中央、国务院“三个决定”开展的，并且把工作重点放在了稳定现行政策和低生育水平上，生育政策基本没有进行过重大调整。在工作力度上，20 世纪 90 年代初期处于不断加大的过程中，之后便进入常态化管理。在生育水平长期保持较低水平的同时，对提高人口素质尤其是提高出生人口素质的重视程度越来越高，出生缺陷干预工程取得较大进展；出生人口性别比升高趋势出现逆转，呈现出逐渐下降态势；流动人口“属地化服务管理”不断推进，计划生育服务均等化工作取得重大进展；对人口老龄化的认识和重视程度不断提高，积极应对人口老龄化的工作逐步摆上重要议事日程。

（三）调整放宽生育政策、推进人口长期均衡发展阶段

为了适应我国人口生育形势的重大变化，统筹解决人口发展中面临的各种问题，积极应对人口老龄化，推进实现人口长期均衡发展，中共中央开始在顶层设计上调整生育政策。2013 年 11 月 12 日，党的十八届三中全会通过《中共中央关于全面深化改革若干重大问题的决定》，开启了对已经实行三十多年的“提倡一孩”政策的重大调整。《决定》指出：“坚持计划生育的基本国策，启动实施一方是独生子女的夫妇可生育两个孩子的政策，逐步调整完善生育政策，促进人口长期均衡发展。”虽然“单独二孩”政策仍然属于“提倡一孩”政策的补充和完善，并没有摆脱“一孩化”的政策框架，但作为一种过渡，具有摸索经验、实践探索的价值，为后续生育政策调整奠定了重要基础。

2015 年 10 月 29 日，党的十八届五中全会通过《中国共产党第十八届中央委员会第五次全体会议公报》，其中涉及生育政策调整的内容为：“促进人口均衡发展，坚持计划生育的基本国策，完善人口发展战略，全面实施一对夫妇可生育两个孩子政策，积极开展应对人口老龄化行动。”2015 年 12 月 27 日第十二届全国人民代表大会常务委员会第十八次会议

修订后的《中华人民共和国人口与计划生育法》，把“国家提倡一对夫妻生育两个子女”写入法律。2015 年 12 月 31 日，《中共中央 国务院关于实施全面两孩政策 改革完善计划生育服务管理的决定》（中发〔2015〕40 号）颁布，在对实施“全面两孩”政策、改革完善计划生育服务管理的重大意义作出充分论证的基础上，对实施“全面两孩”政策、改革完善计划生育服务管理的指导思想、基本原则和主要目标作出说明，提出了“稳妥扎实有序实施全面两孩政策”“大力提升计划生育服务管理水平”“构建有利于计划生育的家庭发展支持体系”“切实加强组织领导”等基本要求，尤其强调了“鼓励按政策生育”的问题。

为贯彻落实《中共中央 国务院关于实施全面两孩政策 改革完善计划生育服务管理的决定》精神，加强和改进新时期计划生育工作，促进全省人口长期均衡发展，2016 年 11 月 2 日河北省委、省政府公布了《关于实施全面两孩政策改革完善计划生育服务管理的意见》，要求“各部门要加强协作，及时出台配套管理办法……通过政策推动、依法管理和宣传倡导等措施，引导群众依法、有计划地生育，确保政策平稳落地、有序实施”，并且从改革完善计划生育服务管理机制、强化妇幼健康计划生育服务功能、完善流动人口服务管理体系、加强基层工作网络和队伍建设、保障计划生育家庭合法权益、增强社会养老抚幼能力、强化党政主体责任、调整计划生育投入机制等角度提出了深入推进计划生育服务管理改革、推进“全面两孩”政策实施的具体措施。

根据我国人口生育形势和推进实现人口长期均衡发展的目标，2021 年 5 月 31 日中共中央政治局召开会议，作出“进一步优化生育政策，实施一对夫妻可以生育三个子女政策及配套支持措施”的决定；2021 年 7 月 20 日公布的《中共中央 国务院关于优化生育政策 促进人口长期均衡发展的决定》，就优化生育政策，实施一对夫妻可以生育三个子女政策，并取消社会抚养费等制约措施、清理和废止相关处罚规定，配套实施积极生育支持措施等问题作出决定；2021 年 8 月 20 日第十三届全国人民代表大会常务委员会第三十次会议通过《全国人民代表大会常务委员会关于修改〈中华人民共和国人口与计划生育法〉的决定》，把“一对夫妻可以生育三个子女”的政策要求上升到法律层面，我国的生育政策转向“三孩”时代。为贯彻落实中共中央、国务院决定以及全国人大常委会修订后的《人口与计划生育法》，河北省第十三届人民代表大会常务委员会第二十七次会议于 2021 年 11 月 23 日修订了《河北省人口与计划生育条例》，明确了“一对夫妻可以生育三个子女”的规定。

第四章　河北省计划生育奖励处罚政策演变情况

生育政策可以分为狭义生育政策和广义生育政策。前者指的是由国家制定或在国家指导下地方政府制定的规范育龄夫妇生育行为（包括生育数量、生育时间和质量等）的准则或规范；后者既包括由国家制定或在国家指导下地方政府制定的规范育龄夫妇生育行为（包括生育数量、生育时间和质量等）的准则或规范，也包括为实现这一目标而制定实施的经济社会配套政策（即生育支持政策，主要指奖励政策），即生育政策和生育支持政策的总和。狭义生育政策属于直接干预人口生育行为的政策，广义生育政策中的生育支持政策属于间接影响人口生育行为的政策。从广义的角度而言，奖励和处罚政策不仅是生育政策的组成部分，而且还是生育政策实施的重要保障，在很大程度上服务于生育政策的需要。

20 世纪 70 年代初期开始实行计划生育时，我国还处于政治挂帅、政治至上的时代，重视精神鼓励和政治荣誉，反对物质刺激和经济奖励，而且当时的计划经济体制对人们的生产和生活具有很强的约束力，所以很少有全省层面的奖励政策，而是主要依靠行政管理。当时的奖励政策，以发放计划生育光荣证书、口头奖励以及奖励晚婚假和晚育假、农村社员奖励工分等为主，奖励形式和奖励力度由各地基层组织根据实际情况确定；在处罚方面，以批评教育为主，也有部分地方实行过扣发“口粮”的“土政策”。直到计划生育政策转到“提倡一对夫妇只生育一个子女”后，国家生育政策要求与群众生育意愿之间的矛盾凸显，计划生育工作难度加大，为了体现政策的导向功能，才开始制定实施计划生育奖励处罚政策。与生育政策从相对宽松的“晚、稀、少”到从严从紧的“提倡一孩”政策、再到有重大调整的“全面两孩”政策、“三孩政策”变化相适应，河北省计划生育奖励处罚政策的演变过程可以分为两个阶段，即由相对宽松的“晚、稀、少”过渡到从严从紧的“提倡一孩”政策后，具有明显的鼓励“独生子女”、处罚规划外生育特点的奖励处罚相结合的阶段；由“提倡一孩”政策“单独二孩”政策和转向“全面两孩”政策和“三孩政策”后，更加重视社会支持政策体系建设的阶段。

一、与鼓励生育一个孩子相适应的奖励处罚政策

随着70年代后期生育政策重点向“一孩化”转移，生育政策实施难度不断加大，为保障生育政策的落实，就衍生出了奖励处罚政策。1979年6月，五届全国人大二次会议提出“要定出切实可行的办法，奖励只生一个孩子的夫妇”的要求后，河北省革命委员会于1979年7月7日在《关于计划生育工作若干问题的试行规定》（冀革〔1979〕122号，以下简称《试行规定》）中，不仅明确提出了“鼓励一对夫妇生育子女数最好一个，最多两个”的政策要求，而且还第一次提出了省级层面的计划生育奖惩政策。《试行规定》既对生育行为作出了限制性规定，也通过制定实施奖励和处罚政策，对符合政策的生育行为作出奖励规定，对不符合政策的生育行为作出处罚规定。这些具体的奖励和处罚措施构成了当时生育政策的重要组成部分，在很大程度上保证了生育数量政策的实施。

《试行规定》对于奖励的规定主要包括：（1）奖励晚婚晚育的原则性规定。为大力提倡晚婚晚育，在《试行规定》中作出以下规定：农村男二十五周岁以上、女二十三周岁以上结婚，城镇男二十六周岁以上、女二十四周岁以上结婚后，因学习、工作等原因愿意实行晚育的，应予鼓励。（2）奖励独生子女夫妇及其家庭的政策。按照《试行规定》：“夫妇终身只要一个孩子的，国家给予表扬和鼓励。”对终身只要一个孩子的育龄夫妇，经本人申请，落实节育措施后，发给《独生子女证》，并且发给儿童保健费或补贴工分：全民所有制和集体所有制单位干部、职工（以

下简称干部、职工）的儿童保健费为每年 40 元，农村社员为每年奖励 300—400 个工分；儿童保健费或补贴工分期限为发给《独生子女证》之月起至孩子十四周岁。“农村社员的口粮分配，实行基本口粮部分按人分等定量。对自愿要一个孩子的夫妇，其小孩的口粮按成年人的基本口粮标准分配。城镇住房，对只生一个孩子的夫妇，可按两个孩子分配住房。农村可优先照顾房基地。”（3）独生子女优先优待政策。“对终身只要一个孩子的，其子女可优先入托、入学、就医，根据各地、各部门情况，可酌情减免费用。在招工时，其子女符合劳动就业和招工条件的，劳动部门应优先安排。对要求参军而又符合入伍条件的独生子，可根据实际情况，尽量予以照顾，招收女兵时，应照顾有女无儿户。”①

《试行规定》对于惩罚的规定主要包括：（1）规划外二孩生育处罚政策。按规定，对经多次教育无效，坚持规划外生育的干部、职工，采取经济限制办法，具体办法为：男女双方当年不得评全勤奖，并扣发适当比例的工资，最多不超过工资的 10%，扣发期限为自子女出生至十四周岁，间隔时间不够而生育者扣发到满间隔。对农村社员规划外生育者，适当扣除工分，扣发年限与干部、职工相同。（2）多胎生育处罚政策。对第三胎和三胎以上生育的子女，入托费用不减免、不补助，不享受直系亲属的劳保医疗待遇。（3）享受生育福利权利的政策。凡规划外怀孕的孕期检查、接生、住院等费用，由个人负责。规划外生育的产假，只发生活费。因不实行计划生育造成住房困难的一般不予增加，生活困难的一般不予救济。（4）粮食供给政策。规划外生育者，在扣发工资（或工分）期间，孩子的口粮，属于非农业人口的，按议价粮供应；属于农业人口的，按国家粮食超购加价计算，并不得分超产粮。农村调整自留地时不分自留地，不分房基地。（5）政治荣誉政策。各条战线评选先进集体和先进个人时，均应把计划生育列为一个重要条件，未实现计划生

① 河北省地方志编纂委员会. 河北省志·人口与计划生育志（1979—2005）[M]. 石家庄：河北人民出版社，2017：459-460.

育指标的，不得评选为先进单位或先进个人。①

总的看来，当时的奖励处罚政策具有较强的单位性特征，力度也不大。在奖励方面，无论干部、职工，还是农村社员，奖励力度基本上相当于一个人一个月的工资或工分。在处罚方面，属于干部、职工的，除男女双方当年不得评全勤奖外，扣发工资的比例最多不超过工资的10%；属于农村社员的，只作出了“适当地扣除工分”的规定。河北省人口生育水平之所以在20世纪70年代能够取得下降幅度最大（妇女总和生育率由1970年的5.50下降到1979年的2.25）的成就，最主要的并不在于奖励的吸引力和处罚的惩戒力，而是当时较为“温和”的生育政策和节育服务确实满足了部分群众的节制生育需求，群众愿意接受。更为重要的是，广大群众十分看重政治荣誉，把不执行国家政策视为思想“落后”，而追求政治先进则是当时的一种普遍心态，从而也就形成了群众积极响应国家政策的社会氛围，群众执行生育政策的积极性很高。

二、与“一孩化”相适应的奖励处罚政策

1980年9月25日《中共中央关于控制我国人口增长问题致全体共产党员、共青团员的公开信》发表后，国家生育政策大大收紧，河北省也由“最好一个，最多两个”转向“提倡一对夫妇只生育一个孩子”。为保障生育政策落地实施，根据中共中央《公开信》要求和河北省计划生育形势，河北省人民政府于1981年4月13日发出《关于计划生育工作若干问题的补充规定》（冀政〔1981〕60号，以下简称《补充规定》），对冀革〔1979〕122号文件中鼓励晚婚的原则性规定作出进一步具体化的规定：(1) 明确了晚婚晚育奖励政策。按《补充规定》，干部、职工实行晚婚的，增加婚假半个月；已婚二十四周岁以上生育第一胎的产妇，增加产假一个月。假期内工资照发，不影响享受全勤奖。对实行晚婚、

① 河北省地方志编纂委员会. 河北省志·人口与计划生育志（1979—2005）[M]. 石家庄：河北人民出版社，2017：460-461.

晚育的干部、职工，在同等条件下优先分配住房。这些关于鼓励晚婚晚育的规定，既适应了计划生育政策收紧的要求，也符合 1980 年 9 月 10 日第五届全国人民代表大会第三次会议通过的《中华人民共和国婚姻法》中“结婚年龄，男不得早于 22 周岁，女不得早于 20 周岁。晚婚晚育应予鼓励”的规定，体现了法规政策一致性的原则。（2）细化了独生子女奖励措施。对于生育第一个孩子后产假期间报名终身只要一个孩子的，增加产假一个月；工资照发、工分照记，不影响享受全勤奖。对经批准发给《独生子女光荣证》的独生子女父母，除给予表扬和政治荣誉外，根据具体情况，由干部、职工所在的单位或农村社员所在的社队给予下列之一的物质奖励（或休假待遇）：一是儿童保健费，从领证之月起至孩子年满十四周岁止，由夫妇双方所在单位（或生产大队、生产队），分别发给儿童保健费（或保健工分），干部、职工每人每月 2 元至 2.5 元；农村社员每人每年 150 至 200 个工分，或相当于当年劳力平均收入 7%至 10%的现金。二是一次性奖励，干部、职工夫妇双方每人 200 元；农村社员夫妇双方每人 1500 至 2000 个工分，或相当于当年劳力平均收入 70%至 100%的现金。三是育儿假，女干部、女职工，经本人申请和所在单位领导批准，可以享受一年的育儿假，工资照发，不影响全勤，但男女双方不再享受儿童保健费。如婴儿单靠人工喂养，经男女双方单位协商，也可由男方享受育儿假。具体采用哪一种方法，由各单位根据财力和因人制宜的原则确定。① 与 1979 年的文件相比，该文件不仅扩大了奖励范围，而且增大了奖励力度。把晚婚列为奖励对象，作出了“增加婚假半个月”的具体规定；对于生育第一个孩子后产假期间报名终身只要一个孩子的奖励，由“实行晚育的，应予鼓励”的原则性规定，具体化为第一胎“增加产假一个月”的具体规定；把女干部、女职工享受育儿假一年（前提是经本人申请和所在单位领导批准）或享受儿童保健费

① 河北省地方志编纂委员会. 河北省志·人口与计划生育志（1979—2005）[M]. 石家庄：河北人民出版社，2017：462-463.

作为可选奖励，充分体现了奖励政策的灵活性。新文件还明确了精神鼓励与物质奖励相结合的原则。

1982 年 4 月 5 日，中共河北省委、河北省人民政府颁布《关于计划生育工作若干问题的试行规定》（冀政〔1982〕39 号，1982 年 5 月 1 日实施），对奖励和处罚作出进一步具体规定，反映出省委、省政府对计划生育工作的高度重视。

《试行规定》涉及奖励的内容主要包括：（1）晚婚晚育奖励。干部、职工实行晚婚的，奖励婚假半个月；晚育奖励，奖励产假一个半月。此外，还给予晚婚晚育者优先优惠待遇：对实行晚婚、晚育的干部、职工，在同等条件下优先分配住房，符合劳动就业和招工条件的优先录用；对实行晚婚、晚育的农村社员，通过优先照顾优种、农药、化肥、浇地、使用农机具或发给奖金等办法给予奖励。（2）独生子女父母奖励。对于领取《独生子女光荣证》的夫妇，给予表扬和奖励。生育第一个孩子后，在产假期间报名终身只要一个孩子的，奖励产假两个月。农村社员的奖励办法，由市、县根据具体情况确定。对领取《独生子女光荣证》的夫妇，除给予表扬和政治荣誉外，根据具体情况，由干部、职工所在单位或农村社员所在社、队给予下列之一的物质奖励（或休假待遇）：一是从领证之月起至孩子满十四周岁止，对夫妇双方分别发给儿童保健费（或工分、粮食）。干部、职工每人每月 2 元至 2.5 元；农村社员每人每年 150 至 200 个工分，或相当于当年劳力平均收入 7％至 10％的现金（或等价的粮食）。二是一次性儿童保健费，干部、职工夫妇双方每人 200 元；农村社员夫妇双方每人 1500 至 2000 个工分，或相当于当年劳力平均收入 70％至 100％的现金（或等价的粮食）。三是在不实行工分的农村社、队，可依照上述精神，根据生产责任制的形式采取多包责任田、降低包产定额、减少承包地的集体提留等办法予以奖励。四是女干部、女职工，经本人申请，所在单位领导批准，可享受育儿假一年，工资照发（实行计件工资、浮动工资的单位，按同等条件人员的平均工资办理），不影响全勤评奖和调资、晋级，但男女双方不再享受儿童保健费。如婴儿单靠人工喂养，经男女双方单位协商，也可由男方享受育儿假，这一规定基本上沿袭了 1981 年的《补充规定》，但内容更为具体。五是招工和社队工副业用工，优先录用独生子女及其父母；分配住房和宅基地，优先安排独生子女家庭。（3）独生子女奖励。在同等条件下，独生子女优先入托、入园、入学、就医，并根据各地、各单位的情况，酌情减免费用；调整自留地时，按一个半至两个孩子分配。[①] 与 1981 年的《补充规定》相比，奖励的范围和力度更大了，晚育奖励产假由一个月增加到一个半月，生育第一个孩子后产假期间报名终身只要一个孩子的奖励产假由一个月增加到两个月。此外，还增加了独生子女优先入托、入园、入学、就医，并根据各地、各单位情况酌情减免费用，以及农村调整自留地时，按一个半至两个孩子分配的奖励规定。考虑到部分农村难以兑现现金奖励的实际情况，文件还作出了农村地区的儿童保健费可以在现金和等价的粮食之间进行选择的灵活性规定。

1982 年《试行规定》涉及处罚的措施主要有：（1）对规划外生育夫妇的经济限制措施。主要包括：扣发奖金和征收超生子女费（或工分、粮食），其标准为：干部、职工按当年基本工资累计 14 年总额的 10%；农村社员按本人或本队平均劳力当年收入累计 14 年总额的 10%。夫妇双方一年内适当免发奖金。夫妇双方免调一次工资。在不实行工分的农村社队，可以根据生产责任制的形式，采取少包责任田、提高包产指标、增加承包地的集体提留等办法。（2）对规划外生育家庭的处罚措施。对规划外生育造成家庭住房困难的，一般不予增加；生活困难的，一般不予救济；干部、职工不享受生育补助费，孕期检查、接生、住院等费用不予报销。（3）对规划外生育孩子的限制措施。规划外生育的孩子，入托费用不减免、不补助，不包责任田，不分自留地、宅基地，不享受直系亲属的劳保医疗待遇。（4）对规划外生育夫妇的行政处分。对拒不接

---

① 河北省地方志编纂委员会. 河北省志・人口与计划生育志（1979—2005）[M]. 石家庄：河北人民出版社，2017：464-466.

受教育，多次劝说无效，造成很坏影响的国家干部、正式职工，给予必要的纪律或行政处分。对临时工、合同工、副业工一律辞退。各单位在考核党员、团员、干部、职工时，都要把计划生育作为一项内容。各条战线评选先进集体和先进个人时，均应把计划生育列为一个条件，计划生育不好的，不得评选为先进集体或先进个人。①

1984 年 8 月 4 日，中共河北省委、河北省人民政府发出《关于印发〈全省计划生育工作会议纪要〉的通知》（冀发〔1984〕30 号），其中提出：要把计划生育作为建设社会主义精神文明的内容，“文明村”“文明单位”和“五好家庭”不能有计划外生育。② 这一要求的提出，意在突出精神鼓励的作用，再一次明确了精神鼓励与物质奖励相结合的工作思路。

1989 年 3 月 20 日公布施行的《河北省计划生育条例》，既明确了“一对夫妻只生育一个子女”的法律规定，也明确了照顾生育二孩的十三种具体情况，还强调了“严禁一对夫妻生育第三个子女”的法律规定。此外，对奖励和处罚措施也提出了规范性要求。

《河北省计划生育条例》规定的奖励内容主要包括：（1）对于晚婚、晚育者，规定了晚婚假和晚育假，并且要求市、县人民政府制定实施针对晚婚、晚育的具体奖励办法；对于计划生育受术者，规定了节育假。（2）对于接受绝育手术后确需配偶护理的干部、职工，规定了护理假；对于农村计划生育受术者，作出了乡、村可给予适当补助的规定。（3）对于产假期间领取《独生子女证》的产妇，增加了产假时间。（4）对于可以生育第二个子女而自愿不再生育的夫妻，作出了应当适当给予奖励的规定。（5）对于独生子女入托儿所、幼儿园、上小学、就医住院等情况，作出了应当给予照顾的规定。（6）对于独生子女家庭发展

① 河北省地方志编纂委员会. 河北省志・人口与计划生育志（1979—2005）[M]. 石家庄：河北人民出版社，2017：466-467.

② 河北省地方志编纂委员会. 河北省志・人口与计划生育志（1979—2005）[M]. 石家庄：河北人民出版社，2017：470.

生产，作出了给予优先照顾和扶持的规定。（7）在分配住房、宅基地以及城乡企业事业单位用工方面，作出了在同等条件下照顾独生子女父母的规定。

《河北省计划生育条例》规定的处罚内容主要包括：（1）对计划外生育夫妻的处罚。按照规定，对于计划外生育的夫妻，由夫妻双方所在单位各处以一次性超生罚款，并且规定了具体的处罚标准；针对计划外生育的夫妻，还作出了“给予降级直至开除的行政处分”“不得评为先进工作者，不得享受有关生育的劳保福利待遇”“因计划外生育造成住房和生活困难的，不予照顾”等规定。（2）对于出现计划外生育单位的处罚。按照规定，“未完成人口计划指标或统计不实的地方和单位，不得评为先进集体和文明单位”“每出现一名计划外生育，对夫妻双方所在单位各处以 500 元至 10 000 元的罚款，并可根据情况对单位领导人和主管工作人员给予经济处罚或行政处分”等。① 从这些处罚规定可以看出，不仅把违反计划生育政策的夫妇列为处罚对象，而且还把违反计划生育政策夫妇的所在地方、单位负责人也列为处罚对象，这一规定成为后来“一票否决制”的前奏。

为了落实好“提倡一对夫妇只生育一个孩子”的政策，要求党员带头实行计划生育，体现对党员的严格要求，1991 年 7 月 15 日中共河北省委批转了《中共河北省纪委关于共产党员违反计划生育政策党纪处分的暂行规定》（冀发〔1991〕20 号），对违反党和国家计划生育政策、法规以及《河北省计划生育条例》的共产党员，作出了区别不同情形给予相应党纪处分的规定：对符合生育第一个子女或照顾生育第二个子女的条件，但未按《准生证》计划年度生育而提前生育的，给予警告或严重警告处分；对符合或照顾生育第二个子女的条件，但未经批准而生育的，给予严重警告、撤销党内职务或留党察看处分；对违反计划生育规定，

① 河北省地方志编纂委员会. 河北省志・人口与计划生育志（1979—2005）[M]. 石家庄：河北人民出版社，2017：472-475.

生育第二个子女的，给予留党察看或开除党籍处分；计划外生育第三个以上（包括第三个）子女的，给予开除党籍处分；对未履行结婚登记手续同居生育的，给予严重警告以上处分；因不正当两性关系造成生育的，给予开除党籍处分；对于采取不正当手段，索取结婚证、准生证、假证明而早婚、计划外生育或非法收养子女的，从重处理；藏匿或转移计划外怀孕妇女而造成计划外生育的，给予严重警告、撤销党内职务或留党察看处分；纵容子女计划外生育、非法收养子女等违反计划生育政策、规定的，给予警告或严重警告处分；情节严重的，给予撤销党内职务处分。此外，还对利用职务和工作之便，不按法律规定或违反政策规定以及因工作失职或故意，造成不良后果的行为，作出了从警告到严重警告、撤销党内职务、留党察看直至开除党籍处分的规定。①

为了落实好“提倡一对夫妇只生育一个孩子”的政策，河北省还专门对干部、职工的生育行为作出限制性规定。1991 年 8 月 19 日，河北省人民政府印发《河北省国家工作人员、企事业单位职工违反计划生育法规行政处分实施办法》（冀政〔1991〕63 号），针对全省各级国家工作人员、企事业单位职工违反计划生育法规的不同情形，作出了除给予经济处罚外还要给予警告、记过、记大过、降级、降职、撤职、开除留用察看、开除等行政处分的规定。其中规定：依法结婚后，虽然符合生育第一个子女规定，但未按《准生证》计划年度生育而提前生育的，给予警告或记过处分；符合生育第二个子女规定，但未按《准生证》计划年度生育而提前生育的，给予警告、记过或记大过处分；未经批准而生育第二个子女的，给予降级直至开除留用察看处分；不符合生育第二个子女规定而生育第二个子女的，给予开除留用察看或开除处分；生育第三个及以上子女的，一律给予开除处分；不符合收养子女条件而收养子女，或者将已有子女送他人收养后又生育子女的，给予开除留用察看或开除

① 河北省地方志编纂委员会．河北省志·人口与计划生育志（1979—2005）［M］．石家庄：河北人民出版社，2017：483-484.

处分；不足法定婚龄或未办理结婚登记手续生育子女的，给予降级直至开除处分；生育第二个子女或其他婚外生育子女的，给予开除处分。此外，还对计划生育中的职务违法或弄虚作假、不作为等个人行为，以及人口失控或存在计划生育违规现象的地方主要领导人、分管领导人和计划生育部门负责人，作出了给予不同行政处分的规定。①

为体现计划生育的基本国策地位和社会系统工程性质，引起全社会尤其是各有关部门的高度重视和协同配合，形成齐抓共管的治理局面，1992 年 5 月 31 日中共河北省委、河北省人民政府转发了《河北省计划生育领导小组关于计划生育实行综合治理的暂行规定》（冀发〔1992〕11 号），要求各有关部门在党委和政府的统一领导和人大的监督下，主动承担任务，齐抓共管，共同做好计划生育工作。《暂行规定》强调了各级党委和人民政府在计划生育工作中的领导地位以及党政一把手亲自抓、负总责的工作机制，对各级各部门和群众组织在计划生育工作中应当承担的职责提出了具体要求，明确了责任分工，并且还从鼓励措施、限制措施、考核办法等方面作出具体规定。这一文件的出台实施，对于形成综合治理计划生育、统筹解决人口问题起到了重要的组织保障作用。

1995 年 10 月 19 日，河北省人民政府出台《河北省农村计划生育优待办法》，专门就农村计划生育优待问题作出规定。按照《优待办法》，实行晚婚晚育，并且符合发放宅基地条件的，应当优先审批；在同等条件下，应当优先照顾招工或者安排在乡镇企业就业；有条件的地方，可给予物质奖励。对终身只生育一个子女并领取《独生子女光荣证》的家庭，作出了“自领取《独生子女光荣证》之月起，至子女十八周岁止，由所在地的乡（镇）人民政府每月发给不低于 10 元独生子女父母奖金或者给予同等价值的物质奖励”“独生子女优先入本乡（镇）、村集体办的托儿所、幼儿园；上小学、初中的，免收杂费”“独生子女参加本省内中

---

① 河北省地方志编纂委员会. 河北省志·人口与计划生育志（1979—2005）[M]. 石家庄：河北人民出版社，2017：485-486.

考、高考和招工考试，在录取时给予 10 分的照顾”等奖励规定。《优待办法》还针对计划内生育两个女孩且夫妻一方实行结扎手术的家庭，规定了六项优待措施；对于男到有女无儿家结婚落户的，规定了六项优待措施。此外，还根据不同地区存在的较大差异，作出了有条件的地方可以增设奖励项目的规定。[①]

为了与 2003 年国家机构改革中把计划生育委员会改为人口和计划生育委员会、计划生育工作中增加了人口工作内容的情况相一致，2003 年 7 月 18 日河北省第十届人民代表大会常务委员会第四次会议通过了《河北省人口与计划生育条例》(2003 年 10 月 1 日起施行)。与 1989 年公布实施的《河北省计划生育条例》相比，新《条例》最大的变化在于，在法规名称中增加了“人口”二字，相应地增加了与“人口发展规划”相关的内容和条款。在“生育调节”部分，除个别条款稍有调整外，基本上与原《条例》保持了一致性，改动的条款主要有：把“一对夫妻只生育一个子女”改为“提倡一对夫妻生育一个子女”，增加了“提倡”二字，弱化了强制性；删除了“只”字，蕴含了“并不只是”的意思，与二孩照顾面扩大的情况一致了，显得更符合实际情况。与 2003 年国务院颁布的《婚姻登记条例》删除了 1994 年《婚姻登记管理条例》中“在实行婚前健康检查的地方，申请结婚登记的当事人，必须到指定的医疗保健机构进行婚前健康检查，向婚姻登记管理机关提交婚前健康检查证明”的规定相一致，《河北省人口与计划生育条例》中删除了原《条例》中“城市和有条件的农村，公民结婚和生育，应进行婚前与产前检查，接受优生指导”的条款。在“奖励”部分，对于第一次生育为晚育的，增加了“给予男方护理假十天”的规定；领取《独生子女父母光荣证》的独生子女父母奖励金期限由原来的“子女十四周岁止”变为“子女十八周岁止”、奖金数额由原来的每月 5 元增加到了每月 10 元，还增加了“一

① 河北省地方志编纂委员会. 河北省志·人口与计划生育志（1979—2005）[M]. 石家庄：河北人民出版社，2017：493-494.

千元的一次性奖励”、干部职工退休时给予“不低于三千元的一次性奖励、农村居民及城镇无业居民年老丧失劳动能力时给予适当补助”“农村独生子女在参加本省中考、高考时，给予增加10分的照顾”等规定。与2002年8月国务院颁布的《社会抚养费征收管理办法》相适应，“处罚”部分改为“法律责任”，在内容上把“超生罚款”改为“征收社会抚养费”，对于征收社会抚养费的对象和金额的规定更加细致，也更为具体了。[①] 此外，还增加了针对不符合《中华人民共和国收养法》规定而收养子女者征收社会抚养费的具体标准。[②] 2003年《条例》中“给予男方护理假10天”的规定，突破了以往只给产妇产假的政策框架，体现了性别平等和男女共同承担养育责任的特点，是一个重大制度创新。

根据中共中央办公厅、国务院办公厅1996年4月11日《关于转发〈国家计划生育委员会关于开展计划生育“三结合”工作情况的报告〉的通知》（厅字〔1996〕14号）精神，中共河北省委、河北省人民政府1996年6月30日作出《关于在全省农村大力开展计划生育“三结合”工作的决定》（冀字〔1996〕45号，以下简称《决定》）。《决定》认为：开展计划生育“三结合”改变了过去就计划生育抓计划生育的做法，找到了领导与群众在计划生育问题上的认同点，找到了实现人口与经济社会协调发展的结合点，找到了在市场经济条件下做好计划生育工作的切入点，是实现计划生育工作目标的重要举措，是发展农村经济、加快小康建设、促进农民共同富裕的有效途径。《决定》要求各级党委、政府在推行计划生育“三结合”工作中，坚持从实际出发，因地制宜，分类指导。在经济较为发达的地方，要把“三结合”工作与小康建设结合起来，以提高农民群众的家庭生活质量和人口素质为目标，为育龄夫妇提供系列化的优质服务。在经济欠发达的地方，要把“三结合”与农业结构调

① 2003年9月22日，河北省人口和计划生育委员会印发《河北省征收社会抚养费和计划生育行政处罚程序（试行）》的通知（冀育政字〔2003〕6号），明确了社会抚养费征费和处罚的实施机关、征费和处罚的决定程序、征费和处罚的执行等内容，使社会抚养费征收更加规范化。

② 河北省地方志编纂委员会. 河北省志·人口与计划生育志（1979—2005）［M］. 石家庄：河北人民出版社，2017：498-501.

整、发展非农产业有机结合起来，培养一批“少生快富”典型，通过各种服务组织，帮助农民发展生产，增加收入。在贫困地区，要把计划生育和扶贫工作紧密结合起来，重点帮助计划生育家庭开拓生产门路，加快脱贫致富步伐。《决定》还要求各级党委、政府从实际出发，在生产、生活等方面制定有利于推广“三结合”的政策，落实好针对计划生育家庭的奖励和优待政策；改进和完善农村土地承包、宅基地划分、招工就业、扶贫等政策，对实行计划生育的家庭给予优惠；建立健全农村计划生育家庭养老保险制度，办好农村养老院，完善对独生子女、双女家庭在入学、就医等方面的优待政策，解决好群众的后顾之忧，鼓励农民少生快富。《决定》明确了各部门的职责，要求有关部门树立全局观念，结合部门职能，研究制定有利于计划生育的政策措施，形成推行“三结合”的部门合力。①

党的十八届三中全会决定实施“单独二孩”政策后，2014 年 5 月 30 日河北省第十二届人民代表大会常务委员会第八次会议修正了《河北省人口与计划生育条例》，但仅仅把第十九条中“经过批准可以再生育一个子女”条件之三“夫妻双方均为独生子女，只有一个子女的”修改为“夫妻一方为独生子女，只有一个子女的”，在二孩生育照顾面上稍有扩大，其他条款（包括“奖励与社会保障”和“法律责任”）在内容上均无变化。2014 年的《条例》修订之所以内容变化很少，主要是因为党的十八届三中全会作出的实施“单独二孩”政策的决定，仍然没有超出“提倡一孩”的政策框架，属于对“提倡一孩”政策的补充和完善。

通过对河北省 1980—2014 年计划生育奖励处罚政策的分析研究可以发现，这一阶段的奖励处罚政策具有五大特点：一是操作性越来越强，不再限于原则性规定，而是越来越具体，越来越明确；二是逐渐走向规范化，形成了省级层面的奖励处罚措施，增强了统一性；三是逐渐走向

① 河北省计划生育委员会. 计划生育学习材料汇编（内部资料）［G］. 河北省计划生育委员会，1996：257-261.

法制化，以《条例》的形式把奖励处罚纳入法制轨道，奖励处罚有法可依了；四是处罚力度不断加大，形成了较强的威慑力，成为最主要的限制措施；五是日益重视社会支持政策建设，把发展经济和脱贫致富等与计划生育结合起来，吸引群众实行计划生育。

三、实施“全面两孩”政策后的奖励处罚政策

2015 年 10 月 29 日党的十八届五中全会作出实施“全面两孩”的生育政策后，2015 年 12 月 27 日第十二届全国人民代表大会常务委员会第十八次会议对《中华人民共和国人口与计划生育法》作出修正，从法律上终止了实行三十多年的“提倡一孩”政策，明确规定“国家提倡一对夫妻生育两个子女”。“全面两孩”政策的实施，成为我国生育政策的重要转折点，扩大了群众的生育选择权，生育政策进入了新时代。根据国家生育法规政策调整，2016 年 3 月 29 日河北省第十二届人民代表大会常务委员会第二十次会议修正了《河北省人口与计划生育条例》。本次修正除了将第十八条“鼓励公民晚婚晚育，提倡一对夫妻生育一个子女”修改为“提倡一对夫妻生育两个子女。生育两个以内子女的实行免费登记服务制度”之外，重点对“奖励与社会保障”部分的内容作出了调整。

本次修正内容较少，但重点突出。一是删除了“公民晚婚晚育，应当获得奖励”的规定。之所以删除这一规定，是由于青年结婚和生育时间越来越晚，全国女性平均初婚年龄已经推迟至 26 岁以上，初育年龄则推迟至 27 岁以上，城市青年初婚年龄和初育年龄更大。按照优生优育原则，结婚过早或过晚，生育风险都会显著升高，都不利于优生。考虑到已经实施“全面两孩”政策，如果 27 岁生育一孩，按照一般生育间隔，二孩生育时间就会在 30 岁以后，如果再考虑生育三孩，显然就太晚了。正是基于这一点，《条例》删除了“公民晚婚晚育，应当获得奖励”的规定，相应地取消了晚婚晚育奖励假期，改为：“依法办理结婚登记的公民，除享受国家规定的婚假外，延长婚假十五天；符合法律法规规定生育子女的夫妻，除享受国家规定的产假外，延长产假六十天，并给予配

偶护理假十五天。延长婚、产假期间，享受正常婚、产假待遇。”实际上相当于把原来的晚婚奖励假变成了依法结婚者的延长婚假；原来的“晚育假”变为“符合法律法规规定生育子女的夫妻”的“延长产假”，时间由45天增加到了60天。由于初婚年龄和初育年龄已经大大高于法规规定的晚婚晚育年龄，所以这两项调整在某种程度上具有了“普惠”性质。

二是延长了“配偶护理假”。本次《条例》修正，把原来的“男方护理假”改为“配偶护理假”，表述上更为准确；“护理假”的时间由10天增加到了15天。“护理假”的增加，有利于丈夫更多地承担照料护理责任。

三是与“全面两孩”政策相适应，作出了“对自2016年1月1日起生育一个子女的夫妻，不再发给《独生子女父母光荣证》”的规定，删除了“在产假期间领取《独生子女父母光荣证》的，对产妇增加奖励产假三十天”和“对符合第十九条规定可以生育第二个子女而自愿不再生育的夫妻，分别给予不低于一千元的一次性奖励”的规定。但为了体现政策的连续性和政府的责任，增加了“对已领取《独生子女父母光荣证》的独生子女父母，其独生子女发生意外伤残、死亡的，按照规定给予扶助。在经济补贴、医疗保障、养老保障、应急帮扶、亲情关爱等方面给予照顾”的规定，这就使得对失独家庭的救助有了法律依据。再就是，对于“在国家提倡一对夫妻生育一个子女期间，按照规定应当享受计划生育优先优惠的，继续享受相关优先优惠”的情况，增加了一款“对六十岁以上的独生子女父母，在就医、养老等方面给予优先照顾”的内容，这就使对独生子女父母的优先优惠照顾有了法律依据。

四是征收社会抚养费的规定基本不再执行。虽然2016年修正后的《条例》，在“法律责任”部分仍然保留了征收社会抚养费的规定，只是把征收对象由原来的“生育第二个子女”改为“生育第三个子女”，但事实上，实施“全面两孩”政策后，河北省不再像以前那样严格执行社会抚养费征收了，基本上停留在法律文本上。

四、与“三孩政策”相适应的奖励处罚政策

为了与2021年5月31日中共中央政治局会议提出、7月20日公布的《中共中央 国务院关于优化生育政策 促进人口长期均衡发展的决定》提出的“实施一对夫妻可以生育三个子女政策”保持一致性，2021年11月23日河北省第十三届人民代表大会常务委员会第二十七次会议修订了《河北省人口与计划生育条例》，新《条例》在明确“一对夫妻可以生育三个子女”的基础上，增加了“提倡适龄婚育、优生优育”的内容，并且对“奖励与社会保障”和“法律责任”两部分内容作出了较大修订。

“奖励与社会保障”部分的修订主要有以下几个方面的变化：（1）突出政策导向，增加了三孩产假时间。按《条例》规定：“符合法律法规规定生育子女的夫妻，除享受国家规定的产假外，生育第一、二个子女的延长产假六十天，生育第三个以上子女的延长产假九十天。”（2）基于家庭视角，增设了育儿假和老年人护理假。关于育儿假，《条例》规定：“三周岁以下婴幼儿父母双方每年可以享受各十天育儿假。”关于老年人护理假，《条例》规定：“老年人患病住院期间需要二级以上护理的，其子女所在用人单位应当给予独生子女每年累计不少于十五天的护理照料时间，给予非独生子女每年累计不少于七天的护理照料时间。”（3）保障女性就业权益，为生育女性提供就业服务。针对部分育龄夫妇在生育照护与就业之间存在的突出矛盾，《条例》不仅作出“妇女怀孕、生育和哺乳期间，按照国家和本省有关规定享受特殊劳动保护，并可以获得帮助和补偿”的规定，而且还要求“县级以上人民政府及其有关部门应当依法保障妇女就业合法权益，为因生育影响就业的妇女提供就业服务”。（4）强化家庭照护功能，重视社会托幼事业发展。针对家庭缺乏照护资源的情况，《条例》对县级以上人民政府提出了加强对家庭婴幼儿照护的支持和指导、在城乡社区建设中建设与常住人口规模相适应的婴幼儿照护活动场所及配套服务设施、在公共场所和女职工比较多的用人单位配置母婴设施、采取综合措施推动建设普惠托育服务等具体要求，对医疗

卫生机构提出了“为婴幼儿家庭开展新生儿访视、预防接种、疾病防控等服务，提供膳食营养、生长发育、安全防护等健康指导”的要求，还作出了“鼓励商业保险机构开发托育机构综合责任保险”“鼓励和引导社会力量兴办家庭托育点，并加强家庭托育点重点管理。支持隔代照料、家庭互助等照护模式”等规定。(5) 照顾多子女家庭，实行差异化福利政策。按照《条例》规定：“县级以上人民政府在配租公租房时，对符合当地住房保障条件且有未成年子女的家庭，可以根据未成年子女数量，按照规定予以适当照顾。县级以上人民政府可以根据家庭养育未成年子女负担情况，研究制定差异化租赁和购买房屋的优惠政策。”

在“法律责任”部分，按照中共中央、国务院《决定》提出的“取消社会抚养费等制约措施、清理和废止相关处罚规定”要求，取消了针对生育主体的各种处罚条款，如社会抚养费等，仅仅保留了对违法职务行为的处罚规定。

总的说来，2021 年修订后的《河北省人口与计划生育条例》符合我国生育新政和中共中央、国务院《决定》要求，落实了习近平总书记“注重家庭”的指示精神，扩大了对按政策生育家庭的社会支持范围，提高了对按政策生育家庭的奖励扶助力度，体现了鼓励按政策生育的导向，对帮助生育家庭解决生育、养育和教育中的实际困难，进而提升育龄群众的生育意愿将起到一定的积极作用。虽然生育政策仍然有对生育数量的要求，但已经完全没有了针对生育家庭的处罚措施，可以说进入到了按政策生育有奖、政策外生育不罚的阶段，充分反映出生育政策的包容性。

第五章　河北省人口生育水平分析

现实生育水平既与以往人口性别年龄结构和生育政策有关，也是影响未来人口发展的重要因素，当然也就成为进行人口决策的重要依据。本章以河北省第七次全国人口普查数据为主，结合第五次和第六次人口普查数据，着重对进入新世纪以来的人口生育水平变化情况和现实生育水平进行比较分析，以求全面系统地探讨河北省生育水平基本状况及其变化趋势，为提出推进实现适度生育水平的对策建议提供支撑。

一、2020 年生育水平分析

2020 年全国第七次人口普查，既采集了自 2019 年 11 月 1 日到 2020 年 10 月 31 日间育龄妇女的生育数据①，也采集了截至 2020 年 11 月 1 日 0 时 15—64 岁妇女活产子女数和存活子女数的基本信息，为比较分析河北省妇女生育水平提供了很好的资料基础。

（一）现实生育水平

1. 总和生育率

“七普”数据表明，按照 1 岁分组计算的河北省妇女总和生育率为 1.316，其中城市 1.184、镇 1.362、乡村 1.445。按照 5 岁分组计算的河北省妇女总和生育率为 1.301，其中城市 1.171、镇 1.345、乡村 1.429

---

① 为分析方便，文中有时把自 2019 年 11 月 1 日到 2020 年 10 月 31 日 12 个月期间的育龄妇女生育数据当作 2020 年生育数据。

(见表 5-1)。一般说来，按照 1 岁分组计算的数据准确性高于按照 5 岁分组计算的数据，因为按照 5 岁分组计算的平均数总会产生一些误差，所以我们在分析时以按照 1 岁分组计算的总和生育率为准。在河北省总体生育水平偏低的情况下，也存在城乡有别的特点，城市的总和生育率更低，大约比乡村低 18%左右。

表 5-1 河北省妇女总和生育率及其市、镇、乡村比较

单位：个

居住地	按 5 岁分组	按 1 岁分组
全省	1.300 9	1.315 7
城市	1.170 8	1.183 9
镇	1.345 2	1.362 2
乡村	1.429 4	1.445 2

资料来源：河北省第七次全国人口普查资料（长表数据）。

分孩次看，一孩总和生育率为 0.610，二孩总和生育率为 0.574，三孩及以上总和生育率为 0.131。一孩总和生育率仅为 0.610 的情况，并不说明有 39%的妇女没有生育或不生育，主要原因在于生育年龄推迟所致。因为我国是一个普婚普育的国家，尤其对于女性而言，终身不婚者所占比例非常低，终身不生育的比例也很低。尽管有调查研究结果认为，我国育龄夫妇不孕不育率已经攀升至 12%—18%①，但实际上很多不孕不育者都会通过辅助生殖技术实现生育孩子的目的，也有一些育龄夫妇经过治疗会恢复生育功能并实现生育孩子的目的。所以，在婚育年龄上升到一定限度后，必然还会生育。另一方面，随着新型生育文化建设进程加快，适龄婚育将逐渐被越来越多的青年夫妇所接受，初育年龄还会出现下降态势，进而一孩总和生育率必然会有所上升。

① 国家统计局. 中国育龄夫妇不孕不育率攀升至 12%到 18%[EB/OL]. (2021-09-15)[2022-10-12]. https://www.news.youth.cn/isxw/202109/t20210915_13222229.htm.

为了反映完成90%生育的年龄，人口学研究中往往使用0.9生育率年龄指标。这个指标的含义是，分年龄生育率累计达到90%的总和生育率水平的年龄，实际上就是表示基本完成生育过程的年龄，从某种意义上也可视为生育支持和生殖健康需要关注的重点人群。根据“七普”数据得知，全省妇女年龄别生育率达到总和生育率90%的年龄为34.79岁，市、镇、乡村呈递减状；一孩、二孩、三孩及以上年龄别生育率达到总和生育率90%的年龄分别为31.80岁、35.66岁和37.42岁，同样表现出市、镇、乡村呈递减状的特点（见表5-2）。这也从一个侧面反映出河北省妇女生育年龄偏大、各胎次生育间隔较大、生育年龄普遍推迟的情况。

表5-2　河北省妇女0.9总和生育率年龄比较

单位：岁

居住地	总体	一孩	二孩	三孩及以上
全省	34.79	31.80	35.66	37.42
城市	35.76	32.94	37.07	38.69
镇	34.59	31.28	35.47	37.52
乡村	33.76	30.37	33.87	36.98

资料来源：河北省第七次全国人口普查资料（长表数据）。

从总和生育率的地区差异看，大体可以分为三大类：一是低于全省平均水平的6个市，从低到高分别为秦皇岛、衡水、廊坊、石家庄、唐山和张家口；二是高于全省平均水平，但又在1.5以下的，共有4个市，从低到高分别为保定、邯郸、承德和邢台；三是生育水平较高、超过1.5的，只有沧州1个市，妇女总和生育率为1.52（见图5-1）。与当时已经实施5年的“全面两孩”政策要求相比，全省各市间存在较大差距。

为了与全国平均水平及各省份进行比较，我们选用了全国“七普”数据中按5岁分组的生育率数据。在全国31个省、自治区、直辖市中，总和生育率比河北省（1.300 9）低的有15个省份，比河北省高的也是15个省份，河北省正处于居中的位置，与全国平均水平完全一致。总和生育率最低的是上海市，仅为0.740；最高的是贵州省，为2.119。河北省总和生育率比最低的上海市高出40%以上，比最高的贵州省低了近40%。

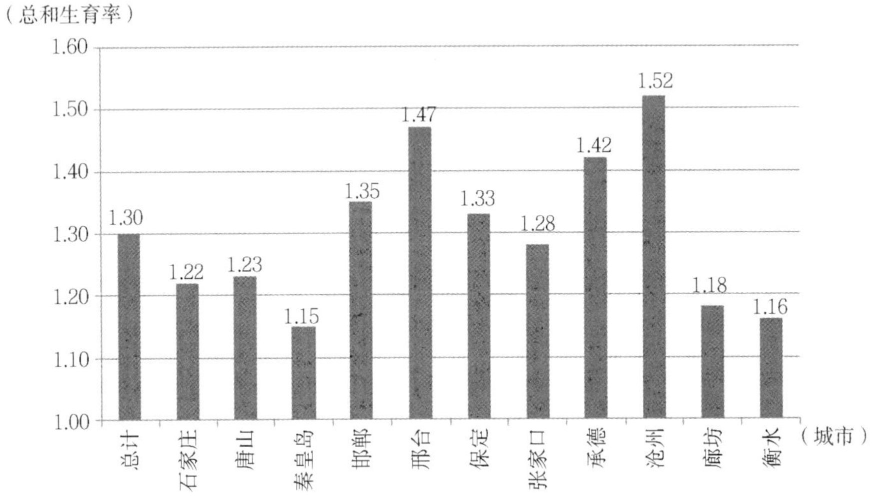

图5-1 河北省育龄妇女总和生育率的市域比较

资料来源：河北省第七次全国人口普查资料（长表数据）。

2. 年龄别生育率

从年龄别生育率变化情况看，河北省妇女总生育率曲线呈明显的单峰状，峰值生育年龄为26岁，峰值生育率为114.77‰。分孩次看，无论一孩还是二孩、三孩，基本上都呈现出宽峰状特征。其中，一孩峰值生育年龄为25岁，峰值生育率为63.56‰，23—27岁5个年龄组生育率均在55‰以上；二孩生育率，26—29岁年龄组生育率均在46‰以上；三孩及以上生育率，有4个年龄组即28—31岁超过10‰，其中29岁最高，为11.96‰（见图5-2）。

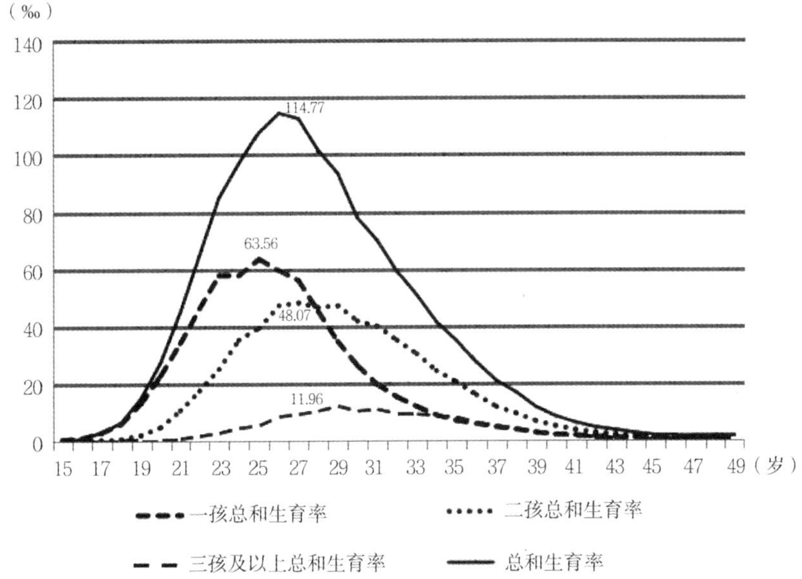

图 5-2　河北省妇女年龄别生育率曲线

资料来源：河北省第七次全国人口普查资料（长表数据）。

从“七普”数据中的年龄别生育率看，虽然全省各个年龄别的生育率都很低，但依然存在早育情况。15—19 岁年龄组生育率为 4.30‰，生育数量占比为 1.47%；20—34 岁年龄组属于生育主体，对生育率的贡献最大，其中 20—24 岁、25—29 岁和 30—34 岁生育率分别为 62.27‰、104.87‰和 60.29‰，3 个年龄组的生育数量占到总生育数量的 85.88%；35—39 岁年龄组生育率显著降低，为 22.16‰，生育数量占比为 10.25%；40 岁及以上妇女生育率就非常低了，生育数量占比仅为 2.40%（见表 5-3）。35 岁及以上年龄组妇女生育水平降至较低水平的情况说明，多数育龄群众已经认识到了 35 岁以后生育风险较大的生理科学，尽量避免高龄生育，当然也与绝大多数育龄夫妇生育意愿不高、不愿多生孩子的情况有很大关系。从城乡比较看，乡村妇女低年龄组生育率较高，尤其是早育率比城镇高得多，20—29 岁生育率也较高；30 岁及以上年龄组便显著低于城镇。这说明乡村妇女开始生育的年龄较早，结束生育的年龄也较早，这与城镇青年就学时间长、就业和结婚压力大、结婚生育时间较晚等情况有很大关系。城镇30岁及以上各年龄组妇女生育率均高于乡村的特点，与城镇青年结婚生育年龄晚以及2013年实施“单独二孩”政策、2015年实施“全面两孩”政策后城镇生育人群增加较多、原来生育挤压效应释放的情况有很大关系。

表5-3 河北省分市镇乡村、分年龄组育龄妇女生育率比较

单位:‰

年龄组（岁）	全省	城市	镇	乡村	全国
15—19	4.30	1.31	3.53	9.11	6.07
20—24	62.27	33.95	68.27	92.28	55.22
25—29	104.87	100.17	108.07	106.28	98.98
30—34	60.29	65.35	61.07	54.48	65.05
35—39	22.16	26.18	21.53	18.57	26.91
40—44	4.99	5.67	5.24	4.07	6.34
45—49	1.30	1.53	1.33	1.09	1.61

资料来源：河北省第七次全国人口普查资料（长表数据）。

从各年龄组生育率与全国比较的角度看，河北省具有早育率较低、适龄生育率较高、30岁及以上生育率较低的特点。由此可以认为，河北省具有较大的提升生育水平的潜力。

3. 生育年龄

根据“七普”数据计算的妇女平均生育年龄可以发现，河北省生育年龄偏大的特点非常突出。全省妇女平均初育（一孩）年龄为27.86岁，即使居住地性质为乡村的妇女平均初育年龄也高达26.69岁，镇和市妇女平均初育年龄更大（见表5-4）。从生育间隔情况看，一孩和二孩平均生育间隔为2.91岁，其中乡村为2.91岁，均大于市（3.14岁）、镇（3.15岁）；二孩和三孩及以上平均生育间隔为1.45岁，依然表现出乡村（2.25岁）大于市（1.29岁）、镇（1.60岁）的特点。

初育年龄晚的情况是初婚年龄推迟的直接结果。从河北省近十几年

的平均初婚年龄看，呈现出明显的不断增加态势。例如，女性平均初婚年龄，2010 年为 23.24 岁、2013 年为 24.28 岁、2015 年为 25.18 岁、2018 年为 26.34 岁、2019 年为 26.74 岁。另一方面，初育年龄推迟必然导致二孩、三孩生育时间推迟，甚至部分女性或夫妇因为年龄偏大而取消生育二孩、三孩的打算，进而成为落实“三孩政策”的不利因素。

表 5-4　河北省分市镇乡村、分孩次妇女平均生育年龄比较

单位：岁

居住地	总体	一孩	二孩	三孩及以上
总计	29.76	27.86	30.77	32.22
市	30.67	28.98	32.12	33.41
镇	29.67	27.59	30.74	32.34
乡村	29.02	26.69	29.60	31.85

资料来源：河北省第七次全国人口普查资料（长表数据）。

与全国相比，河北省妇女一孩平均生育年龄稍低于全国平均水平，但二孩和三孩及以上平均生育年龄稍高于全国平均水平。分城乡看，河北省城市妇女一孩、二孩和三孩及以上平均生育年龄均稍高于全国平均水平；镇妇女一孩和二孩平均生育年龄稍低于全国平均水平，但三孩及以上平均生育年龄稍高于全国平均水平；农村妇女一孩、二孩和三孩及以上平均生育年龄均稍高于全国平均水平（见表 5-4 和 5-5）。

表 5-5　全国分市镇乡村、分孩次妇女平均生育年龄比较

单位：岁

居住地	总体	一孩	二孩	三孩及以上
全国	29.65	27.95	29.36	32.06
市	30.38	28.85	31.88	32.92
镇	29.62	27.66	30.80	32.20
村	28.72	26.64	29.50	31.61

资料来源：2020 中国人口普查年鉴（长表数据）。

（二）出生人口性别比和孩次构成

1. 出生人口性别比

“七普”数据显示，调查前2019年11月1日至2020年10月31日的12个月内，河北省出生人口性别比为108.60，虽依然高于国际社会认可的出生人口性别比正常值域，但已经比较接近正常值域上限了。分孩次看，本次调查数据呈现出与以往极不相同的特点，这就是一孩性别比高了，二孩性别比降下来了，三孩依然最高，而且分市、镇、乡村的出生性别比均表现出相同的特点。分市、镇、乡村看，市出生性别比最低，镇最高，乡村居中（见表5-6）。一孩性别比较高、二孩性别比较低的情况，有点偏离以往的调查研究结果。到底实际情况怎样，真的如同这组数据反映的情况，还是与生育数据只涉及10%的调查对象，可能存在一定误差有关，还需作出进一步的调查研究。

表5-6　河北省分市、镇、乡村出生人口性别比比较

居住地	总体	一孩	二孩	三孩及以上
全省	108.60	109.42	102.34	134.38
城市	107.99	109.27	103.63	140.57
镇	109.16	108.68	103.16	139.57
乡村	108.64	110.46	100.39	129.68

资料来源：河北省第七次全国人口普查资料（长表数据）。

河北省各市之间的出生人口性别比存在较大差异。从出生人口总体情况看，可以分为三个层次：第一层次为沧州市，高达121.12，为全省之最，比其他各市都高得多；第二层次为110—113之间的，共3个市，从低到高分别为承德、衡水和邢台；第三个层次为低于全省平均水平的，共7个市，其中张家口、石家庄、秦皇岛和保定4个市已经降至107以下的正常值域了，邯郸、唐山和廊坊尚在正常值域之上。分市域、分性

别看，在一孩性别比中，秦皇岛、唐山、邯郸、保定和石家庄 5 个市在 107 以下的正常值域内，张家口稍微高于正常值域，廊坊、承德、邢台、衡水和沧州 5 个市则存在偏高的异常情况，其中沧州接近 120；在二孩性别比中，廊坊、张家口、石家庄和保定 4 个市均低于 100，其余 7 个市则在正常值域之内（沧州为 107.01，仅超过正常值域 0.01，可视为正常）。在三孩及以上性别比中，各市都存在不太正常的情况，其中张家口、邯郸、邢台和廊坊 4 个市在 110—130 之间，石家庄、承德、秦皇岛、保定、衡水、唐山、沧州 7 个市都在 130 以上（见表 5-7）。

表 5-7　河北省分市域出生人口性别比比较

市别	总体	一孩	二孩	三孩及以上
全省	108.60	109.42	102.34	134.38
石家庄	104.75	106.36	99.62	131.80
唐山	107.11	103.43	105.01	149.42
秦皇岛	105.22	102.97	104.81	141.03
邯郸	107.10	105.05	104.48	114.90
邢台	112.72	117.19	104.62	126.77
保定	105.22	105.50	99.66	143.96
张家口	103.76	107.61	99.06	111.67
承德	110.48	116.56	102.23	133.33
沧州	121.12	119.62	107.01	183.82
廊坊	108.12	114.73	98.57	128.18
衡水	111.86	117.29	103.36	146.94

资料来源：河北省第七次全国人口普查资料（长表数据）。

与全国相比，河北省出生总人口性别比低 3.68，一孩、二孩分别低 3.75 和 4.44，但三孩及以上比全国高 2.14。分省份看，在 31 个省、自治区、直辖市中，出生人口性别比低于河北的有 13 个省份，高于河北的有17个省份。其中一孩性别比比河北低的有6个省份，比河北高的有24个省份；二孩性别比比河北低的有8个省份，比河北高的有22个省份；三孩性别比比河北低的有17个省份，比河北高的有13个省份。这些数据说明，河北省治理出生性别比问题的总体形势好于全国，尤其是一孩、二孩性别比在各省从低到高的排名中还是比较靠前的，但高孩次性别比偏高问题仍较严重。

2. 生育孩次构成

从“七普”数据看，河北省孩次构成与以往相比有了较大变化，突出表现为二孩占比接近50%，超过了一孩占比；三孩占比超过10%，显著高于以往5%左右的水平。这也是以往二三十年间所没有过的情况，反映出生育政策调整后，尽管很多研究认为政策预期不理想，但还是有一定效果，二孩占比升高、三孩占比超过10%的情况就证实了这一点。分市、镇、乡村看，二孩占比基本接近，并不存在显著差异。但是，一孩和三孩占比差异较大，一孩占比市、镇、乡村逐次降低，乡村比城市低14.29个百分点；三孩占比则是市、镇、乡村逐次升高，乡村比城市高出13.06个百分点（见表5-8）。这说明，生育意愿低迷以及不愿生、不敢生的问题城市比乡村更为突出。

表5-8 河北省分城乡出生孩次构成比较

单位：%

居住地	一孩	二孩	三孩及以上
全省	40.70	47.40	11.90
市	48.32	46.50	5.18
镇	40.16	47.95	11.89
乡村	34.03	47.73	18.24

资料来源：河北省第七次全国人口普查资料（长表数据）。

河北省各市之间的出生人口孩次构成存在较大差异。一孩占比高于全省平均水平的有承德、保定、石家庄、唐山、廊坊、张家口和秦皇岛7个市，邯郸、邢台、沧州和衡水4个市低于全省平均水平；二孩占比高于全省平均水平的有唐山、石家庄、承德、保定、衡水5个市，其余6个市低于全省平均水平；三孩及以上占比高于全省平均水平的有沧州、邢台和邯郸3个市，其余8个市均低于全省平均水平。

从出生孩次构成的比较可以发现两个重要特点：一是沧州、邢台和邯郸3个市三孩出生人数较多，占全省三孩出生人数的56.71%，对河北省三孩生育的贡献度较大。二是一孩占比与总和生育率呈反比，凡是一孩占比高的市，总和生育率就低，如秦皇岛和张家口；一孩占比低的市，总和生育率就高，如邯郸、邢台和沧州（见表5-9）。

表5-9　河北省分市域出生孩次构成比较

单位：%

市别	一孩	二孩	三孩及以上
全省	40.70	47.40	11.90
石家庄	43.10	48.98	7.93
唐山	44.32	48.05	7.63
秦皇岛	51.51	44.07	4.43
邯郸	33.74	42.09	24.17
邢台	33.94	47.20	18.86
保定	41.73	49.89	8.39
张家口	49.37	46.04	4.60
承德	41.51	49.71	8.78
沧州	36.84	47.39	15.76
廊坊	45.37	45.57	9.05
衡水	39.71	51.98	8.31

资料来源：河北省第七次全国人口普查资料（长表数据）。

"七普"时，全国生育孩次构成为：一孩占 45.78%，二孩占 43.08%，三孩及以上占 11.13%。与全国相比，河北省二孩和三孩及以上占比分别高出 4.32 和 0.76 个百分点。在全国 31 个省、自治区、直辖市中，一孩占比低于河北的仅 6 个，24 个高于河北；二孩占比低于河北的 29 个，仅 1 个高于河北；三孩及以上占比低于河北的 19 个，11 个高于河北。从这些数据看，似乎河北省在落实国家生育政策方面做得比较好，二孩占比不仅高于全国平均水平 4.32 个百分点，而且超过了 29 个省份。但是，河北省一孩占比较低的情况却隐含着一孩总和生育率低这样一种不利于提升生育水平的情况。因为"七普"时河北省一孩总和生育率为 0.610，稍低于全国平均水平 0.626。当然，一孩总和生育率低的情况也许与一孩生育年龄比全国平均水平推迟更多有一定关系，其实这也是应当引起高度关注的问题。由于一孩生育是二孩生育的前提，如果一孩生育率低，即使二孩递进生育水平不低，也会拉低总体生育水平。这就要求我们在贯彻落实三孩生育政策中，决不能忽视一孩生育率低的问题。进一步说，在制定实施生育支持政策时，决不能只盯着针对二孩、三孩生育家庭的支持。

（三）15—64 岁妇女活产子女数和存活子女数

1. 分年龄组的活产和存活子女数比较

从"七普"数据看，河北省 15—64 岁妇女平均活产子女数为 1.43 个，平均存活子女数为 1.40 个，平均存活子女数占平均活产子女数的 97.94%。由于 15—64 岁的年龄区间太大，很多妇女还没有结束生育期，难以准确反映妇女终身生育水平。所以，我们仅选择 50—54 岁、55—59 岁和 60—64 岁超出育龄期的 3 个年龄组妇女进行分析。在超出育龄期的 3 个年龄组中，平均活产子女数和平均存活子女数均与年龄成正比，表现出逐次增加的特点，但只有 60—64 岁年龄组平均活产子女数超过 2 个、平均存活子女数接近 2 个（见表 5-10）。究其原因在于，1973 年我国开始实行提倡"晚、稀、少"的计划生育政策，按照时间推算，64 岁年龄组妇女 1973 年时为 17 岁，也赶上了晚婚晚育政策，只是当时还是以提倡为主，不像 1980 年以后那么严格。当然，这一年龄组妇女的生育行为也受到计划生育政策的较大影响，所以与之前的妇女生育子女数相比，还是少了很多。例如，1971 年、1972 年和 1973 年河北省妇女总和生育率分别为 5.01、4.46 和 3.85。

从不同年龄组妇女平均存活子女数占活产子女数百分比的变化情况看，50—64 岁年龄组妇女明显偏低，其他年龄组较为接近，这可能与高年龄组妇女处于生育旺盛期年龄时医疗卫生和保健条件与后来相比存在显著差距的情况有较大关系。

表 5-10　河北省 15—64 岁年龄组妇女生育情况比较

单位：人，%，个

年龄组（岁）	15—64 岁妇女人数	活产子女总数	存活子女总数	存活子女数占活产子女数的百分比	妇女平均活产子女数	妇女平均存活子女数
总计	2 428 296	3 481 231	3 409 562	97.94	1.43	1.40
15—19	210 735	951	942	99.05	0.00	0.00
20—24	138 669	28 348	27 860	98.28	0.20	0.20
25—29	196 861	195 987	192 683	98.31	1.00	0.98
30—34	340 350	516 870	507 909	98.27	1.52	1.49
35—39	280 060	479 734	471 322	98.25	1.71	1.68
40—44	223 570	375 570	368 535	98.13	1.68	1.65
45—49	248 561	407 111	399 000	98.01	1.64	1.61
50—54	299 958	517 576	506 064	97.78	1.73	1.69
55—59	269 502	508 656	496 411	97.59	1.89	1.84
60—64	220 030	450 428	438 836	97.43	2.05	1.99

资料来源：河北省第七次全国人口普查资料（长表数据）。

2. 分文化程度的活产和存活子女数比较

从分文化程度的15—64岁妇女平均活产子女数和平均存活子女数的比较看，与文化程度负相关的特点较为显著。不同文化程度妇女平均活产子女数和平均存活子女数大体可以分为三个层次：一是未上过学和小学文化程度的妇女，平均活产子女数和平均存活子女数均在1.9个以上，其中小学文化程度的妇女分别为1.99个和1.94个，既高于未上过学的妇女，也大大高于全省平均水平。由于未上过学的妇女人数很少，而且未上过学和小学文化程度对于妇女的职业和发展而言并无太大区别，所以我们在分析中把这两类合并为一组，合并后的平均活产子女数和平均存活子女数分别为1.99个和1.94个，均与未合并前小学文化程度的妇女生育情况完全一致。二是初中文化程度的妇女，平均活产子女数和平均存活子女数分别为1.70个和1.67个，略高于全省平均水平。三是高中和大学专科及以上文化程度的妇女，平均活产子女数和平均存活子女数均在1.0个以下，大大低于全省平均水平。从平均存活子女数占平均活产子女数的百分比看，表现出明显的与文化程度正相关的特点，未上过学和小学文化程度的妇女平均存活子女数占平均活产子女数的百分比均在98%以下，初中及以上文化程度的妇女平均存活子女数占平均活产子女数的百分比则均在98%以上（见表5-11）。这既与文化程度高的妇女经济收入较高、健康意识较强、能够享受的医疗保障较好的情况有关，也与文化程度高的妇女生育子女数少、生育风险较小的情况有关，当然也与文化程度高的妇女生殖健康意识更强的情况有关。

表 5-11　河北省分文化程度 15—64 岁年龄组妇女生育情况比较

单位：人，%，个

文化程度	15—64 岁妇女人数	活产子女总数	存活子女总数	存活子女数占活产子女数的百分比	妇女平均活产子女数	妇女平均存活子女数
总计	2 428 296	3 481 231	3 409 562	97.94	1.43	1.40
未上过学	23 039	44 289	42 896	96.85	1.92	1.86
小学	326 871	650 693	634 874	97.57	1.99	1.94
初中	1 147 836	1 950 482	1 911 905	98.02	1.70	1.67
高中	455 826	454 464	445 597	98.05	1.00	0.98
大学专科	258 816	231 907	227 518	98.11	0.90	0.88
大学本科	199 120	138 879	136 464	98.26	0.70	0.69
研究生	16 788	10 517	10 308	98.01	0.63	0.61

资料来源：河北省第七次全国人口普查资料（长表数据）。

注：原调查数据中的学前教育人数很少，故与小学合并为一组；原调查数据中的研究生人数分为硕士研究生和博士研究生，由于博士研究生人数很少，故与硕士研究生统一归为研究生组。

3. 分市域的活产和存活子女数比较

从分市域的 15—64 岁妇女平均活产子女数和平均存活子女数的比较看，邯郸、邢台和沧州 3 市高于全省平均水平，其中邢台最高；保定与全省平均水平持平；其余 7 市低于全省平均水平，其中秦皇岛最低。平均活产子女数最多的邢台为 1.66 个，最少的秦皇岛为 1.19 个，二者相差 0.47 个，最多的邢台比最少的秦皇岛多出 39.50%；平均存活子女数最多的邢台为 1.62 个，最少的秦皇岛为 1.17 个，二者相差 0.45 个，最多的邢台比最少的秦皇岛多出 38.46%。从平均存活子女数占平均活产子女数百分比的比较看，唐山、秦皇岛、邯郸、沧州、廊坊和衡水 6 市在 98%以上，石家庄、邢台、保定、张家口和承德 5 市低于全省平均水平（见表 5-12）。总体上看，差异很小，说明各市之间医疗卫生和生殖保健工作不存在显著差异。

表 5-12　河北省分市域的 15—64 岁年龄组妇女生育情况比较

单位：人，%，个

市别	15—64 岁妇女人数	活产子女总数	存活子女总数	存活子女数占活产子女数的百分比	妇女平均活产子女数	妇女平均存活子女数
总计	2 428 296	3 481 231	3 409 562	97.94	1.43	1.40
石家庄	362 467	502 820	492 395	97.93	1.39	1.36
唐山	261 106	326 611	320 921	98.26	1.25	1.23
秦皇岛	103 270	123 276	120 986	98.14	1.19	1.17
邯郸	299 241	489 617	480 030	98.04	1.64	1.60
邢台	225 481	373 495	364 628	97.63	1.66	1.62
保定	378 930	542 167	529 348	97.64	1.43	1.40
张家口	131 370	171 742	168 171	97.92	1.31	1.28
承德	111 081	156 806	153 220	97.71	1.41	1.38
沧州	230 054	354 762	347 852	98.05	1.54	1.51
廊坊	180 368	237 260	233 034	98.22	1.32	1.29
衡水	144 928	202 675	198 977	98.18	1.40	1.37

资料来源：河北省第七次全国人口普查资料（长表数据）。

值得分析的是，这里给出的分市域 15—64 岁妇女平均活产子女数和平均存活子女数与前边分市域总和生育率分析得出的结论相比存在较大差异。从 15—64 岁妇女平均活产子女数情况看，邢台最高，为 1.66 个；秦皇岛最低，为 1.19 个；最高与最低相差 0.47 个。而在不同市域育龄妇女总和生育率比较中，沧州最高为 1.52 个，秦皇岛最低为 1.15 个，最高与最低之间相差 0.37 个。妇女平均活产子女数和平均存活子女数与总和生育率数据存在较大差异的原因在于，两个数据反映的人群及生育信息不一致，前者为截至 2020 年 11 月 1 日 0 时 15—64 岁年龄组妇女以往的生育子女数量信息，后者为 15—49 岁年龄组育龄妇女在 2019 年 11 月 1 日至 2020 年 10 月 31 日之间的生育信息。

二、2000 年以来生育水平变化情况分析

（一）总和生育率和一般生育率变化情况

最全面、最系统的生育数据来自人口普查，因此，我们以 2000 年、2010 年和 2020 年分别进行的第五、第六、第七次全国人口普查数据为依据，对河北省 2000 年以来的生育水平变化情况进行分析研究。从最近三次人口普查结果看，第五、第六、第七次普查时的妇女总和生育率分别为 1. 22、1. 32 和 1. 32，总和生育率变化幅度很小，“七普”数据略高于“五普”，与“六普”持平。但是，分孩次总和生育率的差异明显增大，一孩总和生育率持续下降；二孩和三孩及以上总和生育率则显著提升，尤其是“七普”比“五普”和“六普”上升幅度较大（见表 5-13）。究其原因，一孩生育率下降主要是生育年龄推迟的结果，二孩和三孩及以上生育率升高则与“单独二孩”政策和“全面两孩”政策实施后以往积累的生育势能释放有较大关系，在一定程度上反映出生育政策调整放宽对二孩和三孩及以上生育的积极影响。值得引起注意的是，一孩总和生育率下降幅度较大的情况，既是一孩生育年龄推迟的结果，也与不育夫妇增加（自愿不育和被动不育）的情况有关，这一点应当引起高度关注。因为“三孩政策”落实情况在很大程度上取决于一孩和二孩生育率的高低，未育一孩谈不上生育二孩，未育二孩谈不上生育三孩，只有一孩和二孩总和生育率达到较高水平，或者说只有绝大多数育龄妇女生育了一孩和二孩，才有可能提高三孩生育率，“三孩政策”才能收到较好效果。

表 5-13 河北省总和生育率变化比较

时间	总和生育率	一孩总和生育率	二孩总和生育率	三孩及以上总和生育率
五普	1.221	0.867	0.288	0.066
六普	1.318	0.724	0.514	0.079
七普	1.316	0.610	0.574	0.131

资料来源：河北省第五、第六、第七次全国人口普查资料。

从最近三次人口普查结果看，育龄妇女一般生育率（也称总生育率）变化并不大，“七普”数据略高于“五普”，但低于“六普”，说明近年来逐步调整放宽的生育政策并没有取得提升生育水平的预期效果。从分孩次生育率看，“七普”与“五普”和“六普”相比还是出现了较大变化，突出表现为一孩生育率显著下降、二孩生育率和三孩及以上孩次生育率显著升高（见表 5-14），其原因与总和生育率变化相同。

表 5-14 河北省一般生育率变化比较

单位：‰

时间	一般生育率	一孩生育率	二孩生育率	三孩及以上生育率
五普	34.96	22.71	11.13	1.12
六普	38.90	22.95	13.89	2.06
七普	36.23	14.75	17.17	4.31

资料来源：河北省第五、第六、第七次全国人口普查资料。

（二）年龄别生育率变化情况

根据第五、第六、第七次人口普查数据绘制的年龄别生育率变化情况如图 5-3 所示。从图 5-3 可以发现，“七普”时的生育峰值年龄组比“五普”时有所推迟，由“五普”和“六普”的 24 岁推迟至“七普”的 26 岁，但峰值生育率有所下降，分别由“五普”和“六普”的 145.69‰

和120.78‰下降到“七普”的114.77‰。从不同年龄组生育率变化情况看，“七普”和“五普”相似，基本都呈单峰状，“六普”则为双峰状，只是“五普”峰值较高，22—26岁年龄组生育率都在100‰以上，但下降很快；“七普”峰值低，下降较缓。“六普”时23岁和24岁两个年龄组的生育率相差无几，均超过120‰，28岁年龄组又出现了一个次峰值。从曲线前段看，25岁之前“七普”生育率均在“五普”和“六普”下方，说明“七普”时低年龄组生育率较低，反映出生育年龄推迟的显著特征；从曲线中段看，“七普”时25—37岁各个年龄组的生育率基本上都在“五普”和“六普”上方，这与生育政策调整后原来不符合政策的部分人群再生育的情况有较大关系。从曲线后段看，38岁及以上各年龄组生育率表现为高于“五普”、但低于“六普”的特征，说明越来越多的育龄夫妇已经认识到了高龄生育的弊端，更多地从生育年龄角度重视优生问题，尽量规避高龄生育。

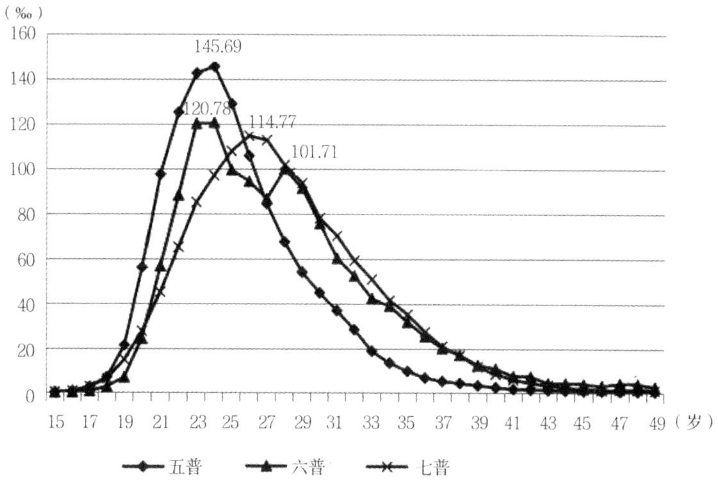

图5-3 河北省妇女年龄别生育率曲线图比较

资料来源：河北省第五、第六、第七次全国人口普查资料。

为了更具体地展现河北省第五、第六、第七次人口普查年龄别生育率分布及其变化情况，我们整理出了表5-15。

表 5-15 河北省“七普”与“六普”“五普”育龄妇女年龄别生育率比较

单位：‰

年龄组（岁）	2020 年				2010 年				2000 年			
	总体	一孩	二孩	三孩及以上	总体	一孩	二孩	三孩及以上	总体	一孩	二孩	三孩及以上
总体	36.23	14.75	17.17	4.31	38.90	22.95	13.89	2.06	34.96	22.71	11.13	1.12
15—19	4.30	3.89	0.41	0.00	2.43	2.31	0.11	0.01	0.66	0.65	0.01	0.00
20—24	62.27	42.70	17.92	1.65	80.19	72.27	7.60	0.32	113.67	110.62	2.90	0.15
25—29	104.87	49.46	46.08	9.33	94.32	47.45	43.50	3.37	91.63	59.09	30.78	1.76
30—34	60.29	16.33	34.45	9.51	54.61	14.00	34.53	6.09	43.25	6.05	33.81	3.39
35—39	22.16	4.51	12.65	5.00	20.14	4.46	11.85	3.83	7.19	1.03	4.80	1.35
40—44	4.99	1.13	2.79	1.06	6.87	2.09	3.34	1.44	1.20	0.21	0.56	0.44
45—49	1.30	0.41	0.67	0.22	3.57	1.46	1.48	0.63	0.65	0.09	0.27	0.28

资料来源：河北省第五、第六、第七次全国人口普查资料。

（三）妇女平均生育年龄变化情况

根据河北省第五、第六、第七次全国人口普查数据计算的妇女平均生育年龄及分孩次平均生育年龄变化情况可以发现，20 年来平均生育年龄不断增加的特点非常明显。从全省妇女平均生育年龄看，2000 年为 27.04 岁，2010 年和 2020 年分别增加到了 27.81 岁和 29.76 岁，2020 年妇女平均生育年龄分别比 2010 年和 2000 年增加了 1.95 岁和 2.72 岁。分孩次看，2020 年一孩平均生育年龄为 27.86 岁，分别比 2010 年和 2000 年增加了 2.23 岁和 2.91 岁；2020 年二孩平均生育年龄为 30.77 岁，分别比 2010 年和 2000 年增加了 0.27 岁和 0.07 岁；2020 年三孩及以上平均生育年龄为 32.22 岁，分别比 2010 年和 2000 年降低了 1.77 岁和 1.48 岁（见图 5-4）。一孩和二孩平均生育年龄增加的情况，反映出几十年计划生育工作倡导和推行的晚婚晚育政策已经固化为一种生育文化，成为生育主体的一种自主选择，当然也与受教育程度普遍提高、受教育年限不断增加、越来越多的年轻人接受大学教育，进而推迟了结婚时间的情况有很大关系。值得注意的是，三孩平均生育年龄与 2010 年相比有所提前，说明自 2013 年启动生育政策调整、放宽生育限制，尤其是 2021 年 8 月 20 日十三届全国人大党委会第三十次会议修订后的《中华人民共和国人口与计划生育法》，删除了“鼓励公民晚婚晚育”的规定，对三孩生育年龄的提前还是具有一定影响的。

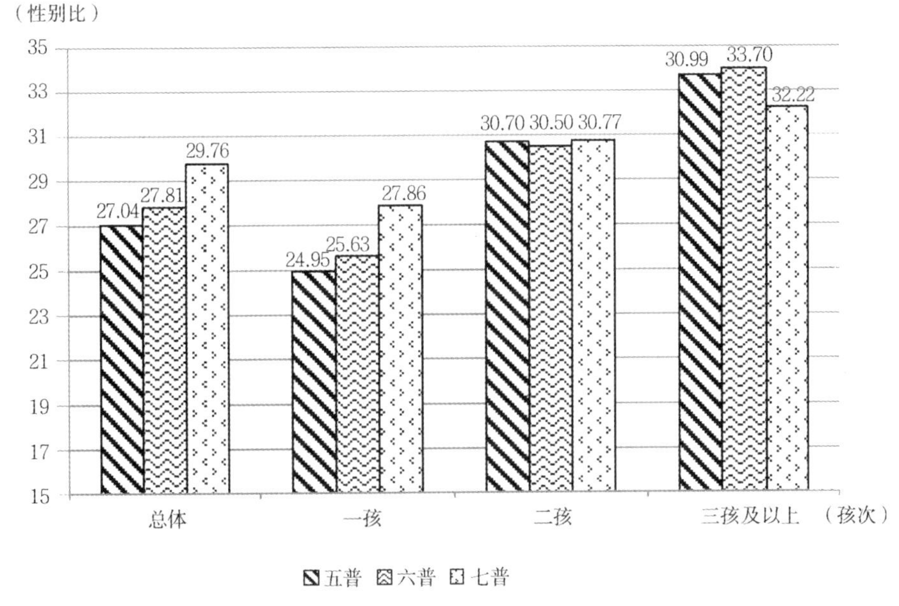

图 5-4　河北省分孩次的妇女平均生育年龄变化情况

资料来源：“五普”数据源自河北省第六次全国人口普查领导小组办公室《迈向小康社会的中国人口·河北卷》（中国统计出版社 2014 年出版）第 53 页；“五普”“六普”和“七普”数据根据河北省第六、第七次全国人口普查资料计算。

（四）出生人口性别比和孩次构成变化情况

1. 出生人口性别比变化情况

与“五普”和“六普”相比较，“七普”时出生人口性别比有了显著下降。从出生人口性别比总体情况看，“七普”数据为 108.60，已经接近 102—107 的正常值域，分别比“五普”和“六普”降低了 9.86 和 10.11。分孩次看，“七普”时一孩出生性别比为 109.42，分别比“五普”和“六普”升高了 5.07 和 0.44；二孩出生性别比为 102.34，分别比“五普”和“六普”下降了 44.98 和 26.47；三孩出生性别比为 134.38，分别比“五普”和“六普”下降了 53.19 和 46.27（见图 5-5）。从分孩次出生性别比看，除一孩出生性别比有所升高外，二孩和三孩出生性别比均有了大幅度下降。“七普”出生人口性别比与“五普”相比较的下降（即由 118.46 下降到 108.60）中，一孩、二孩、三孩及以上出生性别比的贡献率分别为－5.44％、48.31％和 57.13％；与“六普”相比较的下降（即由 118.71 下降到 108.60）中，一孩、二孩、三孩及以上出生性别比的贡献率分别为－0.60％、36.61％和 63.99％。这说明，2020 年出生人口性别比下降主要源自二孩、三孩及以上出生性别比下降，一孩出生人口性别比反而起着助推升高的作用。也可以说，二孩、三孩及以上出生性别比下降对降低总出生人口性别比具有正向作用，一孩出生人口性别比升高对总出生人口性别比下降起着负向作用。同时，也预示随着二孩、三孩生育数量及其占比的增加，出生人口性别比还会继续下降，直至降低到自然水平下的正常值域。

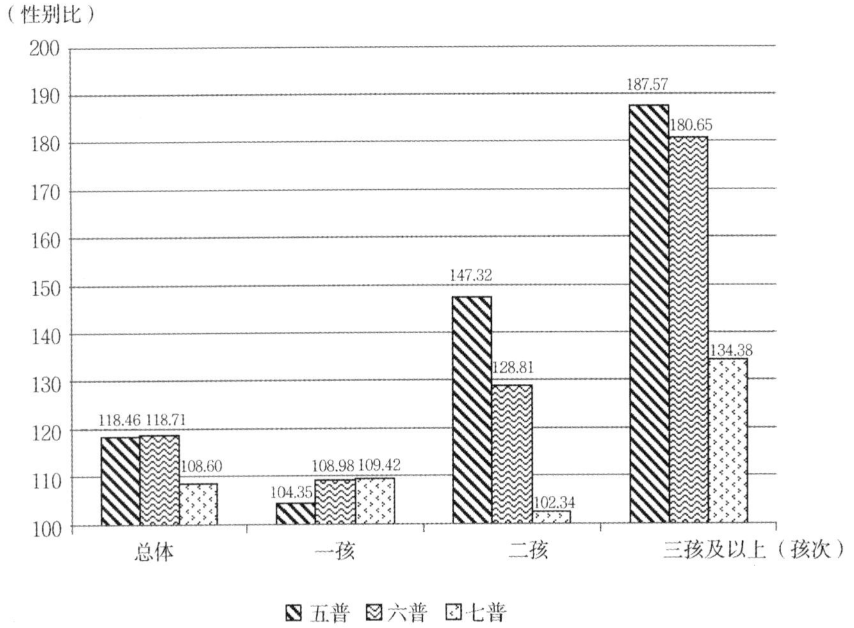

图 5-5　河北省出生人口性别比变化情况

资料来源：河北省第五、第六、第七次全国人口普查资料。

2. 生育孩次构成变化情况

20 年来，河北省生育孩次构成发生了很大变化，主要表现为：一孩占比不断下降，二孩和三孩及以上占比不断增加。其中“七普”时一孩占比降至 40.70%，分别比“五普”和“六普”低了 24.26 和 18.30 个百分点；二孩占比为 47.40%，分别比“五普”和“六普”高了 15.56 和 11.69 个百分点；三孩及以上占比为 11.90%，分别比“五普”和“六普”高了 8.70 和 6.60 个百分点（见表 5-16）。

表 5-16 河北省“七普”与“六普”“五普”孩次构成比较

单位：%

年份	一孩	二孩	三孩及以上
五普	64.96	31.84	3.20
六普	59.00	35.71	5.30
七普	40.70	47.40	11.90

资料来源：河北省第五、第六、第七次全国人口普查资料。

从“五普”“六普”“七普”河北省生育孩次构成变化数据可以发现，尽管一孩占比逐次下降，二孩和三孩及以上占比逐次增加，但变化幅度并不均匀，而是呈现出显著差异，“五普”到“六普”的变化幅度较小，“六普”到“七普”的变化幅度明显增大。究其原因主要在于，“五普”前河北省还处于严格执行“提倡一孩”的计划生育政策时期，只有张家口和承德的农村地区按政策可以照顾生育二孩，其他农村地区第一孩为女儿的可以照顾生育二孩，所以“五普”时一孩占比将近 2/3 的情况是严格实行计划生育政策的结果，反映出当时较高的政策生育率。2000 年以后，一方面“提倡一孩”政策时期出生的人口逐渐进入婚育年龄，而按照当时的生育政策，双方均为独生子女的夫妇，是可以生育二孩的，这就导致了二孩占比的增加，只是由于涉及人数较少，所以二孩占比增加幅度较小。可是，“七普”时就大不相同了，因为 2013 年和 2015 年相继开启了“单独二孩”政策和“全面两孩”政策，长期以来积累下来的有二孩生育意愿的夫妇在实施生育新政后，部分夫妇“补生”了二孩，从而导致了二孩占比的较大幅度增加。至于三孩占比增加的情况，则与生育政策由紧缩型向宽松型转变以及生育政策有了更大的包容性有一定关系。

第六章　河北省人口生育意愿分析

现实生育水平是影响未来人口发展的重要因素，而现实生育水平在很大程度上取决于育龄群众生育意愿情况。本章根据笔者组织的问卷调查，对育龄人口的生育意愿进行分析研究，对影响生育意愿的主要因素作出探讨，为提出推进实现适度生育水平和人口长期均衡发展的对策建议提供支撑。

一、河北省人口生育意愿基本情况

近年来，我国生育政策调整力度很大，2013 年党的十八届三中全会作出实施“单独二孩”的决策，2015 年党的十八届五中全会作出实施“全面两孩”的决策，2021 年 5 月 31 日中共中央政治局作出“实施一对夫妻可以生育三个子女政策及配套支持措施”的决策。虽然生育政策越来越宽，但生育率不仅没有得到回升，反而继续走低。2021 年 5 月 11 日公布的“七普”主要数据表明，2020 年我国出生人口规模仅为 1200 万，成为 2016 年实施“全面两孩”政策达到出生峰值后便开始连续下降的第四个新低，比 2019 年减少 18.09%。河北省 2020 年与上年相比出生人数减少 22.13%，比全国减少幅度更大。

生育水平高低在某种程度上取决于生育意愿。目前河北省生育水平下降的原因，主要与育龄人群的生育意愿低迷有关。为全面了解育龄群众生育意愿情况和对生育支持政策的需求，我们采取两种途径进行问卷调查，获得了大量第一手资料：一是 2021 年 5 月在保定市随机抽取 15 个县、市、区中的 241 个村、居，对 2100 名已婚未育和已育一孩育龄妇女进行了现场问卷调查（以下简称“保定市调查”）；二是 2021 年 9 月利用“河北省避孕项目和健康宣传服务管理平台”随机抽取 19.3 万名育龄群众进行了生育意愿网络问卷调查（以下简称“河北省调查”）。现主要利用这两次调查数据，对河北省育龄人口生育意愿情况作出如下分析。

（一）保定市调查情况

从保定市调查情况看，育龄妇女生育意愿低迷问题较为突出。在调查对象中，打算生育孩子的 1788 人，占 93.96%；不打算生育孩子（即“丁克家庭”）的 115 人，占 6.04%。在不打算生育孩子的育龄妇女中，不具有生育能力（包括育龄妇女本人和丈夫）的占 2.51%，愿意享受“二人世界”生活的占 50.43%，缺乏抚养能力的占 33.91%，其他原因（主要是缺乏照料资源）占 37.39%（由于该题为多选题，故各项占比之合大于 100%）。调查对象的理想子女数平均值仅为 1.66 个。在理想子女数结构方面，超过 1/3 的调查对象认为 1 个孩子最理想，将近 2/3 的调查对象认为 2 个孩子最理想，把生育 3 个及以上孩子作为理想子女数的调查对象仅占 1.16%（见表 6-1）。

表 6-1　保定市育龄妇女理想子女数比较

单位：%

理想子女数	占比
0 个	0.47
1 个	34.68
2 个	63.37
3 个及以上	1.16
没想好	0.32

与 2017 年全国生育率调查时河北省数据相比（以下简称“2017 年

河北省调查”)①，理想子女数减少了 0.14 个。从不同理想子女数构成变化情况看，理想子女数为 1 个的占比升高了 11.18 个百分点，理想子女数为 2 个的占比降低了 3.13 个百分点，理想子女数为 3 个及以上的占比降低了 7.04 个百分点。这两组数据的比较反映出育龄妇女生育意愿趋于走低的状况，当然也会成为生育水平继续下降的重要原因。

与理想子女数相比，育龄妇女打算只生育 1 个孩子的比例为 40.67%，与“2017 年河北省调查”数据相比增加了 17.17 个百分点；打算生育 2 个孩子的比例为 55.54%，与“2017 年河北省调查”数据相比下降了 10.96 个百分点；打算生育 3 个及以上孩子的比例为 1.68%，与“2017 年河北省调查”数据相比下降了 6.52 个百分点。育龄妇女打算生育子女数与理想子女数相比，显示出 1 孩上升、2 孩下降、3 孩及以上微小上升的特点（见图 6-1）。

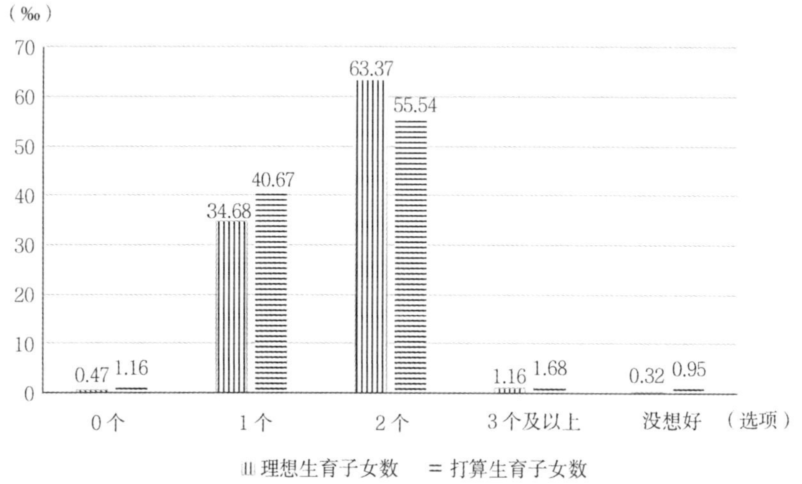

图 6-1　保定市育龄妇女理想生育子女数和打算生育子女数比较

① 为了反映理想子女数的变化情况，需要将 2021 年的调查数据与以往调查数据进行比较，但由于缺乏保定市有关调查数据，只好用 2017 年河北省调查数据来代替。这样比较，虽然存在样本范围不一致的问题，但保定市作为河北省的一个人口大市，在生育问题上与全省情况又存在较大的一致性，所以权且用 2017 年河北省调查作为比较对象。

上面的理想子女数和打算生育子女数是不附加现实因素情况下的育龄妇女对生育子女数的基本态度。实际上，不仅打算生育子女数与理想生育子女数之间存在差异性，而且有过生育一个孩子的经历后，对是否生育下一个孩子的想法与一孩生育之前的想法相比也会有所改变。例如：在调查对象中，理想子女数为 2 个孩子的占 63.37%，打算生育 2 个孩子的占 55.54%，而已育一孩的育龄妇女打算生育二孩的仅占 27.96%，比理想子女数和打算生育子女数为 2 个的占比都低得多；而已育一孩的育龄妇女不打算生育二孩的比例高达 57.33%，大大高于理想子女数和打算生育子女数为 1 个的占比（见表 6-2）。理想子女数和打算生育子女数在二孩和一孩之间"一增一减"的数据变化，反映出现实选择与理想目标之间的距离，预示着未来生育水平存在进一步下降的较大可能性。这种意愿子女数大于打算生育子女数、全部育龄妇女打算生育二孩比例大于已育一孩后打算生育二孩比例的情况，进一步验证了西方人口经济学中边际孩子决策理论（即生育第一个孩子往往是自然而然的事情，但生育第二个乃至更多个孩子，往往需要根据家庭及育龄妇女的实际情况，在进行选择和比较的基础上作出是否生育的决策）。

表 6-2 保定市已育一孩妇女是否打算生育二孩的情况

单位：%

是否打算生育二孩	占比
是	27.96
否	57.33
没想好	7.25
缺失值	7.46

从对子女的性别期望看，对男孩和女孩的期望没有多大差异，2/3 左右的育龄妇女把一男一女作为最理想的选择，对两个孩子性别持无所

谓态度的占 15%左右，把一个女孩作为理想生育状态的人数超过了把一个男孩作为理想生育状态的人数。这说明“儿女双全”的生育观念仍占主流，但“至少一个儿子”的观念已经大大弱化，对女儿的接受度大大提升，女儿也是“后”的观念初步形成。

进一步分析发现，已育一孩的育龄妇女打算生育二孩的情况与一孩性别之间存在一定的相关性：一孩为男孩不打算生育二孩的占比为 36.78%，一孩为女孩不打算生育二孩的占比为 20.25%。这与我国传统社会“多子多福”和“重男轻女”的生育观念形成了较大反差，而与部分家庭基于男孩养育成本过高（包括结婚成本）而产生的“两男恐惧症”有很大关系。当然，这种基于性别的生育意愿表现出来的这一特点，也从一定程度上反映出男女平等基本国策得到较好落实，是女性社会经济地位上升的必然结果。

居住方式对育龄妇女生育意愿有很大影响。保定市调查数据表明，和公公婆婆住在一起打算生育二孩的比例最高，接近 45%；和爸爸妈妈一起居住、单独居住和其他居住方式打算生育二孩的占比分别略微超过 1/3、1/4 和 1/5（见表 6-3）。这种情况说明，传统家庭文化和居住模式依然对生育有促进作用，单独居住的育龄妇女二孩生育意愿较低的原因主要在于缺乏照料资源。

表 6-3　保定市育龄妇女居住方式与生育意愿的关系

单位：%

居住方式	打算生育两个	打算只生一个	不打算生孩子
和公公婆婆住一起	44.75	53.15	2.10
和爸爸妈妈住一起	35.51	62.62	1.87
单独居住	28.07	69.79	2.14
其他	22.22	72.22	5.56

在被调查的已育一孩妇女中，单独居住的占比最高，约为 54%；其

次是和公公婆婆住在一起，约占 33%；和爸爸妈妈住在一起的居第三位，约占 11%。和公公婆婆住一起、和爸爸妈妈住一起、单独居住和其他居住方式打算生育二孩的占比依次递减，而不打算生育二孩的占比却表现出完全相反的趋势（见表 6-4）。已育一孩的育龄妇女是否打算生育二孩的情况与全部育龄妇女二孩生育意愿表现出基本一致的特点。这些数据提示我们，鼓励与老人一起居住就能起到提升生育意愿、提高生育水平的作用。

表 6-4 保定市已育一孩育龄妇女居住方式与是否打算生育二孩的关系

单位：%

居住方式	打算生育二孩	不打算生育二孩	还没想好
和公公婆婆住一起	39.93	50.34	9.73
和爸爸妈妈住一起	27.47	62.64	9.89
单独居住	24.92	68.80	6.28
其他	22.22	72.22	5.56

育龄妇女居住地性质与生育意愿之间存在一定关系。在被调查对象中，打算生育两个孩子的占比，农村育龄妇女最高，但也仅为 37.04%；居住在县城、城市、镇的育龄妇女占比依次递减。镇育龄妇女打算生育二孩占比最低的情况，与镇在属性上与县城相近，但经济发展水平和社会发育程度远低于县城、生活成本远高于农村的情况有关。镇育龄妇女打算只生育一个孩子的占比最高，为 72.41%；其他三类居住地性质的育龄妇女打算只生育一个孩子的占比较为接近，大约低于镇 10 个百分点。不打算生育孩子的育龄妇女占比，城市最高，县城和镇相近，农村最低。

在已育一孩的育龄妇女中，打算生育二孩的占比与居住地性质的关系同样表现出农村最高、县城其次、城市和镇分居第三和第四位的特点。不打算生育二孩的育龄妇女占比依然是镇最高、农村最低。还没有想好是否生育二孩的育龄妇女占比，农村最高，城市和镇接近，县城最低。

（二）河北省调查情况

河北省调查指的是2021年9月利用“河北省避孕项目和健康宣传服务管理平台”随机抽取19.3万名育龄群众进行的生育意愿网络问卷调查。该调查仅就是否愿意生育三孩的问题做了专题调查，调查结果显示：在接受调查的19.3万人中，愿意生育三孩的占11.75%，不愿意生育三孩的占88.25%。

从城乡比较看，城市和农村居民虽然在三孩生育意愿上存在一定差异，但差距不大，仅相差两三个百分点（见表6-5）。这反映出与以往城乡居民生育意愿和生育行为存在较大差异决然不同的情况，说明城乡居民普遍存在较大的生育压力。

表6-5 河北省城乡居民三孩生育意愿比较

单位：%

城乡	不愿意	愿意
城市	90.24	9.76
农村	87.25	12.75
总体	88.25	11.75

从不同职业调查对象的比较看，国企职工中愿意生育三孩的占16.45%，在所有职业类型中占比最高；其次是机关事业单位人员，愿意生育三孩的占16.25%；自由职业者和无业人员愿意生育三孩的占比最低，仅为10%左右（见表6-6）。虽然被调查者三孩生育意愿都很低，但国企职工和机关事业单位工作人员三孩生育意愿高于自由职业者和无业人员的情况说明，工作稳定、收入有保障对三孩生育意愿具有显著的积极影响。

表 6-6　河北省不同职业被调查对象三孩生育意愿比较

单位：%

职业类型	不愿意	愿意
国企职工	83.55	16.45
机关事业单位	83.75	16.25
私企职工	87.23	12.77
无业人员	89.20	10.80
自由职业者	89.24	10.76
总体	88.25	11.75

从已有子女数量与三孩生育意愿的关系看，在已有二孩的调查对象中，有 1 子 1 女者愿意生育三孩的占比最低，仅为 5.85%；已有 2 子者愿意生育三孩的占比较低，为 8.65%；已有 2 女者愿意生育三孩的占比稍高，为 12.80%，这一点与保定市调查稍有不同（见表 6-7）。

表 6-7　河北省已有一孩和二孩被调查对象三孩生育意愿情况

单位：%

子女数量	否	是
1 女	85.25	14.75
1 子	88.61	11.39
1 子 1 女	94.15	5.85
2 女	87.20	12.80
2 子	91.35	8.65

职业类别与三孩生育意愿之间存在显著的相关性。虽然描述统计结果得到的各类职业是否愿意生育三孩的占比不存在显著差异，但独立性检验的分析结果却反映出不同职业与三孩生育意愿选择的显著相关性（见表 6-8）。

为了分析子女数量尤其是已有子女数量与三孩生育意愿之间的相关性，我们运用二元 logistic 回归模型，对被调查者性别、年龄、职业类型、城乡类别、子女情况对三孩生育意愿的影响进行了综合分析，结果表明：从被调查者性别和年龄看，男性愿意生育三孩的占比高于女性，年龄越大愿意生育三孩的占比越小。

从城乡比较看，城市居民愿意生育三孩的可能性低于农村居民，但差异不太显著，城市居民愿意生育三孩的概率比农村地区低 17%。

在职业类别上，以无业人员为参照，有工作者选择愿意生育三孩的可能性更大。在各职业类别中，机关事业单位人员愿意生育三孩的概率比无业人员高 76.7%，国企职工愿意生育三孩的概率比无业人员高 63.3%，私企职工愿意生育三孩的概率比无业人员高 11.8%，自由职业者与无业人员的三孩生育意愿均较低，而且不存在显著差异。

从已有子女情况看，与无子女者相比，已育子女者选择愿意生育三孩的可能性更低。其中：已有 2 个儿子的被调查者选择愿意生育三孩的可能性最低，愿意生育三孩的概率比无子女者低 87.9%；已有 1 子 1 女和已有 1 女的被调查者愿意生育三孩的概率基本一致，比无子女者愿意生育三孩的概率低 76%左右；已有 2 女和已有 1 子的被调查者愿意生育三孩的概率基本一致，比无子女者愿意生育三孩的概率低 70%左右（见表 6-8）。

表 6-8 基于二元 logistic 模型对河北省三孩生育意愿影响因素的回归分析结果

自变量	系数	S. E.	Wald	自由度	显著性	Exp (B)
职业			809.729	4	0.000	
国企职工	0.491	0.036	186.613	1	0.000	1.633
机关事业单位	0.569	0.023	627.609	1	0.000	1.767
私企职工	0.111	0.026	18.187	1	0.000	1.118
自由职业者	0.010	0.018	0.319	1	0.572	1.010
城市	−0.190	0.017	121.320	1	0.000	0.827

续表

自变量	系数	S. E.	Wald	自由度	显著性	Exp (B)
1女	−1.431	0.032	2 045.523	1	0.000	0.239
1子	−1.179	0.030	1 496.108	1	0.000	0.308
1子1女	−1.446	0.026	3 136.674	1	0.000	0.236
2子	−2.116	0.029	5 488.178	1	0.000	0.121
2女	−1.243	0.030	1 694.876	1	0.000	0.289
3个以上	−1.697	0.027	3 972.355	1	0.000	0.183
男	0.372	0.015	607.076	1	0.000	1.450
年龄	−0.025	0.001	1 036.379	1	0.000	0.975
常数	0.095	0.040	5.720	1	0.017	1.099

（三）小结

无论是保定市调查，还是河北省调查，三孩生育意愿都非常低。在保定市调查中，把生育3个及以上孩子作为理想子女数的仅占1.16%；在河北省调查中，愿意生育三孩的占11.75%。虽然两次调查中愿意生育三孩的比例都很低，但后者还是比前者高出不少，说明“三孩政策”出台后育龄群众的生育意愿有所提升（保定市调查是在“三孩政策”出台之前，河北省调查是在“三孩政策”出台之后）。当然，与生育政策要求相比，还存在很大差距。

二、育龄群众生育意愿低迷的原因分析

育龄群众生育意愿低迷的原因是多方面的。保定市调查数据表明，在已育一孩、不打算生育二孩的育龄妇女中，第一位原因是经济负担重，第二位原因是没人照料孩子，第三位原因是养育孩子太费心，第四位原因是影响就业和职业发展，第五位原因是年龄偏大，占比分别为83.56%、53.09%、34.47%、28.88%和16.19%（由于是多选题，故

占比总和大于100，下同）；河北省调查数据显示：在不打算生育三孩的被调查者中，第一位原因是给孩子买不起房，第二位原因是孩子结婚花费太大，第三位原因是养孩子太费心，第四位原因是影响自己工作，占比分别为79.57%、67.18%、64.34%和50.65%。下面利用保定市调查和河北省调查有关数据对影响生育意愿的主要因素作出如下分析：

（一）生育成本过高的影响

我国的生育成本有别于西方国家，因为西方国家一般到18周岁能够自立后就不再依靠父母了，而是依靠自己的努力独立生活。但是，在我国的生育概念或生育观念中，不仅包括生，而且包括育，育的时间还无限长，一般到结婚自立门户为止。河北省同全国一样，经过改革开放后的快速稳定发展，经济发展已经达到较高水平，人均收入呈显著增加态势。但与此同时，消费结构也发生了较大变化，消费水平越来越高，尤其是生育、养育、教育成本剧增，住房价格飙升，结婚成本高昂，以至于大大快于收入水平增长速度，致使部分青年结不起婚，部分育龄夫妇出现了“不敢生”“生不起”“养不起”的问题，经济因素对育龄夫妇生育意愿和生育行为的影响越来越大。尤其是不少第一胎生了男孩的家庭，由于恐惧第二胎再生男孩，便作出放弃生育二孩的选择。保定市调查数据表明：在已育一孩、不愿意生育二孩和三孩的夫妇中，83.56%的把经济负担重当作首要原因。

在已育一孩的育龄妇女中，不打算生育二孩的第一位原因是经济负担重，占保定市调查总人数的52.60%，占回答此问题人数的83.56%；没人照料孩子是第二位原因，占调查总人数的33.42%，占回答此问题人数的53.09%；养育孩子太费心是第三位原因，占调查总人数的21.70%，占回答此问题人数的34.47%；影响就业和职业发展是第四位原因，占调查总人数的18.18%，占回答此问题人数的28.88%；年龄偏大是第五位原因，占调查总人数的10.19%，占回答此问题人数的16.19%（见图6-2）。

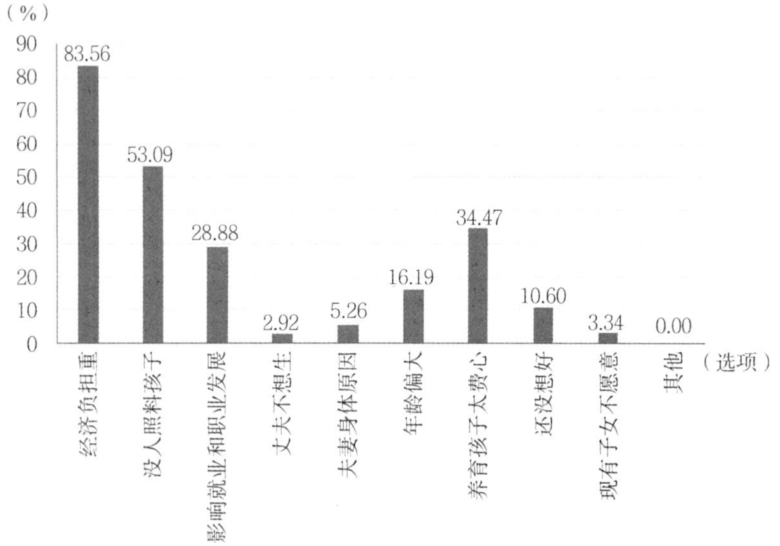

图 6-2 保定市已育一孩育龄妇女不打算生育二孩的原因

注：因为该问题为多选题，故各选项占比之和大于 100%。

经济负担重之所以成为多数育龄妇女不打算生育二孩的第一位原因，一是养育孩子成本过高，不少家庭感觉难以承受；二是从孩子身上得到收益的预期较低，觉得多生育不合算；三是养老社会化程度提高，对子女养老的依赖性降低。简单说，就是养育成本大于收益，生养孩子在经济上不合算。这与传统社会生养孩子对父代更有利的情况相比，显然是一个根本性的变化，对育龄夫妇生育意愿产生了很大影响。

没人照料孩子之所以成为多数育龄妇女不打算生育二孩的第二位原因，主要表现在以下几个方面：一是家庭结构简单化和居住方式独立化，给隔代照料带来一定困难；二是多数女性因为就业和职业发展，没有时间照料孩子；三是托幼事业滞后，托育机构严重不足，孩子没处送。

养育孩子太费心之所以成为多数育龄妇女不打算生育二孩的第三位原因，主要在于：现在养育孩子完全不同于过去，不少孩子 3 岁以前就要参加各种早教班；进入幼儿园后，还要参加很多兴趣班；上小学后，一些年轻夫妇因为工作关系难以中午接孩子回家吃饭，需要安排“小饭桌”，小学生的“四点钟现象”也使不少年轻夫妇难以安排时间接孩子。再加上我国的养育范围与国外相比宽泛得多，不仅要育小，还要承担子女结婚成家的责任。另外，作为与妻子应当共同承担孩子照护和养育责任的丈夫一方，普遍受“女主内，男主外”传统观念影响，对“既主内，又忙外”的妻子缺乏理解与关爱，更加重了已育一孩女性不愿意生育二孩的心理。所以，一些育龄妇女因为养育孩子太费心，不愿意生育孩子，尤其影响到二孩生育意愿。

为什么过去一个家庭生五六个孩子并没有感觉到负担重，也都过来了，现在经济条件好了，不少家庭反倒感觉难以承受了呢？究其原因主要在于，现在的孩子养育，除了“优养”如吃好的、穿好的、用好的之外，更注重养育中的科学化和精细化，多养一个孩子绝对不是“多添一双筷子”的事。在孩子用品花费上，还有一些即便用不着也要买来装门面的东西，如钢琴等。养育孩子负担重，更多的是时间和精神上的紧张，例如，接送孩子上学、放学，由于上学、放学时间与上下班时间不一致，就更加大了接送孩子的困难。除了正常上学之外，还要参加各种类型的辅导班、兴趣班，时间也都有特殊要求，没有一个人专门接送的确应付不过来。

分城乡看，在已育一孩育龄妇女中，不打算生育二孩的原因，居前五位的完全一致，但是镇、县城、城市均表现为经济负担重、没人照料孩子、养育孩子太费心、影响就业和职业发展、年龄偏大的顺序；农村不打算生育二孩的原因在排序上稍有差异，影响就业和职业发展的占比高于养育孩子太费心，第三位原因和第四位原因与镇、县城、城市不同，其他序位一致。

河北省调查数据同样显示出生育成本过大是多数育龄夫妇不愿意生育三孩的最主要原因，生育成本过大主要反映在“给孩子买不起房”“孩子结婚花费太大”“课外班收费太高”等方面。在不想生育三孩的被调查者中，这三项的占比分别为79.57%、67.18%和59.39%（见图6-3），基本上没有把日常生活视为有压力的情况。事实上，把“给孩子买房”和“孩子结婚”当作生育成本，并且影响到生育意愿和三孩生育决策，就是中国特色的生育文化，而且与现阶段婚恋观念走偏的情况有很大关系。至于“课外班收费太高”的问题，则是校外辅导市场失序的结果。有理由相信，随着2021年7月24日中共中央办公厅、国务院办公厅印发的《关于进一步减轻义务教育阶段学生作业负担和校外培训负担的意见》逐步贯彻落实，压在家长头上极重的校外辅导负担将会逐步得到解决，这一因素对生育意愿的影响将会大大减弱。

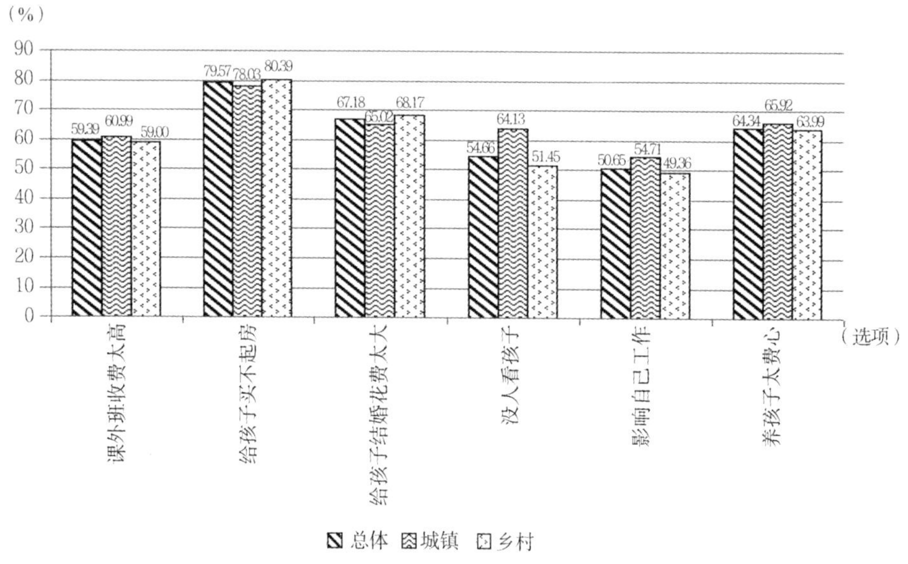

图6-3 河北省育龄人口不想生育三孩的原因

从家庭生育净成本角度看，一方面是抚养成本急剧增加，另一方面却是从子女身上获得的收益越来越少，成本支出大于利益获得，生育净成本增加，从而成为影响生育意愿的重要考量，同时也成为现代社会生育意愿不同于传统社会的重要原因。究其原因在于，家庭观念变化和家庭重心转移导致了家庭代际之间的财富流向由父代转向子代，社会保障事业的发展使老年人获得了较大程度的制度保障，对子女的依赖程度大大降低，从而导致人们的生育意愿下降，生育子女数减少。

（二）缺乏照料资源的影响

保定市调查数据表明：在不打算生育二孩和三孩的夫妇中，把没人照料孩子和养育孩子太费心分别排在第二位和第三位，占比分别为53.09%和34.47%。家里没人照料孩子，又没有接收三岁以下幼儿的托儿所，一些家庭就只能雇佣保姆。按一般行情，雇佣一个“月嫂”的费用当在一万元以上，此后的保姆费每月也需要七八千元，均超过一个人的平均收入。这对于一般家庭来说，的确难以承受。因此，部分家庭把“没人照料孩子”当作影响二孩和三孩生育的重要因素也在情理之中。

河北省调查数据显示：在回答生育三孩最大困难是什么的问题时，不想生育三个孩子的育龄人口中，54.66%的回答是没人看孩子，其中城镇为64.13%，农村为51.45%，说明城镇居民生育孩子的机会成本比农村更大。从职业类别看，国企职工和国家机关事业单位工作人员的回答占比较高，分别为74.07%和65.31%；自由职业者和无业人员占比较低，分别为49.22%和54.44%，说明这些人的压力更大，同时也反映出他们较强的就业愿望。

按照我国传统文化，老人是能够帮助带孩子的，为什么现在靠老人带孩子的相对少了呢？究其原因主要在于，伴随着家庭规模小型化、三代户家庭减少等结构性变化，原来大家庭代际之间的养老和抚幼功能大大弱化，很多老年人并不与青年夫妇居住在一起，这就为老人帮着带孩子带来了困难。保定市调查数据发现，居住方式对育龄妇女生育意愿有很大影响：和公公婆婆住在一起打算生育二孩的比例接近45%，和爸爸妈妈一起居住、单独居住和其他居住方式打算生育二孩的占比分别为1/3、1/4和1/5左右，均远远低于和公公婆婆住在一起的比例。这实际上反映出公婆生育意愿较强，以及承担了较大抚养任务的情况，当然也与传统家庭观念有一定关系。

在社会化程度不断提高的情况下，公共托幼服务供给反而显得十分缺乏，政府和社会提供的托幼服务远远不能替代家庭的作用，导致部分育龄群众因缺乏照料资源而选择推迟生育，甚至放弃二孩和三孩生育。

（三）教育负担过重的影响

近年来，义务教育阶段家庭经济负担重的问题越来越突出，进而加重了家庭经济负担。其实，义务教育阶段的家庭经济负担问题，主要不是学校收费所致，而是校外负担过重。因为参加各种校外辅导班和兴趣班已经成为普遍现象，这些校外辅导班和兴趣班收费都非常高。再就是为了让孩子就读一所好小学，很多家长不惜花费重金购买“学区房”。一般而言，“学区房”的价格都会大大高于当地平均房价，甚至一房难求。河北省每个城市重点小学附近的房价都大大高于其他地段，衡水中学附近的房价更是高得离谱。其实，这一现象并非河北省所独有，而是全国各地普遍存在。

教育负担重，到底重在哪里？在河北省调查中，接近半数的被调查者首选义务教育阶段的“校外辅导班和兴趣班”，次选分别为“大学教育”“中考择校”，选择“早教班”的很少，这说明义务教育阶段的“校外辅导班和兴趣班”问题较为突出，成为教育负担重的最主要原因。对于校外辅导班和兴趣班收费问题，被调查者普遍认为收费太高，其中城镇居民认为“收费太高”的占比高于农村居民；无业人员认为“收费太高”、家庭难以承受的比例较高，反映出不同家庭承受能力的显著差异。

课外负担重与部分中小学老师存在师德师风问题有一定关系。很多家长反映，他们并不愿意让孩子参加昂贵的补习班和辅导班，只是由于有些老师对成绩不理想的孩子关心不够，这些孩子要想提高成绩，得到有针对性的课后辅导，就只能通过补习班和辅导班来解决。更有甚者，个别老师在学校的课堂上不认真讲课，讲授内容少，依靠在校外补习和辅导“赚钱”，学生在学校课堂上学不到的内容，只能通过课外补习班和辅导班补齐。

高中教育严重失衡问题也在一定程度上加剧了家庭教育负担。多数地区都存在优质教育资源不平衡的问题，无论小学还是初中、高中，都有重点与非重点之分，能够进入重点小学，考入重点初中的概率就高；在重点初中就读的学生，考入重点高中的概率就高；在重点高中就读的学生，考入大学尤其是重点大学的概率就高。这就成为“学区房”价格飙升、家庭教育成本高昂的一个重要原因。

（四）房价飙升的影响

房价上涨增加了家庭养育孩子的成本，降低了家庭的生育意愿。河北省调查数据显示：在所有不想生育三孩的被调查者中，79.57%的认为“给孩子买不起房”是生育孩子面临的最大困难，同时也是不想生育三孩的最主要原因，在各种影响因素中居第一位。

根据一些典型调查资料，一些城市家庭把一个子女从出生抚养到 18 岁的总费用甚至高达上百万元。随着房价的持续高涨，处在生育高峰期的青年群体必然面临巨大的购房压力，这也影响到他们在购房与生育之间的选择。先购房后结婚成为部分男性青年的不二选择，“有房有车”则成为部分女性青年谈婚论嫁的必要条件，正是这一点成为结婚年龄推迟的重要原因。

很多研究也证实，房价对生育意愿和生育行为有重要影响。有学者认为，城市房价每升高 1%，已婚女性生育一胎的概率将降低 0.14%，生育二胎的概率将降低 0.06%；分年龄组看，城市房价每升高 1%，15—24 岁、25—34 岁和 35—49 岁年龄组已婚女性生育率将分别降低 0.14%、0.17%和 0.09%。分一孩性别来看，当一孩是男性时，房价上涨对已婚女性生育二孩的概率具有显著影响，房价每升高 1%，已婚女性生育二孩的概率将降低 0.10%；但一孩是女性时，房价上涨对二孩生育的概率就没有显著影响。① 可见，房价上涨对 25—34 岁生育高峰年龄段已婚女性的影响最大，而这一年龄段恰恰是对生育率贡献最大的年龄段。还有研究同样证实，房价和生育率之间存在负相关关系。例如，有学者利用 2014 年中国家庭追踪调查数据，研究了房价对家庭生育决策的影响，得出的结论是：平均来看，住房价格每上涨 1000 元，家庭生育第一个孩子的概率会降低 1.8%—2.9%。并且认为房价上涨还显著推迟了女性的初育年龄，房价每上涨 1000 元，将使女性初育年龄推迟 0.14—0.26 年。推迟初育年龄必然缩短生育期，进而会间接减少生育期内可能的生育数量。② 也有学者进一步证实了房价和家庭生育行为之间存在的显著负相关关系，认为房价每上涨 1000 元，生育第一个孩子的概率会降低 1.4%—3.1%，继续生育第二个孩子的概率会降低 3.6%—6.2%③，这说明房价对于二孩生育的影响比对第一个孩子的影响更大。与此研究结论基本一致的是，有学者利用 2016 年和 2018 年中国家庭追踪调查数据，研究房价上涨与城镇家庭生育行为的关系得出如下结论：房价上涨对第一个孩子有负向作用，但不显著；对二孩生育的影响较大，住房价格每上涨 1%，选择生育二孩的概率会降低 17.8%。④

（五）女性就业与职业发展的影响

我国实施“全面两孩”政策后，生育数量除生育政策调整次年出现了短暂的增加外，2017—2020 年却出现了连续四年的减少。大量调查研究已经证实，育龄群众生育意愿低迷、生育动力不足的原因中，女性生育照料与就业和职业发展之间的矛盾排在第三位。很多女性为了就业和职业发展，放弃了二孩生育，三孩就更不用说了。

---

① 李志龙，陈技伟，冯帅. 房价上涨对已婚女性生育率的影响［J］. 劳动经济研究，2020，8（5）：22-46.

② 葛玉好，张雪梅. 房价对家庭生育决策的影响［J］. 人口研究，2019，43（1）：52-63.

③ 任玉霜，刘宁. 房价对已婚女性生育行为的影响研究——基于 2018CFPS 数据的实证分析［J］. 统计与管理，2021（8）：84-90.

④ 何海云. 房价对城镇家庭生育行为的影响研究［J］. 上海房产，2021（9）：39-34.

保定市调查数据表明：不想生育二孩的女性中，28.88%的被调查者担心生育二孩会影响就业和职业发展。河北省调查数据显示：在不想生育三孩的被调查者中，大约有50%的被调查者担心“影响自己工作”；在希望生育三孩的被调查者中，48.91%的被调查者依然担心生育三孩会“影响自己工作”。这说明，无论是不想生育三孩还是希望生育三孩，都有一半左右的被调查者会考虑生育对就业和职业发展的影响，就业和职业发展得不到保障的情况无疑会成为三孩生育的“拦路虎”。

在女性生育照料与就业和职业发展这一对矛盾中，人们常常把主要矛盾方面归于用人单位，或者说把责任归于用人单位。从表面现象看的确如此，但客观地说，这样的认识有失公允。因为用人单位，尤其是企业，属于自负盈亏的独立经营单位，作为社会的一分子，企业固然应当承担社会责任，但追求效率永远是企业的第一目标。企业依法缴纳税金就是在尽社会责任，企业可以在缴纳税金之外承担一些社会义务，但非要把企业责任之外的生育成本强加在企业身上，就不大合适了，因为不符合市场经济原则。一些单位尤其是私营和外资企业，为了减少女性生育带来的损失，不愿招用女性，或者对生育女性采取能辞就辞、诱导辞职等手段。应该说，这些做法不符合国家政策和社会道德，有悖于社会正义。但是从市场经济角度看，却是经济理性选择的结果，并不违背市场经济原则。虽然我国为了保护女性的生育和就业权利，实行了生育保险制度，但生育保险只能解决女性生育期间工资待遇的社会统筹问题，减轻企业在生育女性产假期间工资支付上的负担，而不能解决企业在女性生育休假期间需要支付临时代岗人员工资以及部分特殊岗位需要进行技能培训而增加的相应支出。更何况我国现行生育保险制度只覆盖了国家机关、事业单位以及国有企业和一些大中型私营企业，不少小型非公有制企业参加的较少，农村居民就更不用说了。所以，很多企业会因为女性生育带来一些经济上的损失。在这一问题上，单纯要求企业保障生育女性的就业权利、指责企业侵害生育女性就业权利等做法，或许能够在短期内起到一定作用，但难以从根本上解决问题。[①] 至于相当一部分不能享受生育保险和带薪生育假的农村妇女及城镇自由职业者和无业妇女，她们生育后不能参加生产经营活动，当然也就没了收入。从个人发展角度而言，女性升职空间也会受到生育的影响。

在社会化程度越来越高的现代社会，生育已经不仅仅是家庭的私事，同时还是国家的大事、民族的大事，因为生育的孩子既是家庭的后代和养老资源，也是国家未来的支柱和财富来源，作为劳动力要为经济社会发展做贡献。因此，生育具有重要的社会价值。[②] 既然生育具有社会价值，那就应当构建家庭、单位、社会共同承担的生育成本分担机制，尤其要完善生育保险制度，扩大生育保险覆盖范围，使企业不致因招收女性员工而带来效率和效益上的损失，这才是保障女性就业权益，解决好生育女性在生育与就业和职业发展之间的矛盾，以及企业不愿雇佣女性、不愿留用生育女性，家庭和育龄夫妇“不愿生”“不敢生”“生不起”“养不起”等现实问题的治本之策。

（六）婚恋观念变化的影响

近年来，在婚恋观问题上，部分青年对物质、金钱的重视程度极大提高，秉持“有房才有家”的观念，结婚讲排场、重彩礼，不少青年因为没买上房、凑不够彩礼，就结不成婚。从河北省部分地区的调查情况看，受传统婚姻文化的影响，青年结婚一般都是男方准备婚房、给女方聘礼。很多农村青年还要在县城买房，一套商品房价格基本都会超过五六十万元；给女方聘礼讲究“三金”带礼金，礼金多为 8 万元、18 万元，为的是图个吉利数。此外，还要购买汽车，大摆宴席，等等。很多青年在“没有买房就不结婚”的观念下，只好先攒钱买房再结婚，这已

---

① 吕红平，耿之璇. 生育支持政策：推动实现适度生育水平的重要保障［J］. 人口与健康，2022（1）：19-22.

② 吕红平，吕静. 生育政策调整后计划生育奖励扶助政策改革研究［M］. 北京：人民出版社，2021：27.

经成为现代青年的真实写照。虽然收入水平不断增加，但无法与房价升高速度相比。如此高额的结婚费用，必然推迟结婚时间。河北省调查数据表明：在愿意生育三孩的被调查者中，认为“孩子结婚花费太大”的比例为63.04%，在各种影响因素中排在第三位。实际上，结婚和购房压力已经成为压在青年人身上的“两座大山”。只有搬掉这“两座大山”，才有可能提升他们的生育意愿。而要搬掉这“两座大山”，就必须构建和普及新型婚恋文化。

（七）养老观念变化的影响

近年来，我国家庭文化尤其是家庭代际关系和养老文化发生了很大变化。家庭观念淡化、家庭重心下移，导致家庭代际间的财富流向由父代转向子代，过去是老人沾子女的光，现在却是子女靠父母帮扶，甚至出现了为数不少的“啃老族”；社会保障事业快速发展，老年生活获得了较大程度的制度保障，对子女的依赖程度大大降低，由此导致人们的“养儿防老”观念大大弱化。这些家庭领域的变化，改变了代际之间的利益“天平”，父母付出多，得到回报少，导致生育意愿下降，生育子女数减少。目前，甚至有人认为生育孩子是一桩“亏本的买卖”，也有人把生育男孩的家庭当作“建设银行”，尤其是第一孩为男性的家庭，甚至产生“二男恐惧症”，作出放弃生育二孩的选择，第三孩就更不用说了。

（八）新冠疫情的影响

突如其来的新冠疫情发生后，一些人认为我国为应对新冠疫情采取的封闭式管理给家庭团聚和夫妻生活带来了难得的机会，为创造新的“婴儿潮”提供了可能。但事实上，我国的生育率水平不但没有因疫情的延续得到回升，反而继续走低。河北省也不例外，表现出与全国基本一致的特点。从河北省2020年1月到2022年12月产妇住院分娩活产人数变化情况看，基本未受新冠疫情影响的2020年1—10月活产人数，与上月相比有增有减，但增减幅度不大，维持在每月5万左右的规模上。

2020 年 11 月之后的生育情况则因为受到新冠疫情的较大影响，活产人数大幅减少。2020 年 11 月至 2021 年 12 月的 14 个月里，月平均活产人数减至 4.3 万左右，比 2020 年前 10 个月减少 14%；2022 年 1 月至 12 月的月平均活产人数进一步减至 3.6 万左右，比 2020 年前 10 个月减少 28%。与新冠疫情发生之前的 2018 年和 2019 年月平均活产人数分别为 6.7 万和 6.4 万的数据相比，活产人数减少幅度就更大了。虽然近两三年出生人数减少的情况也有育龄女性减少、婚育年龄推迟等因素的影响，但无疑与新冠疫情有一定关系。因为新冠疫情发生后，不少原来准备结婚的青年在“红事缓办”的要求下推迟了婚期，导致潜在一孩生育人群规模缩小。另一方面，虽然疫情期间的封闭式管理可能会导致一些人意外怀孕和非计划妊娠，但更多的却是本来打算生育的夫妇，却因受疫情引发的群体心理焦虑以及一些体制外工作的青年夫妇收入状况不确定性加大（如一些个体经营者或流动商贩等，疫情期间受到很大限制，一天不工作，就一天没有收入，疫情常态化更使这些人感到心里没了底）影响而推迟了生育安排，甚至取消了生育计划。保定市调查发现，的确有部分夫妇因为疫情而推迟了生育。尤其是开始打疫苗后，打疫苗前后 3 个月内不宜怀孕的注意事项，也从一定程度上影响到怀孕生育。

三、育龄群众对生育支持的需求分析

提升生育意愿和生育水平，必须帮助育龄夫妇解决好生育中面临的困难和问题，满足他们对社会支持的需求，依靠社会支持的力量帮助她们解决生育中的困难和烦恼。

（一）对经济支持的需求

在影响生育意愿和生育行为的原因中，经济压力大排在第一位。相应地，群众对生育经济支持的需求也排在第一位。在婴幼儿用品消费方面，由于价格普遍偏高，而且由于“从众心理”和“趋同效应”的影响，很多人容易“跟风”，从而对经济状态一般或较差的家庭形成了较大的经济压力，使一些家庭产生了对生育经济支持的较强需求。河北省调查数据显示：在所有想生育三孩的被调查者中，73.91%的被调查者希望能够“出台购房优惠措施”，64.13%的希望“发放育儿补助”，53.26%的希望“减少家庭教育开支”，46.74%的希望“提高生育保险支付标准”（见图6-4）。分城乡看，以上四项指标均为农村高于城市，反映出以往的政府福利政策存在较大的城乡不平等问题，农村居民得到的实惠少，对社会支持的呼声更高。从职业类别看，自由职业者和无业人员的这四类需求均高于其他职业，说明这些体制外人员同样很少享受到上述国家福利政策，因此表现出了较高的呼声。

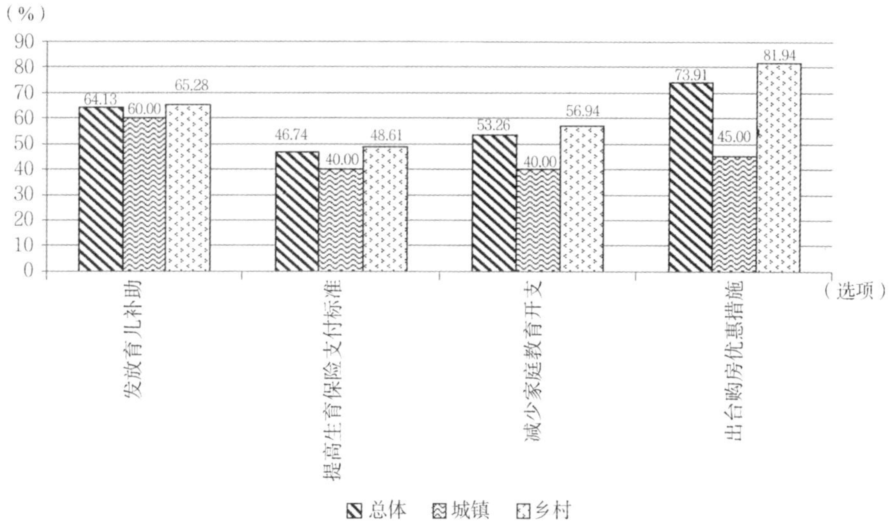

图 6-4　河北省想生育三孩育龄人口对经济支持的需求

对于发放育儿津贴数额的调查，我们采取的是开放式调查，即由被调查者根据自己的想法填写自己认为合适的补贴数额。对调查数据的汇总发现，希望每月发放的育儿津贴最低额为 300 元，最高为 3000 元，众数为 1000 元；对于发放时间，希望发放的最少时间为 3 年，最多为 18 年，众数为 6 年。

此外，农村居民及城市自由职业者和无业人员，对提高住院分娩费的报销比例以及享受带薪产假也都有较为强烈的需求。

（二）对照料支持的需求

群众对照料支持的需求主要表现在以下两个方面：一是入托前的照料需求。河北省调查数据表明，由于缺乏家庭照料资源，多数被调查对象希望能够延长产假，其中希望延长180天的居多，加上现行产假，实际上就是希望将产假延长到一年，自己在家把孩子带到1周岁。在现行产假政策下，有超过半数的被调查者希望休完产假后继续在家带孩子，并且希望自己把孩子带到3岁。因此，一些年轻夫妇对制定实施弹性产假制度有较强需求，愿意接受减发一定比例工资，换得在家照料孩子。

二是对幼儿园和学校延长时间的需求。幼儿园和学校送接孩子的时间与家长上下班的时间不一致，给不少缺乏照料资源的家庭带来很大困难，产生了以解决“四点钟现象”为重点的较强需求。多数家庭都迫切希望学校能够延长学生的在校时间，使小学生放学时间与家长下班时间一致起来，方便上班的年轻父母们接孩子。

（三）对教育减负的需求

减轻教育负担，实际上包括两层意思：一是减轻义务教育阶段学生过重的作业负担，二是减轻义务教育阶段学生校外培训负担，简称“双减”。由于我们的调查是针对育龄夫妇的生育意愿，所以只涉及对校外培训的态度。在是否愿意让孩子上校外辅导班和兴趣班问题上，61％的被调查者赞成孩子参加辅导班，77％的赞成孩子参加校外兴趣班。从城乡看，城镇居民赞成孩子参加辅导班的比例高于农村；从职业类别看，国企工作人员赞成孩子参加校外辅导班和兴趣班的比例最高。家长们之所以千方百计、不辞劳苦地让孩子参加各种辅导班和兴趣班，其实并非家长们真心愿意送孩子参加各种类型的辅导班和兴趣班，多数都是在“跟风”“攀比”，不愿意让孩子输在“起跑线”上，只是这个“起跑线”仅仅指学习方面，而不是孩子的全面健康发展。有意思的是，在一般性讨论参加校外辅导班和兴趣班是否有必要的问题时，多数人都持反对态度，但轮到自己的孩子时，还是愿意让孩子通过上辅导班提高学习成绩；通过上兴趣班，培养孩子的爱好，丰富孩子的业余生活。当然，也有一些家长反映，送孩子上辅导班往往会降低孩子在课堂上的注意力，影响学习效果和成绩，因为他们或者已经在校外辅导班学习过，或者寄希望于在校外辅导班补齐。

调查发现，群众既对解决“四点钟现象”问题有较强需求，希望学校能够延长学生在校时间，使放学时间与下班时间一致起来，方便上班的年轻父母们接孩子；也对整顿各种类型的辅导班和兴趣班有较强需求，希望政府出面控制校外辅导班和兴趣班的“供给端”。

第七章　河北省现行生育支持政策的系统分析

根据2021年7月20日公布的《中共中央 国务院关于优化生育政策促进人口长期均衡发展的决定》和2021年8月20日中华人民共和国第十三届全国人民代表大会常务委员会第三十次会议通过的《全国人民代表大会常务委员会关于修改〈中华人民共和国人口与计划生育法〉的决定》，河北省第十三届人民代表大会常务委员会第二十七次会议于2021年11月23日修订了《河北省人口与计划生育条例》，详细规定了河北省现行生育支持政策的基本内容，成为新时代河北省人口与计划生育工作的基本遵循。下面结合河北省人口发展形势和群众对生育支持政策的需求，对生育支持政策与生育政策的关系以及河北省现行生育支持政策的内容作出系统分析。

一、生育支持政策与生育政策的关系

我国实行了几十年的计划生育政策，在大力宣传倡导下，计划生育政策的概念可以说无人不知、无人不晓。2015年党的十八届五中全会对生育政策作出重大调整，开始实施“全面两孩”政策；中共中央政治局于2021年5月31日召开会议，作出“实施一对夫妻可以生育三个子女政策及配套支持措施”的决定；2021年7月20日公布的《中共中央 国务院关于优化生育政策 促进人口长期均衡发展的决定》提出“实施一对夫妻可以生育三个子女政策，并取消社会抚养费等制约措施、清理和废止相关处罚规定，配套实施积极生育支持措施”。自此之后，就很少提及计划生育，当然也就基本上不再沿用计划生育政策的概念了，而是用生育政策代替了计划生育政策。就好像计划生育政策只与“一孩政策”相联系，生育政策才与“二孩政策”“三孩政策”相联系一样。事实上，计划生育政策与生育政策，就其内容和目标而言，并无本质差异。无论是计划生育政策还是生育政策，都是我国区别于其他国家实行的通过国家政策的方式干预人口生育过程的一种方式。“计划生育”，简言之就是指有计划地生育，其概念本身是一个中性词。从其性质和目的而言，既包括限制性的计划生育，即节制生育或生育控制；也包括鼓励性的计划生育，即鼓励生育。就实施主体和作用范围而言，既可以是国家层面的计划生育，即依靠国家法律和行政力量，通过国家干预的方式，影响和指导家庭的生育行为，从而实现国家的人口发展目标，我国就是采取这种方式的典型代表；也可以是家庭层面的计划生育，亦称家庭生育计划（简称家庭计划），即由家庭根据自身的实际情况，作出何时生育、生育几个的决策，国家在其中的作用主要是通过经济措施加以间接引导，向有节育意愿的夫妇落实节育措施提供帮助和支持，并且还会在生活上给予一定的扶助，国外一般都是采取这种方式。我国 20 世纪 70 年代实行计划生育初期，就确定了以国家政策（即计划生育政策）指导和规范家庭生育行为的生育控制模式。1980 年中共中央发表《公开信》后，确定了“提倡一对夫妇只生育一个孩子”的生育政策，虽然此后曾经对计划生育政策作过一些调整，但都是对“提倡一孩”政策的修补，并没有脱离“提倡一孩”的政策框架，直到 2015 年党的十八届五中全会作出决定，并于 2016 年 1 月 1 日开始实施“全面两孩”政策，才结束了“提倡一孩”的计划生育政策时代，进入到“全面两孩”政策的新时期。[①] 2021 年 5 月 31 日，中共中央政治局召开会议，作出“实施一对夫妻可以生育三个子女政策及配套支持措施”的决定后，我国的计划生育政策

---

① 吕红平，吕静. 生育政策调整后计划生育奖励扶助政策改革研究［M］. 北京：人民出版社，2021：34-35.

进一步放宽为“三孩政策”。由此可见，现在生育政策的提法无异于计划生育政策，可以看作计划生育政策的简称。当然，之所以基本上不再使用计划生育政策的概念，而代之以生育政策，可能有规避人们对以往“一孩化”政策阴影的意思。“全面两孩”政策与“一孩化”政策相比，有着质的区别，即非独生与独生的区别，但“全面两孩”政策与“三孩政策”就只有量的差异（即二孩和三孩的差异），而没有质的区别了。

根据本书第四章对狭义生育政策和广义生育政策的区分，结合我国当前人口生育形势和基于此而理解的生育政策可以知道，我们现在所说的优化或完善生育政策，或者说建立生育支持政策体系、优化生育支持政策体系，并非指生育行为方面的准则或规范，而是主要指经济社会配套政策或生育支持政策。党的十九大报告提出“促进生育政策和相关经济社会政策配套衔接”；《中共中央 国务院关于实施全面两孩政策 改革完善计划生育服务管理的决定》提出“构建有利于计划生育的家庭发展支持体系”；《中华人民共和国国民经济和社会发展第十四个五年规划和2035年远景目标纲要》提出“推动实现适度生育水平”“增强生育政策包容性，推动生育政策与经济社会政策配套衔接，减轻家庭生育、养育、教育负担，释放生育政策潜力”“发展普惠托育服务体系，健全支持婴幼儿照护服务和早期发展的政策体系。加强对家庭照护和社区服务的支持指导，增强家庭科学育儿能力”；2021年5月31日中共中央政治局会议作出“进一步优化生育政策、实施一对夫妻可以生育三个子女政策及配套支持措施”的战略安排；2021年7月20日公布的《中共中央 国务院关于优化生育政策 促进人口长期均衡发展的决定》强调“优化生育政策”，重点是“取消社会抚养费等制约措施、清理和废止相关处罚规定，配套实施积极生育支持措施”。这一系列要求其实都是把优化生育政策的关注点放在了生育支持政策上。所以，生育支持政策既可以理解为生育政策的组成部分，也可以理解为与生育数量政策相关联的社会政策。推进生育支持政策体系建设，既是优化或完善生育政策的题中应有之意，有利于丰富生育政策的内容，也是完善国家政策体系、保障政策的系统性和关联性、实现政策之间相互支撑的重要举措。

二、现行生育支持政策的目标和内容

任何一项社会政策，都会对政策目标、实施主体、主要内容等作出明确规定，生育政策也不例外。下面按上述要素对河北省现行生育支持政策作出具体分析。

（一）现行生育支持政策的目标

生育支持政策的目标就是实现生育政策的具体要求。之所以制定实施生育支持政策，是由于生育主体的生育意愿和生育行为与国家生育政策要求之间存在一定差距，为了使生育主体的生育意愿和生育行为与国家生育政策的具体要求相一致，就需要制定实施有利于生育政策落地的配套政策，吸引育龄群众按生育政策要求安排生育行为。

一般说来，生育主体的生育意愿和生育行为与国家生育政策要求完全一致的情况几乎是不存在的，妇女生育水平或总和生育率也很难与国家生育政策要求完全一致。在生育政策要求的生育子女数小于生育主体意愿生育子女数的情况下，为了实现生育政策目标，就需要制定实施鼓励少生的经济社会配套政策。我国在实行“提倡一孩”生育政策时期，为了实现“提倡一孩”的生育政策目标，实行的奖励独生子女及其家庭的政策就是如此。目前，国家生育政策要求的生育子女数大于生育主体意愿生育子女数：生育政策要求“一对夫妻可以生育三个子女”，但多项生育意愿调查数据均显示，育龄群众的意愿生育子女数仅在 1.8 左右，与生育三个孩子的政策要求相比存在很大差距。那么，为什么在严格实行“提倡一孩”的计划生育政策时期，很多育龄夫妇宁愿承受难以承担的经济处罚，甚至冒着被“双开”的行政处罚风险，也要“超生”，而现在国家政策提倡和鼓励生育三孩，群众的生育意愿反而降为不到两个孩子了呢？多项生育意愿调查数据证实，生育孩子成本飙升所导致的经济压力大，家庭照料资源缺乏和社会托育机构不足所导致的没有人照看孩子，生育女性照料孩子与就业和职业发展之间的矛盾所导致的机会成本难以承受，成为多数育龄夫妇不愿意生育二孩、三孩的主要原因，甚至一部分育龄夫妇自愿选择“丁克”家庭。在生育意愿普遍低迷的现实情况下，要想让育龄夫妇按“三孩政策”要求安排自己的生育行为，就必须通过社会支持政策给予足够的补偿，帮助生育家庭解决生育、养育和教育中的困难和问题，弥补生育的机会成本。

制定实施生育支持政策是政策体系整体性、协调性、互动性的客观要求。所谓政策，按照《现代汉语词典》的解释，指的是“国家或政党为实现一定历史时期的路线而制定的行动准则”①。事实上，很多政策的出台，都是为了实现特定的任务和目标，所以政策具有针对性、实用性等特点。生育政策更是一项具有较强针对性的政策，服务于特定时期的社会发展目标和人口发展目标。1980 年 9 月 7 日，时任国务院总理华国锋在五届人大三次会议上的工作报告中提出：“国务院经过认真研究，认为在今后二三十年内，必须在人口问题上采取一个坚决的措施，就是除了在人口稀少的少数民族地区以外，要普遍提倡一对夫妇只生育一个孩子，以便把人口增长率尽快控制住，争取全国总人口在本世纪末不超过12 亿。”② 我国一般都把“一孩化”政策归于 1980 年 9 月 25 日发表的《中共中央关于控制我国人口增长问题致全体共产党员、共青团员的公开信》，那么，中共中央《公开信》为什么要提出“提倡一对夫妇只生育一个孩子”这样一项政策呢？这从《公开信》开篇前两句话即可看出来：“为了争取在本世纪末把我国人口总数控制在 12 亿以内，国务院已经向全国人民发出号召，提倡一对夫妇只生育一个孩子。这是一项关系到四个现代化建设的速度和前途，关系到子孙后代的健康和幸福，符合全国人民长远利益和当前利益的重大措施。”③ 从中可以看到，“提倡一孩”

---

① 中国社会科学院语言研究所词典编辑室．现代汉语词典［M］．5 版．北京：商务印书馆，2005：1741.

② 彭珮云．中国计划生育全书［M］．北京：中国人口出版社，1997：40.

③ 彭珮云．中国计划生育全书［M］．北京：中国人口出版社，1997：16.

政策的提出，最直接的政策目标主要有二：一是为了实现“在本世纪末把我国人口总数控制在十二亿以内”的人口发展目标；二是服务于实现“四个现代化”的社会发展目标，因为人口状况“关系到四个现代化建设的速度和前途”。之所以必须“在本世纪末把我国人口总数控制在十二亿以内”，是因为当时我国已经确定了“在本世纪末”实现“四个现代化”的社会发展目标，而当时所说的“四个现代化”的一个主要标准就是人均国民收入达到一千美元。可见，实现“四个现代化”的社会发展目标，不仅取决于社会经济发展水平，而且还与人口数量变化息息相关。按照当时的思路，只有在提高社会经济发展水平（分子）和控制人口增长（分母）两个方面同时用力，才能提高人均收入水平，进而实现现代化。按照一些学者当时的计算，只有采取提倡一对夫妇只生育一个孩子的政策措施，降低人口的“分母效应”，才能保证这一任务目标的实现。“争取在本世纪末把我国人口总数控制在十二亿以内”的人口发展目标和“提倡一对夫妇只生育一个孩子”的生育政策就是这样提出来的。

再看现行生育政策。我国实行了三十多年“提倡一孩”的生育政策，生育率有了显著下降，人口增长速度得到严格控制，但这种“急刹车”式的控制方式同时也导致了人口结构失调，特别是人口老龄化速度过快和出生人口性别比长期失调的问题，成为人口长期均衡发展的重要不利因素。为了矫正以往长期推行的过左生育政策，推进实现人口长期均衡发展，充分发挥人口因素的基础性、全局性和战略性作用，保持我国的人力资源禀赋优势，为建设富强民主文明和谐美丽的社会主义现代化强国、实现中华民族伟大复兴的中国梦提供坚实的人力资源基础，我国自2015年起连续对生育政策作出重大调整，结束了“提倡一孩”的政策，开启了“全面两孩”政策和“三孩政策”的新时代。然而，从“全面两孩”政策和“三孩政策”的实施情况看，效果并不理想，究其原因主要在于生育主体的生育意愿低迷，很多育龄夫妇不愿生育二孩和三孩。从政策上说，允许生育二孩、三孩了，但部分育龄群众却不愿生、不想生。之所以不愿生、不想生，其实对于多数人而言，并非真的不愿生、不想生，而是生不起、养不起、没人看、影响工作和职业发展，这些困难成为多数人二孩、三孩生育的“拦路虎”。因此，要使育龄群众能够按政策生育，就应当切实帮助他们解决上述困难，而帮助他们解决困难的办法，就是制定实施生育支持政策。反过来说，制定实施生育支持政策，就是为了保障生育政策目标的实现。

（二）现行生育支持政策的主体

生育支持政策的主体可以分为政策实施主体和政策受益主体。

政策实施主体指的是支持生育行为的政策主导者和施行者以及社会力量，既包括制定生育支持政策的各级政府，也包括执行生育支持政策的主管部门及其他相关政府部门，还包括婴幼儿童服务机构（如托儿所、幼儿园、学校等）、社会公益组织和志愿者组织等。在这些主体中，政府是主导者，主要职责是统筹规划生育支持政策的顶层设计，提供生育支持资源，协调包括有关部门和专业机构、社会组织在内的政策实施者，制定针对生育主体的生育支持政策以及面向政策实施者的有关部门和专业机构、社会组织支持生育行为的活动和规划的具体措施。卫生健康部门是生育支持政策的具体组织者和实施者，具有为政府制定相关支持政策提供方案、科学实施支持政策，联系和协调其他相关部门携手合作、共同支持生育行为的职能；财政部门负责生育支持政策所需要的资金安排，为政府以购买服务的方式鼓励和支持专业机构和社会力量积极参与生育支持政策的落实提供资金保障；其他相关部门则是在各自职责范围内，充分利用部门资源和系统优势，积极主动地参与配合，为形成生育支持的社会合力出力；社会组织和社会力量（包括社区、社工、志愿者等），尤其是计划生育协会，主要是发挥技术力量强、人才荟萃、贴近基层、联系群众方便等优势，承担落实生育支持政策的具体项目，如组织社区照料服务中心、邻里互助等工作。此外，还应当鼓励和支持作为非正式支持力量的亲属、朋友、邻里等，利用亲情、友情、熟人效应，为需要支持的生育家庭提供力所能及的帮助，如“喘息服务”等，帮助生育家庭解决生育中的各种困难。①

政策受益主体或生育支持政策的作用对象，指的是有生育意愿的育龄夫妇和生育者、婴幼儿及其家庭。政府之所以要制定政策支持生育者和生育家庭，有关部门、专业机构和社会组织之所以参与到生育支持政策落实中来，是由于现代社会的生育行为已经完全不同于传统社会了。在传统社会，家庭既是消费单位，也是生产单位，生育基本上属于家庭的私事。在现代社会，社会化程度越来越高，个人和家庭与社会的联系越来越密切，个人的生存与发展越来越离不开社会，生育既是家庭的私事，也是社会的大事、国家的大事、民族的大事。对家庭而言，孩子可以提供经济支持和家务服务，尤为重要的是可以作为家庭养老不可或缺的基本资源；对国家和社会而言，家庭生育的孩子成长为劳动力后，会参加经济社会活动，可以作为社会财富的创造者为经济社会发展做贡献，更何况生育还是实现社会可持续发展的重要基础。因此，生育具有社会价值是确定无疑的。② 既然生育既是家事，也是国事，具有社会价值，那就应当建立生育成本分担机制，由家庭、社会和国家共同承担生育成本。不少学者就提出了生育具有社会价值、育儿成本应该共同承担的观点。穆滢潭和原新认为，孩子属于公共产品，应当由国家、社会和家庭共同承担育儿成本。③ 从目前情况看，生育成本的确是由家庭和国家分担的，只不过家庭承担的比重过大，对很多家庭构成了巨大压力，一些家庭才不想生育二孩、三孩。其实，在“不想生”的背后，是“不敢生”和“生不起”，是对二孩、三孩生育望而生畏。为了提振育龄群众的生育意愿，落实中央“鼓励按政策生育”的精神，就应当制定实施生育支持政策，把生育者、生育家庭及其孩子作为生育支持政策的受益对象。这

---

① 吕红平，吕静．生育政策调整后计划生育奖励扶助政策改革研究［M］．北京：人民出版社，2021：149-150．

② 吕红平，吕子晔．“老人老办法，新人新办法”奖励扶助制度改革之我见［J］．河北大学学报（哲学社会科学版），2018，43（1）：126-133．

③ 穆滢潭，原新．“生”与“不生”的矛盾——家庭资源、文化价值还是子女性别？［J］．人口研究，2018，42（1）：90-103．

既是把生育当“国事”的反映，也体现着国家对生育的责任[①]，对提升育龄群众生育意愿、提高整体生育水平具有重要意义。

（三）现行生育支持政策的内容

2021年11月23日修订的《河北省人口与计划生育条例》第一条，规定了“调控人口数量，提高人口素质，推动实现适度生育水平，优化人口结构，促进人口长期均衡发展”的内容。这既是对人口与计划生育政策目标的规定，也是对生育支持政策目标的规定，因为生育支持政策的目标就是实现生育政策的具体要求。《条例》第四条“各级人民政府领导本行政区域内的人口与计划生育工作”，实际上明确了各级政府在生育支持政策制定实施中的主体作用；“县级以上人民政府卫生健康主管部门负责本行政区域内的计划生育工作和与计划生育有关的人口工作”的规定，明确了政策实施的主管部门；“县级以上人民政府其他有关部门应当履行人口与计划生育工作职责，并在各自的职责范围内制定具体措施，共同做好有关的人口与计划生育工作”，明确了相关部门的责任。《条例》第三条“实施计划生育基本国策是全社会的共同责任”和第五条“工会、共产主义青年团、妇女联合会等社会团体，应当协助人民政府做好人口与计划生育工作”，则是对社会组织承担相关工作、形成社会合力作出的规定。《条例》用更大的篇幅对生育支持的主要内容作出具体规定，这些规定主要体现在“奖励与社会保障”部分。

与以往《条例》相比较，本次修订在鼓励按政策生育方面主要有以下几点变化：

1. 突出政策导向，增加了三孩产假时间

按《条例》规定：“除享受国家规定的产假外，生育第一、二个子女的延长产假六十天，生育第三个以上子女的延长产假九十天。”这一规定

---

① 吕红平，吕静．生育政策调整后计划生育奖励扶助政策改革研究［M］．北京：人民出版社，2021：176-178.

明确地包含着鼓励三孩生育的意思，但“生育第三个以上子女”的限定词不够严谨，暗含着鼓励三孩以上生育的意思，但实际执行中生育四孩及以上的夫妇并不能享受“延长产假九十天”的奖励。按照国家政策要求，应当鼓励按政策生育，具体说来，就是鼓励三孩生育，但对三孩以上生育既不鼓励、也不惩罚。而河北省《条例》中“生育第三个以上子女的”的表述，实际上没有分清三孩和三孩以上的政策界限。

2. 基于家庭视角，增设了育儿假和老年人护理假

考虑到家庭在抚幼养老方面的特殊功能，《条例》增设了育儿假和护理假。关于“育儿假”，《条例》规定：“三周岁以下婴幼儿父母双方每年可以享受各十天育儿假。”育儿假的设立，对于解决三岁以下婴幼儿生病后照料问题具有重要作用，既体现了“儿童优先”原则，也体现了人性化原则。其实，在之前未设立这一假期的情况下，在职人员的孩子生病后也会因为给孩子看病和照料孩子向单位请假，设立这一假期后，相当于把请假变为法定假，既符合法制化、均等化原则，也符合实际情况。关于老年人护理假，《条例》规定：“老年人患病住院期间需要二级以上护理的，其子女所在用人单位应当给予独生子女每年累计不少于十五天的护理照料时间，给予非独生子女每年累计不少于七天的护理照料时间。”这一规定既照顾了老年人患病住院期间需要子女陪床护理的实际需要，也考虑了独生子女与非独生子女的区别，体现了对实行“一孩化”政策时期响应国家号召家庭的特殊照顾。但是从表面上看，非独生子女的护理假少于独生子女，而实际上非独生子女的护理假合并起来并不一定比独生子女少。如果有两个子女，那么只比独生子女少一天；但如果有三个子女，加起来的护理假还会比独生子女多出六天。其中“不少于”的表述，使护理假有了较大弹性，但也存在不够严谨，并且有可能由此引发个人与单位纠纷的问题。

3. 保障女性就业权益，为生育女性提供就业服务

针对部分育龄夫妇在生育照护与就业和职业发展之间存在的突出矛盾，《条例》不仅作出了“妇女怀孕、生育和哺乳期间，按照国家和本省有关规定享受特殊劳动保护，并可以获得帮助和补偿”的规定，而且要求“县级以上人民政府及其有关部门应当依法保障妇女就业合法权益，为因生育影响就业的妇女提供就业服务”。这一规定有利于应对当前就业形势紧张、就业竞争加剧的情况下，女性尤其是生育女性就业更容易受到冲击的问题，充分保障女性的就业权益，推进男女平等基本国策的进一步落实。

4. 强化家庭照护功能，重视社会托育事业发展

针对家庭缺乏照护资源的情况，《条例》对婴幼儿照护作出了较为全面、系统、详细的规定，既明确要求县级以上人民政府加强对家庭婴幼儿照护的支持和指导，在城乡社区建设中建设与常住人口规模相适应的婴幼儿照护活动场所及配套服务设施，在公共场所和女职工比较多的用人单位配置母婴设施，采取综合措施推动建设普惠托育服务等，也对医疗卫生机构提出了“为婴幼儿家庭开展新生儿访视、预防接种、疾病防控等服务，提供膳食营养、生长发育、安全防护等健康指导”的要求，还作出了“鼓励商业保险机构开发托育机构综合责任保险”“鼓励和引导社会力量兴办家庭托育点，并加强家庭托育点重点管理。支持隔代照料、家庭互助等照护模式”等规定。这样的规定，体现了生育的社会属性和社会价值，有利于构建生育成本多元主体共同承担的机制。

5. 照顾多子女家庭，实行差异化福利政策

按《条例》规定：“县级以上人民政府在配租公租房时，对符合当地住房保障条件且有未成年子女的家庭，可以根据未成年子女数量，按照规定予以适当照顾。县级以上人民政府可以根据家庭养育未成年子女负担情况，研究制定差异化租赁和购买房屋的优惠政策。”这一规定既有利于家庭共同生活，也有利于隔代照料；既是强化家庭功能、推进隔代养育的有效措施，也是解决家庭缺乏婴幼儿照料资源、提升育龄夫妇生育意愿的重要举措。

三、现行生育支持政策的不足之处

从河北省现行生育支持政策看，在经济支持和照料支持上力度较大，但仍然存在一些局限性和需要改进的地方，主要有以下几点：

（一）精神性支持不足

河北省现行生育支持政策中对经济支持和照料支持比较重视，但是对精神支持重视不够。事实上，人的需求是多方面的，既有物质需求，也有服务需求，还有精神需求。作为一项社会政策，生育支持政策已经照顾到了前两个方面，但对后一个方面并没有提及。事实上，在中国人的精神需求中，一个非常重要的方面就是对“面子”的需求。因为在中国传统文化中，“面子”是根植于文化的社会心理结构。生活在某一特定群体中的人都自觉不自觉地接受着文化的熏陶和塑造，经过数千年的华夏文化塑造逐步形成了“面子”文化，人们极其重视“面子”。“面子”文化从个体层面来说，指的是个人的心理特征、心理倾向、人格气节、道德品质等；从社会层面来说，指的是国家的政治、经济、社会环境所塑造的文化现象。在中国，“面子”是一种特殊甚至是一种独特的文化现象，它飘忽不定、捉摸不透，但又无处不在，无人不重视。一个人的穿衣、说话、办事、交往，都处处彰显着“面子”现象，可以毫不夸张地说，“面子”已经成为中国人的精神纲领和为人处事的哲学。因此，下至平民百姓，上至达官贵族，无论在哪个层面或人群都能捕捉到“面子”的影子。[①] 林语堂认为，脸面是心理上的，而不是生理上的。中国人生理上的面孔固然很有意思，而心理上的面孔则更为迷人，更值得研究。这个面孔不能洗也不能刮，但可以“得到”，可以“丢掉”，可以“争取”，甚至可以“作为礼物送给别人”。这里我们触及了中国人社会心理最为微妙奇异之处。它抽象，不可捉摸，却是中国人调节社会交往最细

① 马庆林. 中国面子文化与法律语言：“博弈—互补”范式［D］. 西安：陕西师范大学，2018.

赋的标准。[①] 中国人对“面子”的重视表现在对获得“面子”的渴望和丢失“面子”的恐惧两个方面。为了获得“面子”，可以牺牲实际利益，甚至付出生命的代价也在所不惜。这一点常常让外国人感到荒唐可笑，难以理解。而对于“丢面子”的恐惧，可能是中国社会最强烈的道德推动力，比基督教徒对地狱的害怕还要强烈。因此，即使丢了“面子”，也要想方设法补回来。[②]

美国心理学家马斯洛（Abraham H. Maslow）在 1943 年《人类动机理论》中提出并全面系统地阐述了人类需求层次理论。他认为，人的需求通常可以分成五个层级：生理需求、安全需求、社交需求、尊重需求和自我实现需求。在这五种需求中，层次低的需求需要首先得到满足，只有较低层次的需求得到满足后，才有可能产生更高层次的需求。[③] 也就是说，需求的产生是分层级的，不可跨越，亦不可颠倒。马斯洛需求层次理论中的后三个层次，都涉及精神需求问题，这也说明精神需求是比物质需求更高层次的需求。

即使在现代社会，中国人也非常重视“面子”，因而没有人会对精神需求持无所谓的态度。从这个意义上说，生育支持政策也应当包括能够满足人们精神需求的内容。从生育控制实践看，20 世纪八九十年代我国能够在群众生育意愿非常强烈的情况下实现生育率转变的伟大成就，既有政策法规约束、经济处罚限制的作用，也有表彰和鼓励先进（给“面子”）、批评和惩处违规者（驳“面子”）的作用。从现在的法规制度看，恰恰缺乏对按政策生育者补“面子”，即精神鼓励的内容。

（二）生产性支持不足

河北省现行生育支持政策中，对支持生育家庭发展生产方面的发展性支持重视不够的问题较为突出。无论是增加产假和陪护假、设立育儿

---

① 林语堂. 中国人（全译本）[M]. 郝志东，沈益洪，译. 上海：学林出版社，1994：203.

② 刘建金. 面子文化与中国家庭道德教育审视［J］. 中国德育，2017（3）：16-20.

③ 马斯洛. 人类动机理论［M］. 许金声，译. 北京：中国人民大学出版社，2007：13-20.

假和老年人护理假、保障女性就业权益，还是重视社会托幼事业发展、研究制定差异化租赁和购买房屋的优惠政策，其实都是给予生育家庭物质支持，对于帮助生育家庭解决暂时经济困难有一定作用，但是却不能帮助生育家庭解决生产经营方面的发展性问题，对提升家庭发展能力重视不够。古语云："授人以鱼，不如授人以渔。"说的就是"送给别人一条鱼能解他一时之饥，却不能解其长久之饥，如果想让他永远有鱼吃，不如教会他捕鱼的方法"，有鱼吃是目的，会钓鱼是手段。这句话说明，要想帮助他人从根本上解决生活困难，传授给他人解决困难的方法才最为重要。这也提示我们，生育支持政策不能仅局限于物质方面的"给予式"支持，还应提供方法手段的"给予式"帮助，即帮助生育家庭发展生产项目，解决长久之计，尤其对农村居民而言，这种帮助更受欢迎，也更为有效。这是由于：一方面，从现行经济支持政策看，针对城镇居民的多，针对农村居民的少，而农村经济条件差的现实情况决定着农村居民更需要帮助；另一方面，农村家庭在很大程度上还维持着生产功能，具有组织生产的职能，生育孩子必然影响到生产活动，因此生育对生产的影响远远大于城镇居民；再一方面，生育意愿低迷已经成为影响"三孩政策"实施的重要不利因素，但生育意愿是有差异的，农村居民的生育意愿高于城镇居民的情况，决定了在提升生育水平上农村的潜力更大，对于农村家庭给予更大力度的生育支持，对提升生育水平和生育意愿会起到更大的作用。在通过支持发展生产实现其他工作目标方面，我国是有成功经验的。例如，我国扶贫工作方式由"输血"式扶贫向"造血"式扶贫的转变，就成为帮助农村贫困地区群众脱贫致富的有效方法。再如，我国以往计划生育工作中“三结合”① 的经验和方针，同样成为吸引群众实行计划生育的有效方法。在完善生育支持政策体系工作中，应当借鉴上述思路和做法，增加针对生育家庭的发展性支持内容。

（三）福利性支持不足

在河北省现行生育支持政策措施中，基本上都是实际“给予”性的。其实，还有一种支持，不是直接“给予”物质利益，而是通过减少家庭支出使家庭受益，这同样可以起到“给予”的作用，而且这种“给予”不仅包含物质给予，还包含“面子”给予。在这方面，我国以往的福利政策都有成功的经验。

例如，我国在实行计划生育以前，《公路汽车旅客运输规则》和《铁路旅客运输规程》都规定：每一成人旅客可免费携带 2 名身高不足 1 米的儿童；超过 2 名时，超过的人数应购买儿童票。这一规定就是变相减少家庭支出，属于不是直接“给予”的“给予”，体现了鼓励生育的政策导向。实行“提倡一孩”生育政策后，为了体现政策的导向性，1980 年 11 月 22 日制定、1981 年 4 月 1 日起执行的《公路汽车旅客运输规则》规定：每一全票，可免费随带身高 1.1 米以下的儿童 1 名（不供给座位），超过 1 名时应按超过人数购买儿童票。1980 年 7 月 1 日铁道部公布实行的《铁路旅客运输规程》规定：身高 1 米至 1.3 米的小孩乘车时，应随同大人购买座别相同的小孩客票、加快票，但不能超过大人的到站。超过 1.3 米的小孩应购买大人票。每一大人可免费携带身高不够 1 米的小孩一名；超过一名时，超过的人数应购买小孩票。1997 年 12 月 1 日

---

① “三结合”，是计划生育工作“三结合”的简称。指的是在计划生育工作中，要坚持做到把计划生育工作同发展农村经济相结合、同农民勤劳致富奔小康相结合、同建设文明幸福家庭相结合，通过为农民群众提供生产、生活、生育方面的服务，首先帮助实行计划生育的家庭尽快脱贫致富，并带动更多的家庭少生、快富、奔小康。早在 20 世纪七八十年代，中国一些地方就开始探索把计划生育与扶贫工作相结合、与发展生产相结合的实践。进入 90 年代以后，一些省、市系统总结出“三结合”的计划生育工作模式，很快便得到国务院和国家计划生育委员会的充分肯定，计划生育“三结合”开始在全国得到迅速推广。

铁道部公布实行的《铁路旅客运输规程》规定：随同成年人旅行身高1.1—1.4米的儿童，享受半价客票、加快票和空调票（以下简称儿童票）。超过1.4米时应购买全价票。每一成人旅客可免费携带一名身高不足1.1米的儿童；超过一名时，超过的人数应购买儿童票。2010年12月1日施行的《铁路旅客运输规程》，根据儿童身高变化，把可免费携带儿童的身高修改为1.2米，其他条款维持不变。应该说，公路和铁路运输规则中关于成年旅客免费携带儿童数量限定为1名的规定，都是与1980年9月25日中共中央发表的《公开信》中“提倡一对夫妇只生育一个孩子”的生育政策相一致的，体现了法律法规的整体性和协调性。[①] 实施“三孩政策”后，我们一方面努力建设儿童友好型社会，但成人乘车免费携带一名儿童的规定依然如故，并没有作出相应的修订。

根据2022年11月17日澎湃新闻的报道：新《铁路旅客运输规程》2023年起实施，儿童票按年龄或身高销售。其中第十二条规定：实行车票实名制情况下，未满14周岁或者未实行车票实名制情况下身高不足1.5米的儿童，应当随同成年人旅客旅行。实行车票实名制的，每一名持票成年人旅客可以免费携带一名未满6周岁且不单独占用席位的儿童乘车；超过一名时，超过人数应当购买儿童优惠票。年满6周岁且未满14周岁的儿童应当购买儿童优惠票；年满14周岁的儿童，应当购买全价票。未实行车票实名制的，每一名持票成年人旅客可以免费携带一名身高未达到1.2米且不单独占用席位的儿童乘车；超过一名时，超过人数应当购买儿童优惠票。身高1.2米且不足1.5米的儿童应当购买儿童优惠票；身高达到1.5米的儿童，应当购买全价票。[②] 很显然，这一尚未正式颁布执行的《规程》，仍然遵循了计划生育时期每一名持票成年人旅客可以免费携带一名儿童的原则，并不符合鼓励生育的原则。

---

① 吕红平，吕静. 生育政策调整后计划生育奖励扶助政策改革研究［M］. 北京：人民出版社，2021：197.

② 新“铁路客规”明年起实施，儿童票按年龄或身高销售［EB/OL］.（2022-11-17）［2022-12-20］. https://view. inews. qq. com.

当然，《公路汽车旅客运输规则》和《铁路旅客运输规程》是全国性的规章，河北省既不是制定主体，也没有权利不执行。但是，河北省仍然可以制定实施鼓励生育的省内、市内公共交通规程，增加免费携带特定年龄、特定身高的儿童人数，甚至可以完全免除儿童乘车费用，以体现鼓励生育的政策导向。在这方面，一些城市已经在探索和改革方面走在前列，形成了可资借鉴的做法。

再就是以个人为征收单位的《所得税》制度，也存在与“三孩政策”不相适应的问题。我国2011年6月30日公布、2011年9月1日起施行的《个人所得税法》，是以个人为征收单位的；2018年修订的《个人所得税法》只是提高了起征点，由原来的月收入3500元变为年收入6万元，增加了专项扣除、专项附加扣除和依法确定的其他扣除项目，但依然以个人为征收单位。这种以个人收入为计征基础的税收制度，对于不同规模的家庭来说，会在一定程度上影响到人均收入。例如，在不考虑专项扣除、专项附加扣除和依法确定的其他扣除的情况下，一个家庭中的夫妻双方均为城镇单位就业人员，个人年平均工资10万元（2020年全国城镇单位就业人员年平均工资为97 397元），有2个孩子，那么在2018年修订后的个人所得税制度下，夫妇二人应当缴纳税金8000元，家庭人均可支配收入为4.8万元。如果将计征单位由个人工资收入改为家庭人均收入，且仍以6万元为计征起点的话，这个家庭的年人均收入还达不到起征点，无须纳税，年人均可支配收入为5万元，比现行税制下家庭年人均收入多出2000元。可见，如果能将计征单位由个人收入改为家庭人均收入，在同样工资水平下，就可以减少多孩家庭的缴税负担，增加家庭实际人均收入，增强家庭生育抚养孩子的能力，这对于中低收入群体来说，支持作用会更为显著。①

还有一些其他涉及收费项目的福利性部门或行业规定，如收费性娱

① 吕红平，吕静. 生育政策调整后计划生育奖励扶助政策改革研究［M］. 北京：人民出版社，2021：197-198.

乐场所和旅游景点成人免费携带儿童人数，也应该与“三孩政策”相一致，充分体现国家法规体系的协调性和一致性，切实保障各项法规政策同向发力。

（四）单位外人员支持不足

在《河北省人口与计划生育条例》规定的生育支持政策中，多数具体支持措施并非针对全体居民，而是只覆盖了部分特定人群。例如，《条例》中所说的婚假、产假、护理假，实际上只对国家机关和事业单位工作人员、部分企业员工等人员才有实际意义，因为只有这部分人能够从中受益，对农村居民、部分城镇就业者（如一些小微企业员工、个体经营人员等）和无业者而言，这些假期的规定根本就不适用，因为他们的所有时间都是自主安排、自由支配，一天不工作，就一天没有收入，不会得到任何补助。其实，即使一些人属于职工范畴，但只要用人单位没有按规定缴纳生育保险费，职工也就不能享受生育保险待遇。至于农村居民、部分小微企业员工、个体经营人员和无业者等，就更不能享受生育保险待遇了，而只能按照《河北省人民政府关于建立统一的城乡居民基本医疗保险制度的意见》报销有关医疗费用，没有任何生育补助。

再就是《条例》第三十三条“依法领取《独生子女父母光荣证》的独生子女父母”可持证享受的奖励条款之二“独生子女父母，是国家工作人员、企业事业单位职工的，退休时分别给予不低于三千元的一次性奖励；是农村居民、城镇无业居民的，年老丧失劳动能力时，给予适当补助”之规定，并没有明确“农村居民、城镇无业居民的，年老丧失劳动能力时，给予适当补助”的落实主体，也就是说，并没有明确由谁“给予适当补助”。从河北省县级以下财政情况看，现实中基本上都不具备向年老丧失劳动能力的农村居民和城镇无业居民中的独生子女父母发放补助的能力，这就是以往的《条例》均有此项规定，但很少有居民能够得到实际补助的原因所在。

（五）对单位的支持不足

对生育女性和生育家庭给予必要的支持是落实国家生育政策的需要。从《河北省人口与计划生育条例》规定的婚假、产假、护理假看，可以说都是政府给予部分群众的福利待遇，但承担的主体基本上都是单位，形成了政府出政策、单位出资金的局面。按照《中华人民共和国社会保险法》之规定："职工应当参加生育保险，由用人单位按照国家规定缴纳生育保险费，职工不缴纳生育保险费"；"用人单位已经缴纳生育保险费的，其职工享受生育保险待遇；职工未就业配偶按照国家规定享受生育医疗费用待遇。所需资金从生育保险基金中支付"；"生育保险待遇包括生育医疗费用和生育津贴"。这里包含两层意思：一是只有职工才能享受生育保险待遇；二是只有用人单位为职工缴纳生育保险费，其职工才能享受生育保险待遇。这说明，职工是否能够享受生育保险待遇，取决于用人单位是否按规定缴纳生育保险费。如果说生育保险费的征缴是以职工人数为基准，与女性职工人数没有关系，单位缴费负担没有区别，婚假和护理假针对的是男女双方，也与女性职工人数没有关系的话，那么涉及产假期间待岗人员的工资支出，以及为待岗人员安排的技能培训或进修增加的企业支出，则只涉及生育女性所在的单位。这一笔支出对于单位应该说是额外支出，是要增加企业成本的。这也正是一些用人单位不愿意招用女性，一些育龄女性在生育与就业和职业发展之间存在"两难选择"的原因所在。如果能够用"国库"保"国策"的办法，即由财政统筹解决，向单位（尤其是企业）给予支持的话，这个问题自然也就不会存在了。这样做，既可以解决单位招人过程中的性别歧视，也可以缓解女性生育与就业之间的矛盾，促进生育政策落实，乃一举多得之策。

（六）不合时宜的过时政策清理滞后

《中共中央 国务院关于优化生育政策 促进人口长期均衡发展的决定》明确指出："取消社会抚养费等制约措施。取消社会抚养费，清理和废止相关处罚规定。将入户、入学、入职等与个人生育情况全面脱钩。依法依规妥善处理历史遗留问题。"《决定》提出的"将入户、入学、入职等与个人生育情况全面脱钩"，实际上就是要求全面清理和废止所有与现行"三孩政策"不相一致的法规政策，在所有领域不再与生育状况挂钩。当然，这里所说的"所有领域不再与生育状况挂钩"，应当是自"三孩政策"颁布实施之后。即使生育四孩及以上孩子，也不再追究和处罚，其实这才符合《中共中央关于制定国民经济和社会发展第十四个五年规划和二〇三五年远景目标的建议》和《中华人民共和国国民经济和社会发展第十四个五年规划和2035年远景目标纲要》中所提出的"增强生育政策包容性"的意思。2022年8月19日《财经头条》的一则报道使用批评性语言提到：在河北省卫健委公布保留的规范性文件中，仍然保留着《关于在领导干部选拔任用中做好计划生育情况审核工作的通知》（以下简称《通知》），显示河北省在干部选拔和任用中仍然审查计划生育相关情况。该《通知》是2003年12月19日由中共河北省委组织部、河北省人事厅和原河北省人口计生委联合发布的，要求"在选拔任用各级各类机关、企事业单位、人民团体的副科级及其以上领导干部（含非中共党员领导干部和非领导职务干部）时，要将计划生育情况的审核纳入干部选拔任用程序，并作为一项制度长期坚持下去"。《通知》还规定了计划生育情况审核应当包括的内容：对领导干部个人生育（含收养，下同）情况的审核和领导干部所负责区域（单位）计划生育工作完成情况的审核。[①] 按照该报道的意思，现在已经实施"三孩政策"了，国家又提出了"增强生育政策包容性"的要求，就不应当在选拔任用各级领导干部时再审核过去的生育情况了。笔者认为，这是对"法不溯及既往"法治原则的一种误解。因为"法不溯及既往"的基本法治原则，指的是不能用今天的法规政策去约束或处理昨天的行为。按照过去的计划生育政策，

---

① 赵孟．三孩政策满周年，多省干部考核任用仍需审查生育情况[Z/OL]．(2022-08-19)[2022-11-16]．https://cj.sina.com.cn/articles/view/5182171545/134e1a99902001e4he.

违反计划生育的个人就应当给予处罚，部分人之所以受到计划生育处罚，在档案上有了“污点”，是由于当时没有响应党和政府的号召，没有执行党和政府的政策。现在计划生育政策变了，不能说过去作出的处理就错了，也不能给过去处理过的人进行“平反”。因为“平反”是指当时作出处理的依据错了，或者说当时的政策错了。直到今天，计划生育依然是我国的基本国策，所以可以肯定的是，对当时违反计划生育的个人作出的处理无须“平反”。至于对过去未缴纳或未足额缴纳社会抚养费的家庭不再追缴的做法，则是另外一种情况，体现的是“增强生育政策包容性”的要求。所以，清理和废止相关处罚规定是必需的，应当作出认真、彻底的清理，以后不能再有那样的规定，比如以后任用提拔干部不再把生育情况（如生育四孩等）作为审核的内容，但否定当时任用提拔干部政策把生育情况作为依据的规定，也是不大妥当的。

第八章　河北省完善生育支持政策的对策探讨

上一章系统分析了河北省现行生育支持政策的主要内容以及存在的不足之处，使我们清楚地看到了河北省在生育支持政策构建方面取得的进展以及未来改革和完善的方向与空间。本章结合河北省人口发展形势和生育现状，尤其是针对生育支持政策存在的不足和问题，对如何按照党的二十大提出的“建立生育支持政策体系”要求，改革和完善生育支持政策问题作出探索性研究，并且设计出具有较强针对性和操作性的对策框架。

一、加大生育支持政策改革力度的可行性

河北省生育支持政策存在的不足之处，并非河北省所独有，在很大程度上属于全国性的普遍现象。一个可能的原因就是，一些省级层面的具体政策法规都在等国家出台明确的上位政策法规，在国家没有出台明确的相关政策法规之前，各省似乎都在观望和等待。这种等国家上位政策法规的做法不能说错，这是下位法规不能超越上位法规的立法原则所决定的。但是，国家层面的政策法规从何而来？一般说来，应该是以各地的成功经验为基础，是对各地实践经验升华的结果。因此，各地在国家方向性、原则性政策指导下，开展先行先试，制定地方规章，完全符合改革要求，在程序上毫无问题。更何况，中共中央、国务院近年来已经多次在文件中提到构建与完善生育支持政策问题：2015 年 10 月党的十九大提出“促进生育政策和相关经济社会政策配套衔接”；2015 年 12

月 31 日《中共中央 国务院关于实施全面两孩政策 改革完善计划生育服务管理的决定》提出“建立完善包括生育支持、幼儿养育、青少年发展、老人赡养、病残照料等在内的家庭发展政策，鼓励按政策生育”；2021 年 3 月 13 日《中华人民共和国国民经济和社会发展第十四个五年规划和 2035 年远景目标纲要》提出“增强生育政策包容性，推动生育政策与经济社会政策配套衔接，减轻家庭生育、养育、教育负担，释放生育政策潜力”；2021 年 7 月 20 日公布的《中共中央 国务院关于优化生育政策促进人口长期均衡发展的决定》提出“配套实施积极生育支持措施”；2022 年 10 月 16 日党的二十大提出“建立生育支持政策体系”原则性规定，以及“建立健全支持政策和标准规范体系”“大力发展多种形式的普惠服务”“完善生育休假与生育保险制度”“加强税收、住房等支持政策”的具体要求。应该说，在国家层面已经明确了构建生育支持政策体系的方向、原则、目标、任务等基本框架，完全可以作为各地制定实施具体生育支持政策的根本遵循。上一章提到的一些需要改革完善的生育支持政策，有的可能在省级层面难以作出具体规定，需要国家出台统一的政策，如交通运输规程中每一成人旅客可免费携带儿童人数的规定、《个人所得税法》以个人为征收单位的规定等，在一省范围内很难行得通，但市内交通、省内长途客运、儿童娱乐场所等还是可以开展省级层面先行先试改革的。目前一些城市出台的 13 周岁以下儿童免费乘坐公交车的规定就是一项很好的生育支持政策，河北省当然可以尝试制定实施全省范围的此类政策。《河北省人口与计划生育条例》中提到的很多原则性规定也需要制定具体的实施方案或者单行规章，如第二十四条“县级以上人民政府及其有关部门应当按照国家规定，采取财政、税收、保险、教育、住房、就业和劳动保障等支持措施，减轻家庭生育、养育、教育负担”，第二十八条“县级以上人民政府应当加强对家庭婴幼儿照护的支持和指导，传播科学育儿知识，增强家庭科学育儿能力”，第三十二条“县级以上人民政府在配租公租房时，对符合当地住房保障条件且有未成年子女的家庭，可以根据未成年子女数量，按照规定予以适当照顾。县级以上人民政府可以根据家庭养育未成年子女负担情况，研究制定差异化租赁和购买房屋的优惠政策”，等等。这些规定只具有原则性和方向性，需要制定具体的实施方案或细则才能落到实处。再如，精神性支持和鼓励、生产发展性支持、收费娱乐场所和旅游景点对儿童的免费或优惠等，也都可以制定实施省域范围内的政策措施。对于河北省这样一个生育水平低于全国平均水平的人口大省来说，这种生育支持政策方面的先行先试很有必要，不仅可以促进河北省育龄群体生育意愿和生育水平的提升，还可以为全国出台统一而系统的生育支持政策体系探索路子、积累经验、提供借鉴。

二、改革和完善生育支持政策的指导思想、原则和目标

生育支持政策是实现生育政策要求的基本保障，或者说是服务于生育政策目标的。在育龄群众生育意愿普遍低迷、实际生育水平低于生育政策要求的现实情况下，加强生育支持政策体系建设，提升育龄群众生育意愿，增强育龄群众生育动力，就显得尤其必要而迫切了。下面对河北省改革和完善生育支持政策体系工作中应当遵循的指导思想和主要原则以及合理的目标定位作出论述。

（一）指导思想

坚持以习近平新时代中国特色社会主义思想为指导，贯彻落实中共中央、国务院关于实施三孩生育政策及配套支持措施的文件精神，以及河北省委、省政府有关文件精神，注重人口在经济社会可持续发展中的战略地位和基础作用，科学把握人口生育形势的趋势性变化，根据河北省实际情况，改革生育服务管理制度，提升生育服务管理水平，激发育龄群众生育意愿，增强家庭生育养育能力，推动实现适度生育水平，促进人口长期均衡发展，为建设经济强省、美丽河北提供人力资源支撑，为全面建设社会主义现代化国家、实现第二个百年奋斗目标作出河北贡献。

（二）主要原则

1. 政府尽责

人口是社会生活的重要基础，是影响经济社会协调可持续发展的关键因素，是我国保持大国地位和人力资源禀赋优势的重要因素，是推进实现高质量发展的人力资源支撑。在社会化程度越来越高的当代社会，生育的社会属性越来越突显，已经大大超出了个人和家庭“私事”的范畴，更多的是在满足社会对劳动力的需求，是为人口长期均衡发展和经济社会可持续发展做贡献。按照谁受益、谁补偿的原则，作为公共利益代表的政府理应承担起生育支持的责任①，增加生育养育成本社会化分担的分量，减少单位在生育支持中的责任，减轻家庭的生育养育负担。政府在生育支持上承担更多的责任，既可以降低家庭的生育养育教育成本，也可以减少因担心女性生育影响单位效益而排斥女性就业的现象，从而达到降低经济成本和心理成本的目的，提升育龄群众的生育意愿。从近年来国家层面出台的一些政策文件看，实际上已经把生育支持当成了一项重要的政府职责。我们认为，政府之所以应当承担生育支持的主要责任，其原因主要在于：人口既是综合国力的象征，也是综合国力的基础；人口发展战略既是其他一切发展战略的重要内容，也是其他一切发展战略的重要基础；一切社会发展战略的实施，都必须以人口发展情况为依据，人口发展战略的实现则依赖于与之相适应的生育政策。党的十九大报告在“促进生育政策和相关经济社会政策配套衔接”之后，紧接着就提到“加强人口发展战略研究”；党的二十大则提出“优化人口发展战略，建立生育支持政策体系，降低生育、养育、教育成本”。这样的政策安排正体现了二者之间的内在联系以及人口发展战略的战略意义。我国在“提倡一孩”计划生育政策时期把控制人口增长当作政府重要职能的做法，对取得人口控制显著成效的巨大作用是任何人都难以否认的。

① 陈友华，徐愫. 生育关怀行动若干问题思考［J］. 人口与发展，2010，16（1）：44-47.

同样，在实施“三孩政策”的新时代，在育龄群众生育意愿普遍低迷的现实情况下，人们期望政府通过制定实施生育支持政策提振生育意愿和生育水平，也只有政府能够承担起生育支持的重任。①

2. 人民至上

党的二十大报告强调了新时代中国特色社会主义建设必须坚持人民至上的观点。人民至上的观点与以往以人民为中心的观点相比较，进一步提升了发展为了人民、人民利益高于一切的思想。人民至上，既是马克思主义理论的核心内容和新时代中国特色社会主义的内在要求，也是人民当家做主的主要特征，更是增强人民群众获得感和幸福感的前提条件。人民至上，就要求在完善生育支持政策体系过程中，必须坚持人民主体地位，把人民群众所思所想和利益诉求放在首位，把人民群众生育需求和支持需求放在首位，把人民群众对美好生活的向往放在首位，顺应人民群众期盼，满足人民群众需求，建立健全覆盖全人群、全生命周期的人口政策体系，统筹考虑婚嫁、生育、养育、教育、就业、养老等问题，着力帮助育龄家庭解决生育养育中最直接、最现实、最迫切的困难和问题，扩大育龄群众的生育选择权，消除育龄夫妇生育的后顾之忧，最大限度地释放生育潜能，满足群众多元化的生育需求，使人民群众能够获得更多的“生育红利”。

3. 公平公正

权利平等是现代社会发展的客观要求，公平公正分享政策福利是人民群众的合法权利。我国自 2021 年开始实施“三孩政策”后，完全改变了以往区分城乡、民族、地域的多元化生育政策，法律面前权利平等的原则在生育领域得到了真正体现。与此相适应，在完善生育支持政策体系过程中，必须坚持公平公正原则，取消和弱化因身份不同、政策内孩次不同而形成的各种差异，实行或逐步实行以公平公正为价值取向的生

---

① 吕红平. 完善配套政策：按政策生育的重要保障［J］. 人口与计划生育，2018（11）：23-26.

育支持政策，使相同生育情形的家庭都能够享有相同的获得国家生育支持的权利①。

4. 科学衔接

生育政策由限制生育转变为鼓励生育后，政策支持对象必然会发生重大变化，这是生育支持政策服从和服务于生育数量调节政策的客观要求，也是国家生育政策连续性与协调性相结合的必然要求。然而，与生育数量调节政策的调整相比，生育支持政策调整涉及的情况更为复杂，尤其是对政策支持对象的确认，需要依据生育政策调整前后的具体要求，处理好政策调整前后的衔接问题。当前，为了提升育龄群众生育意愿，推进实现适度生育水平，不少地方制定实施了鼓励生育的经济社会配套政策，实行生育补助和育儿津贴制度、增加托育服务、给予购房照顾等。这些政策措施都是必要的，是提振生育意愿和生育水平的重要措施。但是，在不断扩展生育支持内容、不断增大生育支持力度的同时，也不能忽视以往形成的独生子女家庭的利益诉求，不能让那些响应国家计划生育政策号召只生一个孩子的家庭利益受损。因为在实行计划生育政策几十年的时间里，我国形成了大量独生子女家庭，这些独生子女父母都是当时执行国家生育政策的模范，不仅得到了政策的照顾和支持，不少人还因此受到表彰，享受到政治荣誉。按照修订后的《人口与计划生育法》，对已经获得《独生子女父母光荣证》的夫妻以及农村计划生育双女家庭，仍然要按照国家和省、自治区、直辖市有关规定的各种奖励扶助政策继续给予扶助；独生子女发生意外伤残、死亡的按照规定获得扶助；独生子女奖励扶助政策实行动态调整；独生子女父母进入老年后按照规定继续享受相关奖励扶助。这些规定体现了对历史负责的态度和政策连续性的原则②，包含着“老人老办法，新人新办法”的意思，既有利于

---

① 吕红平，吕子晔.“老人老办法，新人新办法”奖励扶助制度改革之我见［J］. 河北大学学报（哲学社会科学版），2018，43（1）：126-134.

② 吕红平，崔红威，杨鑫.“全面两孩”后的计划生育奖励扶助政策走向［J］. 人口研究，2016，40（3）：82-89.

贯彻落实现行生育政策，也有利于解决好以往计划生育工作中遗留下来的各种问题。

5. **社会协同**

生育支持是一项社会系统工程，需要构建生育友好型社会。落实现行生育政策，不仅需要生育主体自觉践行国家生育政策、生育家庭同心协力做好生育养育辅助工作，还需要各级政府制定实施生育支持政策，社会各界尤其是社会服务、公益组织等社会力量广泛参与，共同帮助生育家庭解决生育养育中的困难和问题。例如，用人单位可以根据岗位类别，探索实行针对生育女性的弹性工作制度或线下线上相结合的灵活工作制度，帮助生育女性平衡生育养育和工作的关系；社区可以联合托幼服务机构或志愿者组织，开展生育养育照料培训咨询活动，或者为生育家庭提供“喘息服务”；各类传播媒体要传播科学、文明的婚育观念，正确解读、阐释现行生育政策的意义和必要性。当然，要实现社会协同和共同参与，还需要国家层面制定实施面向社会力量参与生育支持的支持政策，如向社会组织赋权、政府购买服务等，通过增强社会组织的自我发展能力，扩展其服务领域和服务内容，就可以更好地发挥社会组织服务社会的作用。

6. **守正创新**

守正创新，是党的二十大提出的新时代中国特色社会主义建设必须坚持的重要原则。建立生育支持政策体系，这是我国以往生育政策的大逆转，是由鼓励一孩向鼓励三孩的大转向。虽然我国在实行计划生育政策前有鼓励生育的倾向，但当时的情形与现在的要求相比，简直是天壤之别。国外有不少国家实行鼓励生育的政策措施，但由于体制、文化等方面的差异，国外的做法很难移植到我国。所以，就要求我们坚守人民至上的底线，坚持创新进取的原则，紧跟时代步伐，顺应实践发展，科学认识新生事物，不断拓展认识的广度和深度，构建与新时代中国特色社会主义现代化建设相适应的新人口理论和新型婚育文化理论，指导推进实现适度生育水平和人口长期均衡发展目标的社会实践。在建立生育支持政策体系过程中，要积极探索，大胆创新，敢为人先，突出问题意识和问题导向，紧紧围绕群众关心的问题和实际困难，总结国内各地生育政策实施中的经验教训，借鉴国外生育支持的有益经验，构建生育支持政策的河北方案。

（三）近期、中期和远景目标

《中共中央 国务院关于优化生育政策 促进人口长期均衡发展的决定》提出：到2025年，积极生育支持政策体系基本建立，服务管理制度基本完备，优生优育服务水平明显提高，普惠托育服务体系加快建设，生育、养育、教育成本显著降低，生育水平适当提高，出生人口性别比趋于正常，人口结构逐步优化，人口素质进一步提升。到2035年，促进人口长期均衡发展的政策法规体系更加完善，服务管理机制运转高效，生育水平更加适度，人口结构进一步改善；优生优育、幼有所育服务水平与人民群众对美好生活的需要相适应，家庭发展能力明显提高，人的全面发展取得更为明显的实质性进展。

作为一个人口大省和生育形势不容乐观的省份，河北省既要高标准完成国家提出的上述规划目标，也要根据河北省实际情况，制定实现更高标准的政策目标。2035年前，努力构建与新时代中国特色社会主义现代化相适应的新型婚育文化和家庭文化，大力推动新型婚育文化和家庭文化宣传倡导活动，使新型婚育文化和家庭文化深入人心，并且转化为个体的内在需求，形成大人口观和大生育观，初步建成“生育友好型”社会环境。

到本世纪中叶我国建成富强民主文明和谐美丽的社会主义现代化强国时，河北省社会化服务将同我国同步达到国际先进水平，古代孟子所设想的“老吾老，以及人之老；幼吾幼，以及人之幼”的社会将成为现实，推进“生育友好型”和“家庭友好型”社会的提质升级，提高生育的社会责任感，社会在生育支持中的作用更为突出。

三、改革和完善生育支持政策的基本框架

生育率下降是人类生育行为由必然王国走向自由王国的必然趋势，是社会发展到较高水平后出现的一种必然现象，是社会进步与文明的重要表征。由于人口是社会生活的主体，是经济社会发展的最基本资源，所以人口发展必须与经济社会发展相适应，由此也就决定了只有摆脱极其不利的生育困境，推进实现适度生育水平，才能保障人口长期均衡发展，为经济社会可持续发展提供良好的人口环境和充裕的人力资源。

改革和完善河北省生育支持政策，需要借鉴国外生育支持政策思路，参考国内生育支持政策措施，结合河北省人口生育形势，以现实生育支持政策为基础，以满足群众需求为出发点和落脚点，以推进实现适度生育水平和人口均衡发展、建设经济强省和美丽河北为目标，探索构建更为科学、更为系统、更有力度的生育支持政策体系。

（一）借鉴国外生育支持政策思路

为了鼓励生育，制定实施支持生育政策的做法在国际上早有先例，有的国家已经取得了生育率提升或抑制生育率下降的效果。国外制定实施鼓励生育政策措施的做法，成为我国制定实施生育支持政策时可以有选择地加以借鉴的依据①，当然也可以作为河北省改革完善生育支持政策的重要参考。通过对部分国家生育支持政策的梳理和归纳可以发现，国外生育支持政策主要体现为利用家庭补贴、产假制度和托育服务等三种政策工具，向生育家庭提供支持。

1. 家庭生育补贴制度

法国作为生育率下降至更替水平以下最早的国家，最早实施生育支持政策。法国 1939 年就建立了生育补贴制度。1946 年通过立法设立了

---

① 吕红平，吕静. 生育政策调整后计划生育奖励扶助政策改革研究［M］. 北京：人民出版社，2021：181.

家庭补助基金，给那些愿意生养孩子的家庭发放补贴。从1976年开始，生育补贴已经惠及除15%最富裕家庭之外的大部分法国家庭。法国的生育福利主要包括“家庭津贴”（包括“儿童津贴”“定额津贴”“家庭收入补充津贴”“家庭支持津贴”等）、“幼儿津贴”（包括“生育/收养津贴”“基本津贴”“自由选择工作时间补充津贴”“可选择补充津贴”等）和“特殊家庭津贴”（包括“单亲家庭津贴”“患儿父母津贴”“残疾儿童父母特别津贴”等）。① 法国的生育补贴数量还与胎次有关，胎次越高补贴额度越大，一胎生育每月补助300欧元；如果三年内生育第二胎，每月补助额度就增加到600欧元，直到孩子6岁为止；如果再生育第三胎，补助额度提高到每月900欧元，直到孩子18岁为止。在保育方面，法国孩子的托育费完全由政府承担；如果是双胞胎，政府还可以为生育家庭出资雇佣保姆提供家庭照料服务。②

德国也实行儿童补贴制度，并且同法国一样体现出鼓励多育的政策导向。自1999年开始，第一个孩子和第二个孩子的育儿津贴为每月130欧元，第三个孩子的育儿津贴为154欧元，第四个及之后每个孩子的育儿津贴为179欧元。自2016年起，前两个孩子的育儿津贴增加到每月190欧元，第三个孩子为每月196欧元，第四个孩子为每月221欧元。德国政府还大力支持托幼事业发展，每年用于0—3岁托育机构和3—6岁儿童看护服务的支出多达15亿欧元。政府托幼事业的庞大支出，大大促进了托幼事业发展，减少了家庭育儿费用。③

挪威设立的保障生育家庭利益的福利制度主要包括三个方面的内容：一是儿童福利金，用于支持所有有孩子的家庭，目的是帮助生育家庭支付部分养育孩子的费用。儿童福利金自孩子出生后的第一个月开始支付，直到孩子年满18岁；每一个孩子都可以得到这笔补贴。2014年，儿童

① 马春华. 瑞典和法国家庭政策的启示［J］. 妇女研究论丛，2016（2）：20-23.

② 冯学俊. 法国的家庭补助政策［J］. 法国研究，1997（2）：168-173.

③ 阚唯，梁颖，李成福. 国际鼓励生育政策实践对中国的启示［J］. 西北人口，2018，39（5）：47-56.

福利金为每月 970 挪威克朗。在单亲家庭中生活的未满 18 岁的孩子还可以得到更多的儿童福利金。二是幼儿父母现金补贴，指发放给父母的孩子上幼儿园费用的现金补贴。幼儿父母现金补贴的对象是 13—23 个月的幼儿家庭。这项福利取决于孩子是否上幼儿园，只有在这个年龄段入幼儿园的家庭才可以得到。从 2014 年 8 月 1 日起，幼儿父母现金补贴标准为每月 6000 挪威克朗。如果孩子每周在幼儿园的时间不足 19 个小时，幼儿父母现金补贴就减半发放。三是一次性产妇补助金，指还没有权利领取育儿假补贴的妇女在生育孩子后可以获得的一笔一次性产妇补助金。2014 年，一次性产妇补助金的标准为 38 750 挪威克朗。①

在瑞典，从 1948 年就开始实施儿童补贴制度，每个儿童 16 岁之前都可以按月领取补贴，并且随着物价的上涨而增加。按照 2015 年的标准，每个孩子每月的补贴额为 1050 瑞典克朗。对于多子女家庭，还增发补助，有 6 个孩子的家庭，不仅每月可以得到 6300 瑞典克朗的儿童补贴，还可以得到每月 4114 瑞典克朗的家庭补助。②

俄罗斯长期实行鼓励生育的政策，普京总统执政伊始，曾满怀信心地提出了以“提高生育率，降低人口死亡率，制定有效的移民政策”为目标的人口新政，并于 2006 年 12 月通过了《关于政府支持有子女家庭附加措施》。根据该措施，自 2007 年 1 月 1 日起，生育第二个（或以上）孩子的妇女，都将获得一个能够证明她有权在监管和通胀指数下获得一笔“生育资金”的证书，“生育资金”额度最初为 25 万卢布，2016 年调整至 45 万卢布。第二个孩子满 3 岁后，母亲可以改善生活条件、投资养老金或儿童教育等不同的方式使用该资金。③

日本为了鼓励生育，自 1972 年起就开始施行儿童津贴制度，按规定低收入家庭 3—6 岁的儿童每月补贴 4000—6000 日元；2010 年实行的儿

---

① 童文胜，汪文靓．挪威育儿家庭政策的经验［J］．当代青年研究，2015（6）：115-121.

② 阚唯，梁颖，李成福．国际鼓励生育政策实践对中国的启示［J］．西北人口，2018，39（5）：47-56.

③ 徐兴文，刘芳．低生育率时代典型国家家庭政策的实践与启示［J］．四川轻化工大学学报（社会科学版），2020，35（3）：1-24.

童津贴制度取消了家庭收入限制，0—15 岁的青少年每月均可领取 1.3 万日元的津贴；2012 年实行的儿童津贴制度不仅放宽了儿童年龄限制，而且还提高了津贴数量，对 3 岁以下、3—15 岁的青少年分别给予每月 1.5 万日元和 1.0 万日元的补贴；同时还补助孕妇 30 万日元的育儿补助金。①

2. 产假及陪产假制度

从 1970 年开始，法国就业妇女就可以享受 16 周的产假，津贴数量为原收入的 100%，生育女性的收入不会因为生育孩子而受到损失，也不会因为生育而中断工作。从 1977 年开始，法国的父母都可以享受育儿假，原先是子女 1 岁前，现在已经延长到 3 岁前。生育家庭都可以领取由法国国家家庭津贴基金提供的“自由选择工作时间补充津贴”或者“可选择补充津贴”。育儿假的使用在法国具有较大的灵活性，父母可以选择时间较短、津贴较高（最低工资的 60%）的育儿假，也可以选择时间较长、津贴较低的育儿假；可以全部休完产假，也可以部分时间休假部分时间工作。②

瑞典从 20 世纪 50 年代中期开始实施产假计划，提供给产妇相当于产前收入 60%的 3 个月的单一税补贴。1963 年，带薪产假计划延长至 6 个月，补偿数额与之前的收入挂钩，约为 65%。1974 年，该计划更改为育婴假（也称“双亲假”）制度③，将原来母亲单独享受的产假修改为父母双方可以轮流使用的带薪亲职假。从 2005 年开始，亲职假延长至 480 天，并规定亲职假可以在孩子出生或被领养当日起至孩子满 8 岁期间的任何时候申请得到其中的 390 天，这 390 天的亲职假津贴额度为其收入的 80%，无收入的父母也可以享受父母津贴（大约为每人每天 180 瑞典克朗）；余下的 90 天为定额津贴，每人每天 60 瑞典克朗。亲职假的

---

① 汤兆云，邓红霞. 日本、韩国和新加坡家庭支持政策的经验及其启示 [J]. 国外社会科学，2018 (2)：36-42.

② 马春华. 瑞典和法国家庭政策的启示 [J]. 妇女研究论丛，2016 (2)：20-23.

③ 王子彧. 北欧家庭福利政策与服务体系：经验与发展 [J]. 社会政策研究，2017 (6)：93-106.

出台与完善，使“瑞典家庭形成了夫妻双方充分利用产假，轮流使用产假的育儿战略”①。瑞典政府还鼓励父亲承担育儿责任，社会保障部门对夫妇共同承担养育责任的家庭设立了奖金制度，如果父亲和母亲在休产假时间上做到“完全平等”，即每人休假 240 天，那么这对父母即可领取 13.5 万瑞典克朗的最高奖金。②

俄罗斯自 1991 年开始，把育婴假延长至 3 年，期间无薪但提供工作保护，也可以选择兼职工作或小幅增加育婴假期。2014 年又将育婴假延长至 4 年。妇女除享有产前 70 天和产后 70 天由雇主提供的全薪假权利外，还可在孩子满一岁半之前继续休假，期间可以领取相当于原工资 40%的津贴和一半的原工资收入，分别由社保基金和雇主承担。待孩子满一岁半时，如果母亲仍愿意继续休假在家照看儿童，可再延长 3 年的无薪假直至儿童满四岁半，在此期间雇主应当为其保留原工作职位。③

在日本，为支持生育和家庭照料婴儿，规定了三类休假制度：一是产假。生育女性在产前 6 周至产后 8 周可以休假，期间可获得相当于工资 60%的生育津贴。二是育婴假。夫妻双方的任何一方可获得最多 52 周的育婴假，期间可领取相当于正常工资 30%—60%的薪水。三是家庭照顾假。这一假期旨在让员工能够休假照顾家中的孩子，这期间可以从失业保险金中领取工资金额的 40%。④

3. 托育服务制度

为了鼓励扩大托育服务，同时改善托育服务质量，瑞典于 1968 年成立了全国儿童保育委员会，负责制定儿童学前托育服务工作。瑞典的地方政府是托育服务的主要提供者，对托育服务的补贴力度很大，个人只需支付全部费用的 10%—20%，其余费用由州和市政府承担，而且第二

---

① 郑杨. 中瑞两国婴幼儿家庭政策比较［J］. 学前教育研究，2014（12）：47-49.

② 付一夫. 怎样才能让中国家庭多生娃？看看国外就知道了［Z/OL］.（2018-08-23）［2022-11-26］. http://finance.sina.com.cn/consume/xiaofei/2018-08-23/doc-ihhzsnec4017112.shtml.

③ 徐兴文，刘芳. 低生育率时代典型国家家庭政策的实践与启示［J］. 四川轻化工大学学报（社会科学版），2020，35（3）：1-24.

④ 申秋. 日韩家庭政策的发展过程及其对中国的启示［J］. 学习与实践，2016（9）：114-122.

个及更高胎次孩子的托育服务费用个人或家庭承担的比例往往更低；当孩子生病而家长无法照顾时，可由受雇于政府的专职人员看护。1998年，开始实施针对6岁、尚未接受义务教育的学前儿童托育服务计划。2003年，所有4—5岁的儿童都可以获得每年525小时的免费托育服务，最近这一权利又前延至3岁。除此之外，瑞典还对10岁以下儿童提供课前和课后托育服务。在大多数社区，同时有一个孩子以上的家庭，第二个及更高胎次孩子或孩次间隔时间较短的家庭，可以享受托育费用更低的政策优惠。①

苏联时代，国家在企业建立了广泛的公共托育服务体系，为企业工人和社区提供服务。苏联解体后，俄罗斯政府在转型初期推行新自由主义政策，迫使效率低下的企业大幅削减福利责任，企业不再负责托育中心的建设和维护工作。许多企业由于缺乏资金关闭了托育中心，也有部分企业托育中心被移交到市政部门。自从托育中心移交市政部门管理后，许多儿童早期发展教育补充内容就不再提供了。如今，这一教育补充服务逐渐改由私营托育中心提供，其费用在父母育儿总费用中占了相当大的比例。②

20世纪70年代以后，日本为减轻家庭特别是职业女性的生育养育负担，提升生育水平，开始将缓解女性工作与家庭责任之间的冲突作为一项重要施政方针，不断完善产假制度和儿童公共托育服务。分别于1994年和1999年制定实施“天使计划”和“新天使计划”，不断完善育婴室、母子生活支援设施、保育所、儿童寄养设施、课后服务和短期照料等支持服务。政府一方面每年增设保育所数量；另一方面鼓励设立公营、私营保育所，出台一系列措施改善保育设施、延长保育时间，推广休息日保育、临时保育、夜间保育等模式。为鼓励代际支持，日本政府

① 徐兴文，刘芳．低生育率时代典型国家家庭政策的实践与启示［J］．四川轻化工大学学报（社会科学版），2020，35（3）：1-24.

② 徐兴文，刘芳．低生育率时代典型国家家庭政策的实践与启示［J］．四川轻化工大学学报（社会科学版），2020，35（3）：1-24.

还推出“老人给孙子孙女‘交学费’不用缴税”的政策和“带孙子假”。为了呼吁全社会重视家庭、健康养育下一代，日本将每年的10月定为“工作与家庭思考月”，将每年11月的第三个星期日定为“家庭日”。[①]在日本的托育服务费用中，家庭负担的比例与家庭收入呈负相关，收入水平越低承担的托育服务费用越低，一般家庭负担的比例仅占20%左右。无论缴费多少，在公立保育园和幼儿园都能得到同样的服务水平和服务质量。[②]

4. 保障女性就业权利

瑞典非常重视女性就业，政府主导的公共服务事业为女性提供了大量就业岗位，并且为其灵活工作提供方便，从而使女性的就业率高于欧盟平均水平。[③] 自20世纪60年代起，瑞典政府就开始鼓励妇女参加工作，推进男女平等就业。在瑞典政府积极推行的父母休假保险制度中，明确规定了女性和男性共同享有休假的权利。在法律制度中，非常重视保护夫妻双方根据自己的意愿和需要分配休假时间的权利。有新生儿和刚刚领养孩子的父母均可享受带薪假期，在此期间的工资待遇不受任何影响。[④]

在德国，政府积极推动妇女进入劳动力市场。为鼓励妇女就业，德国规定父母双方都有权利要求享受照顾孩子的父母假，最多可以休假3年。父母有权自愿决定哪一方享受父母假，而且父母可同时享受这一权利。同时还规定：无论父母哪一方或父母双方同时享受父母假，仍可每周做30个小时的兼职工作；每一个满15个正式员工以上的企业，必须接纳兼职人员。在享受父母假期间，父母受解雇保护法的保护，企业或

---

① 杨菊华，杜声红．部分国家生育支持政策及其对中国的启示［J］．探索，2017（2）：137-146.

② 阚唯，梁颖，李成福．国际鼓励生育政策实践对中国的启示［J］．西北人口，2018，39（5）：47-56.

③ 杨菊华，杜声红．部分国家生育支持政策及其对中国的启示［J］．探索，2017（2）：137-146.

④ 全国妇联妇女研究所．部分国家家庭政策介绍［J］．中国妇运，2014（1）：41，44-46.

公司无权解雇休父母假的雇员（若企业在此期间破产，则执行联邦法律的另行规定）。父母假休完后，雇员有权利回到原工作岗位或与原岗位相近的工作岗位，而不允许让雇员从事比原来级别低、待遇低或与原来的职业性质完全不相符的工作岗位。德国政府积极推动妇女介入劳动力市场的做法，在很大程度上保障了生育女性的经济与福利权利，获得了社会各阶层日益广泛的支持，为平衡工作和家庭关系奠定了基础，增加了就业和家庭责任之间的兼容性。①

日本政府为促进妇女发展和性别平等，缓解工作与家庭冲突，推进女性就业与再就业，在内阁府设立了"推进工作与生活平衡室"，专门调查和解决工作与生活冲突问题。日本还通过颁布实施《育儿护理休假法》，保障生育女性的就业权利。该法规定，不论男女，只要是养育不满1岁婴儿的全日制从业人员均可向工作单位提出休假申请，单位不能拒绝，更不能以此为由予以解雇。该法还将照看孩子的期限由1岁增加到3岁。为促进妇女就业，政府不仅出台《支援妇女再就业计划》《新雇佣战略》等文件，还在大城市设立专门提供计时工作岗位的职业介绍所，定期举办妇女再就业培训活动，尤其注重为因生育孩子而中断就业的女性提供再就业综合性援助。②

（二）参考国内生育支持政策措施

近年来，各省为贯彻落实国家"三孩政策"和"鼓励按政策生育"的文件精神，积极探索建立生育支持政策体系。截至2022年7月底，共有30个省份完成了《人口与计划生育条例》修订工作，22个省份出台了贯彻落实《中共中央 国务院关于优化生育政策 促进人口长期均衡发展的决定》实施方案。通过对省外各地生育支持政策的梳理归纳，我们认为有不少内容可以作为改革和完善河北省生育支持政策体系的重要

① 张敏杰. 德国家庭政策的回顾与探析［J］. 浙江学刊，2014（3）：205-212.

② 全国妇联妇女研究所. 部分国家家庭政策介绍［J］. 中国妇运，2014（1）：41，44-46.

参考。

1. 各省《人口与计划生育条例》中的生育支持内容

婚假方面。部分省份为了把好结婚登记关，夯实提高出生人口素质的基础，鼓励在结婚登记环节进行婚前健康检查，在延长婚假的基础上，作出了针对参加婚前医学检查的新婚夫妇增加婚假时间的规定，如黑龙江 10 天、河南 7 天、宁夏 3 天等。这一规定既是贯彻落实《母婴保健法》中“对准备结婚的男女双方可能患影响结婚和生育的疾病进行医学检查”规定、降低出生缺陷发生率的具体行动，也是提高出生人口素质、减少出生缺陷的基础工作，无论对家庭还是国家都具有重要意义。这样的奖励性规定，是一个政策性导向，对引导青年男女实行婚前医学检查具有重要作用。

产假方面。各地的产假时间存在较大差异，这种差异主要表现在四个方面：一是产假时间长短的差异。在产假时间上，基本上都在国家政策①基础上有所延长，只是有的省份延长时间短、有的省份延长时间较长而已，最少的不少于 30 日，最多的延长了 3 个月；有的省份没有在《条例》中对产假时间作出规定，而是另行规定，如吉林规定：按政策生育子女的夫妻，可以获得延长生育假、护理假奖励，具体办法由省人民政府制定。二是各地在区分孩次上有所不同。在产假时间上，有的省份区分孩次，一般都是一孩或一孩和二孩延长时间短，三孩或二孩和三孩延长时间长，如内蒙古一孩和二孩延长 60 天，三孩延长 90 天；浙江一孩延长 60 天，二孩和三孩延长 90 天；广西一孩延长 60 天，二孩延长 70 天，三孩延长 80 天；等等。三是不少省份制定了特别情况下可增加产假时间的规定。有的省份在产假延长时间上与附加条件有关，如陕西为了鼓励孕前检查，作出了“女职工参加孕前检查的，在国家规定产假的基础上增加产假十天”的规定。四是部分省份实行弹性延长产假政策。例

① 2012 年 4 月 28 日中华人民共和国国务院令（第 619 号）《女职工劳动保护特别规定》第七条规定：“女职工生育享受 98 天产假，其中产前可以休假 15 天；难产的，增加产假 15 天；生育多胞胎的，每多生育 1 个婴儿，增加产假 15 天。”

如：吉林规定，“女职工经本人申请，单位同意，可延长产假至一年，产假延长期间工资按原额的百分之七十五发放，不影响调整工资、晋升级别、计算工龄”；广西规定，“产假期满后抚育婴儿有困难的，由本人提出申请，经所在单位同意，可以享受不超过十二个月的哺乳假；哺乳假期间，其工资、津贴、补贴按照总额的百分之八十核发；享受哺乳假的职工，不影响晋级、工资调整和工龄计算”。江西、湖南等省在《优化生育政策促进人口长期均衡发展实施方案》中还鼓励有条件的用人单位实行协商延长产假制度，其核心意思是：女职工产假期满后，经本人申请、用人单位批准，女职工可以请假至婴儿满一周岁，请假期间的待遇由双方协商确定。以上部分规定，如实行区分孩次、三孩生育产假时间长的规定，表面上看似乎是为了突出鼓励三孩生育的政策导向，但在某种程度上说并不符合“鼓励按政策生育”的精神，因为一孩、二孩生育不仅都属于按政策生育，而且还是生育三孩的重要前提，没有一孩、二孩何来三孩生育，如果生育一孩、二孩产假时间比三孩少，就有些不合情理了，从法律的角度讲也有失公正。

陪产假方面。为了鼓励男性分担生育照料责任，多数省份都明确规定了丈夫在妻子分娩期间的陪护假。在陪护假时间上，安徽、江西、河南、广西、云南和甘肃的丈夫陪护假时间较长，均为 30 天，其中广西还区分产前和产后，分别作出“男方享受产前检查陪护假五天”和妻子产后“给予男方护理假二十五天”的规定；陕西为了鼓励三孩生育，不仅增加了三孩产妇的产假时间，而且还给予“男方增加护理假十天”的照顾性规定；为了解决夫妻两地分居带来的照料上的实际困难，陕西还作出了“夫妻异地居住的给予男方护理假二十天”的规定。

育儿假方面。为了帮助生育家庭解决婴幼儿照料，尤其是婴幼儿生病期间的看病和照护问题，多数省份都作出了给予子女满 3 周岁之前夫妇双方每年各累计 5—15 天育儿假的规定。云南对于有两个以上不满 3 周岁子女的夫妇，还作出了“增加 5 天育儿假”的规定。陕西规定：“女职工生育孩子满一周岁前，所在单位应当严格依照国家和本省女职工劳动保护有关规定保证哺乳时间并提供哺乳条件。所在单位确因特殊情况无法保证哺乳时间并提供哺乳条件的，经单位与本人协商，可以给予三个月到六个月的哺乳假，哺乳假期间比照生育津贴标准发给津贴，不影响晋级、调整工资，并计算工龄。”

老人护理假方面。鼓励家庭养老，支持子女履行赡养和照料老人的责任，不仅仅是一个养老问题，而且还涉及生育的家庭价值，反映出育小和养老之间的密切关系。正是基于这一点，部分省份规定了针对老人患病住院后需要护理照料时给予子女的护理假。归纳起来，在明确规定了护理假时间的 12 个省份，大致可以分为以下三种情况：第一种是只针对国家提倡一对夫妻生育一个子女期间领取《独生子女父母光荣证》的独生子女父母，患病住院治疗或生活不能自理的，其子女可以享受护理假，如安徽、河南等省份针对独生子女父母的护理假为 20 天，山西、辽宁、湖南、甘肃为 15 天，北京、浙江、陕西为 5—15 天不等；广东则进一步限制为具有本省户籍的独生子女父母，并区分其是否患病，一般情况下，“用人单位应当给予其子女每年五日的护理假”“患病住院治疗的，给予其子女每年累计不超过十五日的护理假”。第二种是根据是否独生子女规定了具有差异性的护理假时间。天津在护理假方面对独生子女给予特殊照顾，护理假时间较长，非独生子女护理假较短，其规定为：“六十周岁以上的老年人患病住院的，其子女所在单位应当支持护理照料，给予独生子女每年累计二十日、非独生子女每年累计十日的护理假。”第三种是只有原则性规定。如江西规定：“在国家提倡一对夫妻生育一个子女期间，只生育一个子女的夫妻患病住院的，其子女所在单位应当每年给予适当的护理假。护理假期间工资福利待遇不变。”14 个省份没有就老人护理假问题作出具体规定。

其他方面。根据中央文件精神，多数省份还就健全妇幼健康服务、家庭养育补贴制度、多子女家庭住房照顾、推动建立普惠托育服务体系、建设婴幼儿照护活动场所以及配套服务设施、提高婴幼儿家庭获得服务的可及性和公平性、加强对家庭婴幼儿照护的支持和指导、保障妇女就业合法权益等方面作出了原则性规定，为各地探索制定具体政策措施留下了空间。

2. 县、市、省不同层级在《人口与计划生育条例》之外的生育支持内容

上面对省级层面《人口与计划生育条例》中涉及生育支持政策的内容作出了简要介绍，下面再举几例县、市、省级不同层面党委政府或有关部门在《中共中央 国务院关于优化生育政策 促进人口长期均衡发展的决定》公布后制定实施的生育支持政策，以作为河北省未来生育支持政策调整完善可以借鉴的材料。

2021 年 6 月，四川省攀枝花市出台了《关于促进人力资源聚集的十六条政策措施》，其中第 13 条规定："对按政策生育第二个及以上孩子的攀枝花户籍家庭，每月每孩发放 500 元育儿补贴金，直至孩子 3 岁。"① 这一规定的出台，使攀枝花市成为我国第一个发放育儿津贴的城市，在贯彻落实中央《决定》、构建实施积极生育支持措施方面走在了全国前列。

2021 年 9 月，甘肃省临泽县发布《临泽县优化生育政策促进人口长期均衡发展的实施意见（试行）》，推出了生育津贴、育儿补贴、保教补贴、购房补贴等十一个方面的配套措施，鼓励按政策生育。《意见》提出，在县域内公立医疗机构生育一孩、二孩、三孩的临泽户籍常住产妇一次性分别给予 2000 元、3000 元、5000 元的生育津贴；生育二孩和三孩的临泽户籍常住家庭，每年分别发放 5000 元和 10 000 元的育儿补贴，直至孩子 3 岁。在县内公办幼儿园就读的临泽户籍常住家庭，二孩和三孩每生每学年给予 1000 元和 2000 元的资助。生育二孩、三孩的临泽户籍常住家庭，在县城区购买商品房时给予 4 万元的政府补助，在各中心集镇、屯泉小镇、丹霞康养村等集中居住区购买商品房时给予 3 万元的

---

① 中共攀枝花市委办公室 攀枝花市人民政府办公室. 促进人力资源聚集的十六条政策措施[Z/OL]. (2021-06-15)[2022-12-22]. http://xy.panzhihua.gov.cn/doc/2021-06-15/2941.shtml.

政府补助。对达到国家和省级规范建设要求的社会性托育机构，一次性补助 3 万—5 万元。公共场所和用人单位符合标准的“爱心母婴室”补助 1 万—1.5 万元。开展育婴员、保育员、护理员等家政服务类就业技能培训的机构，每培训 1 人给予 1000 元的补贴。① 作为一个我国西部地区经济并不发达的县，能够在中央《决定》公布两个月后即出台如此之详细、具体而且力度较大的生育支持政策，实在难能可贵。

2021 年 12 月，中共吉林省委、吉林省人民政府印发《关于优化生育政策促进人口长期均衡发展实施方案》，在实施生育奖励政策方面，作出了“支持各地依据现行普通公办托、幼机构保教费收费标准，对按政策生育二孩、三孩家庭，在子女 3 周岁或 6 周岁前，给予一定比例的激励奖励，省级财政将根据情况给予适当补助”的规定。为帮助青年解决结婚难问题，作出了“提供婚育信贷支持”的规定，“支持银行机构为符合相关条件的注册结婚登记夫妻最高提供 20 万元婚育消费贷款，按生育一孩、二孩、三孩，分别给予不同程度降息优惠”。在减免增值税、企业所得税方面规定：“按政策生育二孩、三孩夫妻创办小微企业，对月销售额 15 万元以下的增值税小规模纳税人，免征增值税；对年应纳税所得额不超过 100 万元的部分，减按 12.5%计入应纳税所得额，按 20%的税率缴纳企业所得税；对年应纳税所得额超过 100 万元但不超过 300 万元的部分，减按 50%计入应纳税所得额，按 20%的税率缴纳企业所得税。”在均衡优质教育资源、支持托幼育协同发展方面，作出了“持续扩大优质教育资源覆盖面，促进义务教育优质均衡发展和城乡一体化，有效解决‘择校热’难题”“综合学龄前儿童入园需求、办园条件及学制结构等因素，鼓励有条件的幼儿园开设托班，招收 2—3 岁幼儿，推动托幼育协同发展”等规定。②

---

① 张掖市人民政府．我市临泽县出台优化生育政策配套措施 力促人口长期均衡发展［Z/OL］．（2022-02-21）http://www.zhangye.gov.cn/dzdt/bmdt/202202/t20220221_794380.html.

② 中共吉林省委 吉林省人民政府印发《关于优化生育政策促进人口长期均衡发展实施方案》［Z/OL］．（2021-12-23）［2022-12-22］．http://www.jl.gov.cn/zw/yw/jlyw/202112/t20211223_8331736.html.

2021年12月，江苏省海安市住建局、自然资源规划局等五部门出台《关于促进城乡统筹改善居住条件的暂行办法》，规定了针对人才购房者和符合鼓励改善居住条件的购房者优惠和补贴政策，其中涉及生育支持的购房优惠和补贴政策对象为“海安常住居民二孩、三孩家庭群体”，优惠政策为：“子女未满18周岁（截至2022年2月28日）的二孩、三孩家庭，购房时凭户口本或出生证明，在市场价格基础上二孩家庭给予每平方米200元、三孩家庭给予每平方米400元的优惠。”[①]

（三）生育支持政策需要完善的主要内容

经过近几年的探索，河北省为贯彻落实“三孩政策”，在生育支持政策体系建设方面做了大量卓有成效的工作，基本建成了生育支持政策体系框架，明确规定了县级以上人民政府及其有关部门在生育支持政策制定实施中的主体地位和职责范围，以及在“鼓励和引导社会力量兴办托育机构，支持幼儿园和机关、企业事业单位、社区、工业园区等提供托育服务”中的重要作用；对托育机构的设置和服务提出了“应当符合托育服务相关标准和规范”“应当按照规定向县级人民政府卫生健康主管部门备案”等要求。此外，还在《人口与计划生育条例》中作出了“鼓励商业保险机构开发托育机构综合责任保险”“鼓励和引导社会力量兴办家庭托育点，并加强家庭托育点管理。支持隔代照料、家庭互助等照护模式”等规定，这就为促进社会托育服务发展提供了法规保障。

然而，河北省现行生育支持政策仍然存在一些需要进一步改革完善或加大支持力度的内容，归纳起来，主要有以下几个方面。

1. 婚假及生育假

婚假方面。河北省在改革和完善生育支持政策中，应当高度重视优生优育工作，认真贯彻落实《中华人民共和国母婴保健法》中关于“医

① 江苏南通海安：至明年2月底三孩家庭购房每平方米补贴400元[Z/OL].（2021-12-08）[2022-12-22]. https://finance.sina.com.cn/jjxw/2021-12-08/doc-ikyamrmy7695859.shtml.

疗保健机构应当为公民提供婚前保健服务”的规定，进一步做好婚前健康检查工作，实现结婚和优生优育一体化考虑，严把出生缺陷干预的第一道关口。在这方面，既要推广河北省一些地方为解决结婚登记和婚前健康检查工作分属民政和卫生部门负责，避免需要进行结婚登记的青年在不同地点往返奔波的问题，实现结婚登记和婚前健康检查一处办理（如在民政系统结婚登记处设置婚前健康检查窗口）的经验做法；也要借鉴和参考一些省份把婚前医学检查与延长婚假挂钩的做法，对进行婚前健康检查的新婚夫妇给予延长产假的奖励，充分体现鼓励和支持婚前健康检查的态度。对于实行婚前医学检查的结婚青年给予延长婚假的奖励，既是实施出生缺陷干预工程一级干预的重要举措，也是提高婚前医学检查比率、减少出生缺陷、提高出生人口素质的基本保障，还是把好优生优育第一道关口的关键环节。因此，建议在未来的《河北省人口与计划生育条例》修订中，在“奖励与社会保障”部分增加相关规定。

产假方面。应当根据中央“鼓励按政策生育”的精神和法律面前人人平等的原则，参考一些省份不分孩次的产假政策，“一视同仁”地对待政策内所有生育行为，对《河北省人口与计划生育条例》中“除享受国家规定的产假外，生育第一、二个子女的延长产假六十天，生育第三个以上子女的延长产假九十天”（第二十五条）的现行规定作出修订，防止部分夫妇因经济和照料困难止步于一孩、二孩的问题。现行产假政策奖励三孩时间长、一孩和二孩时间短的做法，表面上看，好像是在鼓励三孩生育，但严格说来并不符合“三孩政策”的本意，因为三孩生育属于政策内生育，一孩、二孩同样属于政策内生育，因此三孩奖励产假时间长、一孩和二孩奖励时间短的做法，实际上就相当于一孩和二孩家庭产假政策红利的部分损失。一个基本事实是，只有生育了一孩，才有可能生育二孩，生育二孩又是生育三孩的前提条件，如果三孩产假时间长、一孩和二孩产假时间短，就有可能阻断部分家庭的三孩生育。近年来生育意愿低迷，多数育龄夫妇放弃三孩生育、甚至二孩生育，妇女总和生育率降至极低水平的情况就证实了这一点。而且在这一问题上，目前已经基本达成共识，普遍认为，只有生育一孩、二孩的家庭得到了政策扶助和社会关爱，才有可能刺激他们继续生育三孩的意愿和行为，进而促进“三孩政策”落地。有鉴于此，建议在未来的《河北省人口与计划生育条例》修订中，改变政策内不同生育孩次奖励产假时间不同的规定，实行统一的奖励产假制度。

为了提高优生优育水平、减少或杜绝缺陷儿出生，把好出生缺陷干预的第二道关口，还可以参考一些省份把产假延长时间与产前检查挂钩的做法，对按照孕产期保健要求进行产前检查的女性或夫妇给予延长产假的奖励，充分体现鼓励和支持产前检查、减少缺陷儿出生的态度。关于具体的产假奖励时间，可在广泛调查研究的基础上，根据实际情况加以确定。这样的政策规定是落实出生缺陷二级干预的有效措施，有利于减少缺陷儿出生、提高出生人口素质和优生优育水平。

为了帮助部分家庭解决缺乏照料资源、孩子没人看的实际困难，可以借鉴一些国家和外省的做法，探索实行弹性延长产假政策（可称为“哺乳假”）。河北省现行的产假制度属于固定型福利，符合平等和公平的法律原则，却忽略了家庭条件的差异性。考虑到部分家庭缺乏照料资源、幼儿无处可送的情况，应当允许生育女性在与用人单位充分协商的情况下，达成延长产假的协议。生育女性可以在休满法定产假后，在减发一定比例工资和福利待遇的情况下，继续休假，在家照料孩子，直到孩子可以入托为止。当然，弹性延长产假的工作福利待遇应当有别于法定产假的工作福利待遇。按照现行规定，“婚假、产假待遇按照相关规定执行”，即产假期间照发工资（实行计件工资、浮动工资的单位，按同等条件人员的平均工资办理），不影响全勤评奖和调资、晋级。但生育女性与单位协商确定的“哺乳假”，可以按比例适当减发工资和福利待遇。这样的做法，适应了一些家庭的确没人在家看孩子、托儿所又不接收 3 岁以下孩子的情况①。

根据2021年国家卫生健康委组织实施的调查，育龄妇女生育意愿继续走低（平均打算生育子女数仅为1.64个，低于2017年的1.76个和2019年的1.73个，至于作为生育主体的“90后”“00后”仅为1.54个和1.48个）的最主要原因有三个方面，即经济负担重、子女无人照料和女性对职业发展的担忧②。如前所述，我们于2021年组织的河北省调查和保定市调查也得出了与此基本一致的结论，反映出育龄群众对生育照料资源的较强需求。延长产假的政策，就是解决孩子无人照料问题、提升群众生育意愿、推进实现适度生育水平的重要措施。

陪产假。河北省现行丈夫陪产假为15天，在全国属于中间水平（各省陪产假在10—30天之间，15天的最多）。在未来的生育支持政策改革和完善中，可以参照陪产假时间较长省份的做法，适当延长陪产假时间，最好能由现行的15天延长至30天，以便能够适应我国“坐月子”的文化习俗，更好地体现家庭领域的男女平等，使丈夫能够更好地履行照料妻子和孩子的家庭责任。再就是可以借鉴国外丈夫和妻子共同使用产假时间的做法，给予妻子和丈夫灵活调剂产假的权利。

育儿假。在育儿假方面，河北省现行规定为“三周岁以下婴幼儿父母双方每年可以享受各十天育儿假”，这在全国属于中间水平（各省基本都在5—15天之间），在时间上基本能够满足对孩子特殊需要（如看病及病后照料）时的需求。如果能把“父母双方每年可以享受各十天育儿假”改为父母双方共享20天，允许男女双方调剂使用，可能会更贴近实际。因为一般说来，孩子生病后除了到医院看病等特殊情况需要父母双方共同参与外，一般性照料还是主要由母亲承担，所以允许男女双方调剂使用育儿假一般会形成母亲享受“育儿假”时间长、父亲享受时间短的情

① 国务院办公厅2019年5月9日颁布的《国务院办公厅关于促进3岁以下婴幼儿照护服务发展的指导意见》（国办发〔2019〕15号），也只是作出了“鼓励支持有条件的幼儿园开设托班，招收2至3岁的幼儿”的规定，仍然没有把2岁以下包含在内。

② 中共国家卫生健康委党组．谱写新时代人口工作新篇章［J］．人口与健康，2022（8）：6-9．

况。虽然这种夫妇之间在“育儿假”时间上的调剂使用会对雇佣女工数量多的单位造成更大的负担，但这种“企业成本”可以通过社会化，即构建生育成本社会分担机制的方式加以解决。

2. 老人护理假

河北省现行老人护理假方面，区别是否独生子女的做法，体现了照顾独生子女家庭的特点。按规定，独生子女的老人护理假为15天，非独生子女为7天。这一区别性规定体现了政策的连续性和国家对独生子女家庭的特殊关爱，具有合理性，群众能够接受。但是，《条例》关于“老年人患病住院期间需要二级以上护理的，其子女所在用人单位应当给予独生子女每年累计不少于十五天的护理照料时间，给予非独生子女每年累计不少于七天的护理照料时间”的规定，其中的“不少于”，可能会在理解和操作上出现偏差，并引发个人与单位之间的矛盾。一般而言，汉语中的“不少于”就是一个可以多但不能少的界限。从个人角度而言，当然是老人护理假越长越好，所以这种“不少于”的表述就可能成为有多休老人护理假意愿的人的法律依据；但对于单位而言，往往不愿意让职工多休老人护理假，能达到最低限就认为是履行了法律责任。我们认为，抛开护理假是否区分独生子女和时间长度，河北省在护理假规定上“不少于”的提法本身是不够严谨的，容易引发矛盾，在未来的修订中，可以参考浙江、安徽、河南、湖南、广东等省份把老人护理假表述为固定时间，即规定护理假每年累计的天数；或者参考北京、天津、山西、辽宁等省份的做法，把老人护理假规定一个“不超过”的天数。

3. 拓展社会福利政策范围

在医疗保障方面，可以尝试增大儿童基本医疗保障力度，完善新生儿参保政策。新生儿出生后按照有关规定参加城乡居民医疗保险并缴纳参保费用的，生病期间的医疗费用纳入医保报销，住院报销比例可以在同档参保成年人的基础上提高一定比例，如提高5%—10%。

在儿童福利政策方面，为体现鼓励生育的政策导向，儿童娱乐场所和旅游景点可免费向儿童开放，儿童乘市内公交、地铁免票，而且应当根据儿童身高与过去相比有了很大变化、儿童身高普遍增加的情况，改变以往一般都以身高界定儿童免费标准的做法，以 14 周岁及以下作为儿童免费的标准（可以以身份证、学生证等有效证件为依据）。省内运行的长途客运，可以考虑改变以往一位成年人只能免费携带一名身高不超过 1.2 米的儿童，超过一名时需要购买半价票，超过 1.2 米的需要购买半价票、超过 1.5 米的需要购买成人票的政策，统一执行 14 周岁以下儿童凭有效证件均可免费乘车的政策。

在住房政策方面，可以在未来的政策修订中，对现行《河北省人口与计划生育条例》第三十二条规定的“县级以上人民政府在配租公租房时，对符合当地住房保障条件且有未成年子女的家庭，可以根据未成年子女数量，按照规定予以适当照顾”“县级以上人民政府可以根据家庭养育未成年子女负担情况，研究制定差异化租赁和购买房屋的优惠政策”加以细化，使之更具操作性，比如：在保障房建设方面改变以往只有小户型、不适宜家庭孩子较多或三代同居的情况，适当增加建筑面积，为人数较多的家庭申请居住保障房提供可能，为婴幼儿代际照料提供方便；在购房贷款方面，可以采取降低大家庭（包括孩子数量多、家庭代际多）首付比例及贷款利息的措施，为低收入大家庭购买商品房提供优惠条件。

4. 结婚支持方面

按照河北省现行规定，“依法办理结婚登记的公民，除享受国家规定的婚假外，延长婚假十五天”，从与全国各省份的比较看，各省一般都在 7—30 天之间，以 15 天者最多，河北省属于中间水平。但是，从前面的介绍看，一些省份的婚假延长时间较短，一些省份的婚假延长时间较长，而把婚假延长与婚前健康检查挂钩的做法值得借鉴。所以，在未来的政策调整中，可以借鉴外省的一些做法，对进行婚前健康检查的结婚夫妇，给予延长婚假的奖励，以体现鼓励婚前健康检查的导向，提高婚前健康检查率，把好出生缺陷干预的第一道关口，为减少出生缺陷、提高出生素质奠定基础。

再就是把落实 2021 年 5 月 31 日中共中央政治局会议提出的“将婚

嫁、生育、养育、教育一体考虑，加强适婚青年婚恋观、家庭观教育引导，对婚嫁陋习、天价彩礼等不良社会风气进行治理”要求放在重要位置，确立鼓励生育首先应当鼓励结婚的思路，从解决年轻人结婚难问题做起，找准“难点”，对准“痛点”，既要重视正确婚嫁观的宣传倡导工作，培育健康的婚姻新风，反对和抵制高额彩礼、奢侈婚宴等不良风气，也要严格控制房价，帮助青年解决买不起婚房的难题，以起到鼓励和支持适龄结婚的作用。

5. 减轻家庭生育、养育、教育负担的综合措施

《中共中央 国务院关于优化生育政策 促进人口长期均衡发展的决定》出台以来，各地各部门积极行动，大力推进优化生育政策工作，归纳起来，主要从减少家庭育儿成本和增加家庭育儿福利两个方面入手，做了大量探索性的生育支持政策建设工作。首先，通过增强政策的包容性，取消了社会抚养费以及各种与生育相关的制约措施，减少了部分家庭因政策外生育导致的各种罚款和费用支出；通过实行教育“双减”、3岁以下婴幼儿照护服务费用纳入个税专项扣除、三孩生育保险待遇、普惠托育服务、优生优育服务等政策措施，减少了家庭在孩子教育方面的额外支出以及税费、保险、托育等方面的支出。

其次，各地依法组织实施三孩生育政策，积极出台支持措施。在30个省份修订后的《人口与计划生育条例》和22个省份出台的贯彻落实《中共中央 国务院关于优化生育政策 促进人口长期均衡发展的决定》实施方案中，对延长婚假、生育假、陪产假，增设育儿假、老人护理假，配租公租房、实行差异化租赁和购买房屋的优惠政策等作出规定，较好地体现了支持生育的政策导向。按照《河北省人口与计划生育条例》第二十四条规定：“县级以上人民政府及其有关部门应当按照国家规定，采取财政、税收、保险、教育、住房、就业和劳动保障等支持措施，减轻家庭生育、养育、教育负担。”应该说，这一原则性规定符合国家“三孩政策”和中共中央、国务院关于建设生育支持政策体系的文件精神。但是，这一原则性规定还需要进一步具体化，使其更具可操作性，并且对地方政府作出较为具体的要求，指导各级地方党委、政府按照中共中央、国务院文件精神，结合当地实际情况，一方面要扩大生育支持政策覆盖面，把生育支持作为公共政策的一部分，把没有参加生育保险的城乡居民纳入进来，甚至可以把单身妈妈的生育行为也纳入生育支持政策覆盖范围，使她们也能平等地享受产假、育儿假、生育津贴、老人护理假等社会福利；另一方面要使生育支持政策更为具体、力度更大，真正起到提升生育意愿、刺激生育行为的作用，使育龄群众愿意生、养得起。针对部分育龄夫妇生不起、养不起的困难，省级层面或市、县级政府及有关部门应当按照《中共中央 国务院关于优化生育政策 促进人口长期均衡发展的决定》文件精神，尝试制定实施包括住院分娩补助、育儿津贴、托幼津贴、教育津贴等与生育有关的补贴制度，体现家庭政策的福利属性，增强家庭的抚育能力；将婴幼儿照护服务纳入经济社会发展规划，积极发展智慧托育新业态，努力提供多种形式的普惠性托育服务；支持隔代照料、家庭互助等照护模式，支持家政企业扩大育儿服务范围，鼓励和支持女性较多的单位创办托儿所，鼓励和支持有条件的幼儿园招收2—3岁的幼儿。采取综合措施，努力降低生育、养育、教育成本，减轻家庭育儿负担，提升育龄夫妇生育意愿。

还有一个问题同样需要引起高度重视，这就是在制定生育支持政策体系过程中，要切实注意解决执行中可能出现的“肠梗阻”，使生育支持政策法规能够落地。比如，现在已经有多个相关生育假期，但是假期用工成本分担机制却没有很好地建立起来，实际上成了政府出生育支持政策、企业承担生育假成本，这就会导致用人单位负担加重，反而可能影响到女性就业和职业发展，不利于提升生育意愿和生育水平。

（四）保障措施

1. 加强组织领导

各级党委、政府要按照《中共中央 国务院关于优化生育政策 促进人口长期均衡发展的决定》要求，提高政治站位，增强国情、国策意识，坚持一把手亲自抓、负总责，及时研究和解决生育支持政策体系建设中的重大问题；坚持目标管理责任制，督促相关部门各司其职、各负其责，确保责任到位、措施到位、投入到位、落实到位；推动出台积极生育支持措施，加强对各项改革措施的跟踪评估；完善评估考核机制，保障各项生育支持政策落地实施，促进适度生育水平目标顺利实现。

根据人口生育新形势、新特点、新任务、新目标，借鉴山西省的做法，按照2022年7月28日《国务院办公厅关于同意建立国务院优化生育政策工作部际联席会议制度的函》[①] 的精神，将原来的“河北省人口与计划生育工作领导小组”改为“河北省人口和生育政策保障领导小组”，或者与现阶段人口生育形势、生育政策要求相符合的专门机构，使领导机构名副其实，能够名正言顺地开展工作。

加强部门协作，做好政策配套、公共服务保障、执法协调、信息互通等工作中的统筹协调工作，建立健全重大经济社会政策人口发展影响评估机制，促进相关经济社会政策与生育支持政策有效衔接，相得益彰。

2. 保障经费需求

实施生育支持政策，需要政府财政的资金保障。按照2020年“七普”数据，2019年11月1日至2020年10月31日河北省出生人口数量为607 434人。如果按照每年出生60万人、每个孩子每年发放育儿津贴6000元计算，发到3岁为止，每年也需要大约108亿元的财政支出。从河北省2020年主要经济指标看，地区生产总值为36 206.90亿元；一般公共预算收入为3 826.50亿元；一般公共预算支出为9 022.80亿元，其中社会保障和就业支出1 412.67亿元，卫生健康支出817.27亿元。从本来就很紧的财政大盘中再挤出108亿元作为支持生育的财政支出，的确不易。如果再考虑生育支持政策其他方面如发展托育事业等，也需要

---

① 2022年7月28日给国家卫健委的函，即《国务院办公厅关于同意建立国务院优化生育政策工作部际联席会议制度的函》（国办函〔2022〕77号），指出：国务院同意建立由国务院领导同志牵头负责的国务院优化生育政策工作部际联席会议制度。联席会议不刻制印章，不正式行文，请按照党中央、国务院有关文件精神认真开展工作。国家卫生和计划生育委员会计划生育兼职委员制度同时撤销。

一定数量的财政支持，可能也是一笔很大的数额，也许这就是难以下决心制定实施育儿津贴制度的重要原因。但是，如果能够认识到人口负增长的严重后果和促进生育水平提升的长远效益，把发放育儿津贴作为一种投资，哪怕把其他方面压缩一点，从省财政挤出 108 亿元用于生育支持支出，也许就能扭转当前极为不利的人口生育形势。其实，这笔生育支持支出仅相当于地区生产总值的 0.3%，与很多欧洲国家在家庭领域的公共开支超过 GDP 的 2%的情况①相比，似乎还显得微不足道。所以，只要下决心做，并非不可行。

3. 构建生育友好型社会环境

在社会化程度越来越高的当代社会，生育已不再是纯粹的个人行为和家庭“私事”，也不再仅限于家庭需求，而是与国家利益和社会发展息息相关、为国家和社会生产劳动力的大事。因此，需要构建政府尽责、企业配合、家庭尽力的生育友好型社会环境，形成支持生育的强大合力。政府应当增加财政投入，大力发展托幼事业，如培养幼儿师资、建设公办幼儿园和托儿所等，并且要支持和鼓励各种形式的社会力量举办幼儿园、托儿所；制定实施基于家庭视角的各种社会福利政策，如生育（育儿）津贴、托育津贴、教育津贴等，注重扩大生育保险覆盖面，无论是生育（育儿）津贴还是生育保险，都应当遵循公平统一的原则，体现公共福利的特点②；为解决部分企业因女性生育休假导致的成本增加问题，可以按照生育女性数量或实际生育情况，采取社会化的方式，实行资金补贴或减免税收等扶持政策，降低企业因女性生育休假带来的损失。当然，企业也应本着人文关怀的理念，认真落实国家和地方政府规定的生

---

① 欧洲国家在家庭领域的公共开支主要体现为两种形式：一种形式为现金补贴，另一种形式为实物补贴（如发放婴儿用品）。芬兰、法国、瑞典、德国现金支出占比分别为 2.80%、2.23%、2.13%和 2.04%，实物支出占比分别为 1.44%、1.26%、1.72%和 0.80%（源自宋卫清、丹尼尔·艾乐《福利国家中的社会经济压力和决策者——德国和意大利家庭政策的比较研究》，见《欧洲研究》2008 年第 6 期第 107—122 页）。

② 吕红平，崔红威，杨鑫．“全面两孩”后的计划生育奖励扶助政策走向［J］．人口研究，2016，43（3）：82-89.

育女性产假及有关福利制度，针对生育女性实行具有一定弹性的工作制度和工作方式，如上下班时间灵活掌控、线上办公与现场办公相结合等，以缓解职业女性生育与工作和职业发展之间的矛盾和冲突，保障生育女性的就业权益。家庭作为生育养育的主体，是生育的直接承担者和受益者，践行“三孩政策”不仅能增加子女数量、拓展亲情关系，还有利于改变不合理的“溺爱”方式，培养孩子们的合作意识，缓解家庭的养老压力，因此家庭更应当形成支持三孩生育的氛围，育龄夫妇要做好生育计划和安排，丈夫要主动承担照料孩子的责任，并更多地分担家务，老一辈也要尽可能给予照料支持、分担照料压力。

4. 注重科学人口发展观和适度生育观宣传倡导

人口是经济社会生活和经济社会发展的主体，人口与经济社会发展存在相互依存和相互支撑的关系；人口虽然不是经济社会发展的决定性因素，但人口发展对经济社会发展具有重要影响。人口发展不仅包括数量变化，还包含质量提高、结构优化、分布合理等内容，所以人口发展应当是数量适度、质量提高、结构优化、分布合理的统一。确立科学的人口发展观，应当避免人口发展指导思想上的两种极端倾向：一种是“人手论”，即只强调人口作为生产要素的一面，鼓励人口数量增长，1971 年以前我国人口快速增长的情况即是这一思想倾向的结果；另一种是“人口论”，即只强调人口作为消费者的一面，夸大人口的“分母效应”，我国几十年的计划生育就是这种思想倾向的产物。事实上，人口既具有生产属性，也具有消费属性，把二者割裂开来，强调某一方面而忽视另一方面，都有失偏颇，不符合唯物辩证法。在经济社会发展越来越依靠科技进步，或者说科技进步在经济社会发展中的作用越来越大、科技发展日新月异、科技和人才成为综合国力竞争重要因素的当代社会，除了正确处理“人口论”和“人手论”的关系之外，还需要加入“人脑论”或“人才论”的理念，力求实现“人口”向“人才”以及“人手”向“人脑”的转化，在保持适度人口规模的基础上，突出提高人口素质、优化人口结构的重要地位。

确立适度生育新观念，需要推进生育观念“再转变”。为区别于以往的生育观念转变，我们把以“多子多福”“传宗接代”为特征的传统生育观念向“少生优育”“只生一个好”为特征的计划生育观念的转变视为第一次生育观念转变；把以“少生优育”“只生一个好”为特征的生育观念向适度生育新观念的转变视为生育观念再转变。确立适度生育新观念的核心，就是使广大群众充分认识适度生育对家庭和国家的好处，充分理解个体在国家安全、人类延续和经济社会可持续发展中的责任，把生育仅仅视为个人和家庭“私事”的观念转变为生育既是家庭“私事”也是国家大事的观念。

科学人口发展观和适度生育观需要倡导和培育。虽然在低生育率已经成为一种文化的现时代，要改变人们的少育观念和行为是一件非常困难的事情，但观念转变却是提升生育水平的治本之策。只要高度重视理论研究和宣传倡导工作，合理确定宣传倡导内容，注重运用各种载体，通过群众听得懂、易接受的宣传方式，向广大群众宣传与生育新政相适应的新型婚育文化，教育和引导广大青年把自己的婚育行为与国家和社会发展需求结合起来、与传中华民族之宗和接中华大家庭之代结合起来、与民族兴旺和人类延续联系起来，就能扩大广大群众的生育视野，增强生育的社会责任心，正确理解我国实施现行生育政策的深远意义，转变生育仅仅是个人和家庭“私事”的观念，形成一种更大视野的生育责任，把现行生育政策转化为生育主体的生育意愿和生育行为。[①] 这才是提升群众生育水平、实现适度生育水平的根本之策。

① 吕红平，崔红威，杨鑫．“全面两孩”后的计划生育奖励扶助政策走向［J］．人口研究，2016，43（3）：82-89.

附　　录

为了使河北省人口与计划生育工作步入规范化、法制化轨道，1989年3月14日河北省第七届人民代表大会常务委员会第六次会议通过了《河北省计划生育条例》，为河北省计划生育工作健康发展提供了法治保障。随着计划生育工作形势的变化，河北省人民代表大会常务委员会分别于1994年9月2日、1997年9月3日和2001年3月30日对《河北省计划生育条例》进行了三次修正，但由于都是在“提倡一对夫妻生育一个子女”政策框架内的修正，所以每一次修正后的变化都不大。2001年《中华人民共和国人口与计划生育法》颁布后，河北省根据国家法律和本省实际，于2003年7月18日召开的河北省第十届人民代表大会常务委员会第四次会议通过了《河北省人口与计划生育条例》，对《河北省计划生育条例》作出较大修改，增加了人口方面的内容，突出了人口发展战略的重要地位，成为第一部《河北省人口与计划生育条例》。此后，随着2013年党的十八届三中全会、2015年党的十八届五中全会、2021年5月31日中共中央政治局会议分别作出实施“单独二孩”政策、“全面两孩”政策和“三孩政策”的重大决定，河北省人民代表大会常务委员会对《河北省人口与计划生育条例》相应地作了调整。其中，2014年5月30日河北省第十二届人民代表大会常务委员会第八次会议通过的修正，把“单独二孩”写入了《河北省人口与计划生育条例》；2016年3月29日河北省第十二届人民代表大会常务委员会第二十次会议修订的《河北省人口与计划生育条例》，把“全面两孩”纳入进来，取消了鼓励晚婚晚育的内容，明确了“自2016年1月1日起生育一个子女的夫妻，不再发给《独生子女父母光荣证》”的内容，自此，从地方法规上终止了“提倡一对夫妻生育一个子女”的生育政策；2021 年 11 月 23 日河北省第十三届人民代表大会常务委员会第二十七次会议修订的《河北省人口与计划生育条例》，不仅把“三孩政策”纳入进来，而且加强了关于生育配套支持措施的规定，取消了社会抚养费等制约措施，生育政策更加宽容。

《河北省计划生育条例》向《河北省人口与计划生育条例》的转变，以及《河北省人口与计划生育条例》的三次修正和一次修订，在一定程度上反映着河北省人口与计划生育政策的调整和完善过程，折射出河北省人口与计划生育工作的发展进程。为方便读者了解河北省人口与计划生育法制建设情况，特将第一部《河北省计划生育条例》和第一部《河北省人口与计划生育条例》，以及根据生育政策重大调整在 2014 年、2016 年修正的《河北省人口与计划生育条例》和在 2021 年修订的《河北省人口与计划生育条例》作为附件编录于后。

河北省计划生育条例

（1989 年 3 月 14 日河北省第七届人民代表大会常务委员会第六次会议通过 1989 年 3 月 20 日河北省人民代表大会常务委员会第七号公告公布施行）

第一章 总则

第一条 实行计划生育，是我国的一项基本国策。为控制人口数量，提高人口素质，使人口发展同经济和社会发展相适当，根据《中华人民共和国宪法》和国家有关法律规定，结合我省实际情况，制定本条例。

第二条 凡本省境内的公民和单位，均应遵守本条例。

第三条 国家推行计划生育。鼓励晚婚、晚育，实行少生、优生，禁止早婚、早育和计划外生育，因人制宜地落实节育措施。

第四条 夫妻双方都有实行计划生育的权利和义务。

第二章 组织管理

第五条 各级人民政府领导本行政区域内的计划生育工作，负责组织本条例的实施。

第六条 各级计划生育委员会是同级人民政府计划生育工作的主管部门，对下级计划生育部门的工作有监督、指导、协调的职责。

县以上计划生育宣传指导站、技术服务站、避孕药具管理站是同级计划生育委员会的事业单位，对下级计划生育服务机构有监督、检查和指导的职责。

第七条 各有关部门和社会团体，按照职责分工做好计划生育工作。

第八条 村（居）民委员会和机关、学校、企业事业单位，按照国家有关法律和本条例规定做好计划生育工作，根据工作需要设置计划生育管理机构或配备专（兼）职干部。

实行承包的单位，应把计划生育工作列入承包内容。

第九条　各级计划生育工作人员应保持相对稳定。对县以下计划生育部门和机关、学校、企业事业单位的专职计划生育工作人员，可实行岗位津贴，对村计划生育管理人员给予适当报酬。

第十条　各级人民政府根据本条例有关生育规定和上级政府确定的人口控制目标，制定本辖区的中、长期人口规划和年度人口出生计划。

各基层单位在每年3月底前，将下年度的生育指标落实到人，并予以公布，接受群众监督。

第十一条　各级人民政府实行人口目标管理责任制。把人口计划指标和人均经济指标完成情况，作为考核政府政绩和主要领导人及分管领导人实绩的主要内容。

第十二条　各级人民政府按规定拨付和筹集计划生育事业发展所需用的经费。

第三章　生育

第十三条　育龄夫妻生育子女必须服从当地人口出生计划，除本条例另有规定者外，一对夫妻只生育一个子女。

第十四条　符合下列条件之一，要求生育的夫妻，可有计划地再安排生育一个子女：

（一）只有一个子女，且其子女有非遗传性严重残疾的；

（二）依法收养一个子女后，又怀孕的；

（三）夫妻双方均为独生子女，只有一个子女的；

（四）夫妻一方为二等乙级以上革命伤残军人，或相当此标准的其他非遗传性残疾者，只有一个子女的；

（五）夫妻双方均为少数民族，只有一个子女的；

（六）夫妻双方均为归国华侨和在本省定居的香港、澳门、台湾同胞，只有一个子女的；

（七）再婚前无计划外生育的再婚夫妻，重组家庭时只有一个子女的；或夫妻一方未生育过子女，而另一方有两个以下子女的丧偶再婚者；

（八）在国营矿区井下作业连续 5 年以上，且继续从事井下作业的矿工，只有一个女孩的；

（九）上年度无计划外生育的村的村民，只有一个女孩的；

（十）从事海洋作业的沿海渔区的渔民，只有一个子女的；

（十二）农村中男到有女无儿家结婚落户的村民，只有一个子女的；

（十三）经省人民政府批准其他特殊情况的。

符合前款规定的，也应提倡和鼓励一对夫妻只生育一个子女。

严禁一对夫妻生育第三个子女。

第十五条　符合第十四条规定的，生育妇女的年龄必须在 28 周岁以上，生育间隔必须在 4 年以上；年龄在 30 周岁以上的，可缩短生育间隔。

第十六条　育龄夫妻，要求生育第一个子女的，经乡、镇、城市街道办事处计划生育委员会（办公室）批准。要求生育第二个子女的，经市、县计划生育委员会审查批准。被批准生育的，由女方户籍所在地的计划生育主管部门发给《准生证》。

在农村，村民委员会应同育龄夫妻签订计划生育合同。

第十七条　城市和有条件的农村，公民结婚和生育，应进行婚前和产前检查，接受优生指导。禁止患有能造成下一代严重遗传性疾病的夫妻生育，已结婚的必须接受绝育手术，已怀孕的必须终止妊娠。

第四章　节育

第十八条　凡未安排生育的育龄夫妻，必须落实可靠的节育措施。

凡是计划外怀孕的，必须采取人工流产或引产手术。

第十九条　对计划生育受术者，按规定给予节育假；接受绝育手术确需其配偶护理的，给其配偶 7 至 10 天的护理假。国家工作人员、企业事业单位职工和计划内临时工，在上述假期内，照发标准工资，视为全勤，不影响全勤奖；村民，可由所在乡、村给予适当补助。

第二十条　已婚育龄夫妻，使用避孕药、具和施行节育手术的费用，按国家规定报销。

第二十一条　卫生医疗部门和计划生育技术服务单位，负责计划生育技术指导、实施节育手术和治疗手术并发症。节育技术人员必须严格执行《节育手术常规》，保障受术者的安全。除夫妻患有遗传性疾病，需要在指定医院进行胎儿性别鉴定的以外，禁止任何单位和个人进行胎儿性别鉴定。

第二十二条　经县以上计划生育技术鉴定小组检查，确定为计划生育手术并发症的，给予免费治疗。

因计划生育手术造成丧失或基本丧失劳动能力的，除按国家有关规定办理外，国家工作人员、企事业单位职工和计划内临时工，由所在单位按工伤对待；村民、城镇居民由所在基层单位在生产、生活上给予照顾和资助，当地有关部门，在税收、信贷等方面给予优惠，符合救济条件的给予社会救济。

第五章　奖励

第二十三条　按法定婚龄推迟 3 年以上结婚的，为晚婚，已婚妇女 24 周岁以上第一次生育的，为晚育。实行晚婚的、奖励婚假 15 天，实行晚育的，奖励产假 45 天。奖励婚、产假期间，享受正常婚、产假待遇。

对实行晚婚、晚育的村民，由市、县人民政府制定具体奖励办法。

第二十四条　对自愿只生育一个子女的夫妻，经县级计划生育委员会批准，发给《独生子女证》。

（一）从领取《独生子女证》之日起，到子女 14 周岁止，对独生子女父母由双方所在单位每月分别发给不低于 5 元的奖金。

（二）在产假期间领取《独生子女证》的，对产妇增加奖励产假

30 天。

对符合第十四条规定可以生育第二个子女而自愿不再生育的夫妻，适当给予奖励。

独生子女父母的奖金来源和奖励办法由省人民政府制定，独生子女父母为农业人口的，奖金数额、奖励形式和具体奖励办法由市、县人民政府制定。

第二十五条 对独生子女入托儿所、幼儿园、上小学、就医住院，给予照顾。

在扶持发展生产上对独生子女户给予优先照顾。

分配住房、宅基地、城乡企业事业单位用工，在同等条件下照顾独生子女父母。

第二十六条 对执行本条例成绩显著的单位和个人，各级人民政府或计划生育主管部门给予表彰或奖励。

第六章 处罚

第二十七条 凡未列入当地生育计划而生育的，为计划外生育。对计划外生育的夫妻，由夫妻双方所在单位各处以一次性超生罚款：

（一）不符合第十四条规定，生育第二个子女的，对夫妻双方分别给予处罚：国家工作人员、企业事业单位职工和计划内临时工，按不低于本人一年的工资总额处罚，私营企业经营者和个体劳动者，按不低于本人一年纯收入的金额处罚；城镇无业居民，按不低于本市、镇居民上年度人均收入的金额处罚，村民按不低于本村上年度人均收入 2.5 倍的金额处罚。生育第三个子女的，对夫妻双方按计划外生育第二个子女处罚金额各加罚 50%至 100%。

（二）不足法定婚龄而非法生育第一个子女的，比照第（一）项规定的第二个子女处罚，并且不准按第十四条规定再安排生育；生育第二个子女的，比照第（一）项规定的第三个子女处罚。

（三）违反第十五条规定而提前生育第二个子女的，对夫妻双方从生育年度起至批准生育的年度止，每年各按本人两个月收入的金额处罚。

未履行法律手续收养子女的，视为计划外生育，按子女数比照前款规定处罚。

第二十八条　凡不符合第十四条规定而计划外生育的夫妻，除按第二十七条规定给予经济处罚外，并给予降级直至开除的行政处分，不得评为先进工作者，不得享受有关生育的劳保福利待遇。因计划外生育造成住房和生活困难的，不予照顾。

第二十九条　未完成人口计划指标或统计数字不实的地方和单位，不得评为先进集体和文明单位。

每出现一名计划外生育，对夫妻双方所在单位各处以500元至10000元的罚款，并可根据情况对单位领导人和主管工作人员给予经济处罚或行政处分。

第三十条　因领导失职而造成人口失控的地方和单位，对其主要领导人和分管领导人给予降级处分，农村享受定额补贴的扣发20%的补贴，下年度仍无明显转变的给予撤职以上的行政处分。

对弄虚作假、谎报计划生育统计数字的领导人、当事人，给予降级以上的行政处分。

第三十一条　非法出具结婚介绍信、摘取节育环、进行胎儿性别鉴定，出具假诊断书、假节育手术证明等假证件，假做节育手术，滥发生育指标者，没收其全部非法所得，并处以500元至3000元的罚款，情节严重的，同时给予其他行政处罚；构成犯罪的，由司法机关依法追究刑事责任。

因前款行为造成他人生育的，除对生育者按计划外生育处罚外，对当事人给予与生育者同等金额的罚款。

第三十二条　具有下列行为之一的单位或个人，给予罚款或其他行政处分；违反治安管理规定的，由公安机关给予处罚，构成犯罪的，由司法机关依法追究刑事责任；

（一）阻碍公民实行计划生育的；

（二）拒不执行本条例有关规定的；

（三）虐待女孩或生育女孩母亲的；

（四）遗弃、溺害、买卖婴幼儿的；

（五）干涉、阻碍男到有女无儿家结婚落户的；

（六）拒绝、阻碍工作人员依法执行计划生育职务，或造谣惑众、煽动闹事的；

（七）威胁、侮辱、殴打、诬陷计划生育工作人员的；

（九）在计划生育工作中，玩忽职守、徇私舞弊或造成重大事故的。

第三十三条　对违反本条例规定应给予罚款和其他行政处罚的，由所在单位提出处罚意见，报乡、镇、城市街道办事处以上计划生育委员会（办公室）和有关行政主管部门审查决定。

当事人对处罚决定不服的，可在接到处罚决定通知之日起 15 日内，向作出处罚决定的上一级人民政府的计划生育主管部门申请复议。当事人对复议决定不服的，可在接到复议决定之日起 15 日内，向当地人民法院起诉。逾期不起诉，又不履行处罚决定的；由作出处罚决定的机关申请人民法院强制执行。

第三十四条　根据本条例规定处罚的超生罚款和其他罚款，只能用于计划生育事业。具体管理和使用办法，由省计划生育委员会和省财政厅制定。

第七章　流动人口的管理

第三十五条　流动人口的计划生育工作，由户籍所在地和临时居住地人民政府共同负责。计划生育、工商行政管理、公安等有关部门，接收流动人口从业、居住的单位和个人，必须密切配合，加强对流动人口计划生育的管理。

凡对流动人口计划外怀孕和生育放任不管或包庇、隐匿的，应追究单位负责人和当事人的责任。

第三十六条　凡外出从业和居住的流动人口，必须持户籍所在地乡、镇人民政府和城市街道办事处计划生育主管部门的结婚生育证明，到从业和居住地的计划生育主管部门办理计划生育登记手续后，方可办理暂住户口或寄住户口、营业执照，或被雇请从业。

第三十七条　流动人口中的育龄夫妻，要接受居住地有关部门的计划生育指导，落实可靠的节育措施；计划外怀孕的，必须采取补救手术，拒不采取补救手术的，个体劳动者由工商行政管理部门令其暂时停止营业，其他流动人口由从业、居住的单位或雇主负责做好工作，直至采取补救手术。

第三十八条　流动人口中的育龄夫妻，要求生育的，必须持户籍所在地发放的《准生证》和计划生育主管部门的有关证明，经临时居住地计划生育主管部门审核登记后，方可生育。

第三十九条　流动人口计划外生育的，由户籍所在地和临时居住地的工商行政管理、公安等部门协助计划生育主管部门按本条例的有关规定予以处罚。并可根据情况，由公安部门注销其暂住户口或寄住户口，由工商行政管理部门吊销其营业执照，或由雇主予以辞退。

第八章　附则

第四十条　本条例所称的“以上”、“以下”都包括本级或本数在内。

第四十一条　省人民政府可根据本条例制定实施细则。市、县、自治县人民政府可根据本条例和实施细则制定实施办法。本条例具体应用中的问题由省计划生育委员会负责解释。

第四十二条　本条例自公布之日起施行。

河北省人口与计划生育条例

（2003年7月18日河北省第十届人民代表大会常务委员会第四次会议通过）

第一章　总则

第一条　为控制人口数量，提高人口素质，稳定低生育水平，实现人口与经济、社会、资源、环境的协调发展，根据《中华人民共和国人口与计划生育法》和有关法律、法规的规定，结合本省实际，制定本条例。

第二条　凡本省行政区域内的中国公民、法人或者其他组织及户籍在本省而离开省境的公民，均应当遵守本条例。

第三条　实行计划生育是我国的一项基本国策。

各级人民政府应当依靠宣传教育、科学技术进步、综合服务、建立健全奖励和社会保障制度，开展人口与计划生育工作。

第四条　各级人民政府领导本行政区域的人口与计划生育工作。

县级以上人民政府计划生育行政部门负责本行政区域的计划生育工作和与计划生育有关的人口工作。

县级以上各级人民政府其他有关部门应当履行人口与计划生育工作职责，并在各自的职责范围内制定具体措施，共同做好有关的人口与计划生育工作。

第五条　工会、共产主义青年团、妇女联合会等社会团体，应当协助人民政府做好人口与计划生育工作。

各级计划生育协会应当协助同级人民政府组织公民在计划生育工作中实行自我教育、自我管理、自我服务。

第六条　村民委员会、居民委员会和国家机关、事业单位的计划生育工作由其主要负责人负责，根据工作需要设置计划生育管理机构或者配备专职、兼职工作人员。企业的计划生育工作由其法定代表人或者主要负责人负责，并接受所在地人民政府计划生育行政部门或者机构的指导、监督和检查。

第二章　人口发展规划的制定与组织实施

第七条　县级以上人民政府根据上一级人民政府人口发展规划，结合当地实际编制本行政区域的人口发展规划，并将其纳入国民经济和社会发展计划。

第八条　县级以上人民政府根据人口发展规划，制定人口与计划生育实施方案，并加强对人口与计划生育工作的管理、监督和检查指导。

人口与计划生育实施方案应当规定控制人口数量、优化人口结构、加强母婴保健、提高人口素质的措施。

第九条　乡、民族乡、镇人民政府和城市街道办事处负责落实本管辖区域的人口与计划生育实施方案。

第十条　城市的人口与计划生育工作，实行属地管理、单位负责、居民自治、社区服务的管理和服务机制，并将其纳入创建文明街道、文明社区、文明家庭的内容。

第十一条　流动人口的计划生育工作由其户籍所在地和现居住地的人民政府共同负责管理，以现居住地管理为主，具体办法由省人民政府制定。

第十二条　在人口与计划生育工作中，应当对生育政策、奖励政策、处罚标准以及安排生育情况等定期公开，自觉接受公众监督。

人口与计划生育统计数据必须实事求是，如实上报，任何单位和个人不得虚报、瞒报、伪造、篡改或者拒报统计数据。

第十三条　各级人民政府实行人口与计划生育工作目标管理责任制，并负责贯彻实施。

发展改革、财政、卫生、民政、公安、工商、劳动和社会保障、教育、药品监督、统计等部门在各自职责范围内，负责有关的人口与计划生育工作，提供人口与计划生育有关数据，实行人口信息资源共享。

第十四条　计划生育、教育、科技、文化、卫生、民政、新闻、出版等部门应当组织开展人口与计划生育宣传教育，引导公民树立科学、文明、进步的人口观念和生育观念，自觉实行计划生育。

大众媒体负有开展人口与计划生育的社会公益性宣传的义务。

第十五条　对县级以下计划生育行政部门或者机构和国家机关、企业事业单位的专职计划生育工作人员，实行岗位津贴；对村民委员会、居民委员会计划生育管理人员给予适当报酬。

县级以下人民政府计划生育行政部门或者机构及其所属事业单位的计划生育工作人员，在计划生育工作岗位工作二十年以上，并在计划生育工作岗位上退休的，增加百分之五的退休金。

第十六条　各级人民政府应当对人口与计划生育经费予以保障，并逐步提高对人口与计划生育经费投入的总体水平。

任何单位和个人不得截留、克扣、挪用人口与计划生育经费。

第三章　生育调节

第十七条　公民有生育的权利，也有依法实行计划生育的义务，夫妻双方在实行计划生育中负有共同的责任。

第十八条　鼓励公民晚婚晚育，提倡一对夫妻生育一个子女。

第十九条　双方无子女的公民结婚后，可以自愿安排生育第一个子女。符合下列条件之一的夫妻，经过批准可以再生育一个子女：

（一）第一个子女为病残儿，不能成长为正常劳动力，但医学上认为可以再生育的；

（二）依法收养一个子女后，又怀孕的；

（三）夫妻双方均为独生子女，只有一个子女的；

（四）夫妻一方为二等乙级以上革命伤残军人，或者相当此标准的其他非遗传性残疾者，只有一个子女的；

（五）夫妻双方均为全国一千万以下人口的少数民族，只有一个子女的；

（六）夫妻双方均为归国华侨或者在本省定居的台湾、香港、澳门同胞，只有一个子女的；

（七）从事海洋作业的沿海渔区的渔民，只有一个子女的；

（八）山区、坝上的农村居民，只有一个子女的；

（九）农村中男到有女无儿家结婚落户的居民，只有一个子女的；

（十）从事井下作业连续五年以上，且继续从事井下作业的矿工，只有一个女孩的；

（十一）平原、丘陵的农村居民，只有一个女孩的；

（十二）再婚夫妻一方无子女，另一方有两个以下子女的；

（十三）经省人民政府批准，属于其他特殊情况的。

第二十条　符合第十九条（第十二项“再婚夫妻一方无子女，另一方有两个以下子女的”除外）规定的，妇女再生育时的年龄应当在二十六周岁以上，生育间隔应当在四年以上；年龄在二十八周岁以上的，可以缩短生育间隔。

第二十一条　涉外婚姻的生育，涉及台湾、香港、澳门同胞的生育和出国留学人员的生育，按照国家有关规定执行。

第二十二条　育龄夫妻由农村居民转为城镇居民后，按照城镇居民的生育政策执行。属于成建制转为城镇居民的育龄夫妻，其执行农村居民生育政策的过渡期为二十四个月。

第二十三条　育龄夫妻生育第一个子女的，应当在怀孕三个月内主动到女方户籍所在地的乡、民族乡、镇人民政府或者城市街道办事处计划生育工作机构进行登记。

育龄夫妻生育第一个子女实行免费登记制度。

第二十四条　育龄夫妻要求生育第二个子女的，县级人民政府计划生育行政部门应当自受理申请之日起一个月内给予审批。其中有一方是国家工作人员或者符合第十九条第（一）项、第（四）项的职工，设区市人民政府计划生育行政部门应当自受理申请之日起三个月内给予审批。

审批期限不包括第十九条第（一）项、第（四）项病残儿、成人伤残鉴定时间。

对批准生育的，由女方户籍所在地县级人民政府计划生育行政部门发给《第二个子女生育证》；对不予批准生育的，应当书面告知申请人不批准的理由。

第二十五条　遗弃、溺害、买卖、藏匿、违法送养子女的夫妻，不再安排生育。

已领取《第二个子女生育证》的夫妻，未经县级人民政府计划生育行政部门批准，擅自实行中期以上（妊娠 14 周以上）非医学需要的终止妊娠手术的，《第二个子女生育证》作废，不再安排生育。

第二十六条　实行计划生育，以避孕为主。

预防和减少非意愿妊娠。

第二十七条　各级人民政府应当创造条件，保障实行计划生育的公民享有避孕节育措施的知情选择权。

第二十八条　育龄夫妻应当自觉落实安全、有效、适宜的计划生育避孕节育措施，并接受计划生育技术服务和孕情检查指导。

对已生育子女的夫妻，提倡首选长效避孕措施。

第二十九条　不符合第十九条、第二十条规定而怀孕者，应当在计划生育技术服务人员指导下采取终止妊娠措施。

第三十条　育龄夫妻的管理单位可以同育龄夫妻签订计划生育合同，约定双方的权利、义务。

第三十一条　实行计划生育的已婚育龄夫妻，免费享受国家规定的基本项目的计划生育技术服务。

款所需经费，按照有关规定列入各级人民政府财政预算或者由社会保险予以保障。

第四章　奖励与社会保障

第三十二条　公民晚婚晚育，应当获得奖励。

按法定结婚年龄推迟三年以上结婚的为晚婚；已婚妇女二十四周岁以上第一次生育的为晚育。实行晚婚的，奖励婚假十五天；实行晚育的，奖励产假四十五天，并给予男方护理假十天。奖励婚、产假期间，享受正常婚、产假待遇。

第三十三条　对计划生育受术者，按规定给予节育假；接受绝育手术确需其配偶护理的，其配偶享受七至十天的护理假。国家工作人员、企业职工在上述假期内，视为全勤；农村居民可以由所在乡、民族乡、镇人民政府给予适当补助。

第三十四条　对自愿终身只生育一个子女的夫妻，经乡、民族乡、镇人民政府或者城市街道办事处登记，发给《独生子女父母光荣证》，并持证享受以下奖励：

（一）从领取《独生子女父母光荣证》之日起，到子女十八周岁止，对独生子女父母由双方所在单位每月分别发给不低于十元的奖金；

（二）在产假期间领取《独生子女父母光荣证》的，对产妇增加奖励产假三十天；

（三）对符合第十九条规定可以生育第二个子女而自愿不再生育的夫妻，分别给予不低于一千元的一次性奖励；

（四）独生子女父母，是国家工作人员、企业事业单位职工的，退休时分别给予不低于三千元的一次性奖励；是农村居民及城镇无业居民的，年老丧失劳动能力时，给予适当补助。

前款规定的奖励、补助费的来源，由省人民政府制定。

第三十五条　县级以上人民政府可以设立人口与计划生育救助公益金。其经费来源主要是财政投入和社会捐助，主要用于独生子女发生意外伤残、死亡，其父母不再生育或者不再收养子女的，退休或者丧失劳动能力时的补助。具体办法由省人民政府制定。

第三十六条　在扶持发展生产上，对独生子女家庭给予资金、技术、培训等方面的优惠和支持；对实行计划生育的贫困家庭，在扶贫、以工代赈和社会救济等方面给予优先照顾。

应当提高农村独生子女家庭宅基地标准；多增加一人份的集体福利分配份额；对下岗的独生子女父母，在同等条件下优先安排培训和就业。

农村独生子女在参加本省中考、高考时，给予增加10分的照顾。

对独生子女入托儿所、幼儿园、上小学、就医住院给予适当照顾。

本条规定的优先优惠具体办法由省人民政府制定。

第三十七条　在有条件的农村，可以根据政府引导、农民自愿的原则，逐步建立独生子女家庭和两女家庭养老保障制度，实行多种形式的养老保障办法。

第三十八条　对执行本条例成绩显著的单位和个人，各级人民政府或者计划生育行政部门应当给予表彰或者奖励。

第五章　计划生育技术服务

第三十九条　各级人民政府计划生育行政部门负责管理本行政区域内的计划生育技术服务工作。各级人民政府卫生行政等有关部门应当在各自的职责范围内，配合计划生育行政部门做好计划生育技术服务工作。

县级以上人民政府计划生育行政部门应当定期对本行政区域的计划生育技术服务工作进行检查。

第四十条　各级人民政府应当建立健全由计划生育技术服务机构和从事计划生育技术服务的医疗、保健机构组成的计划生育技术服务网络。

计划生育技术服务机构和从事计划生育技术服务的医疗、保健机构的设立，按照国务院颁布的《计划生育技术服务管理条例》的有关规定进行审批。

第四十一条　计划生育技术服务机构和从事计划生育技术服务的医疗、保健机构，应当在各自的职责范围内，针对育龄人群的特点开展人口与计划生育基础知识宣传教育，对已婚育龄妇女开展孕情检查和随访服务工作，承担计划生育和生殖保健的咨询、指导和技术服务。

计划生育技术服务人员中有关的临床服务人员，应当按照国务院颁布的《计划生育技术服务管理条例》的有关规定，取得执业资格并注册登记。

禁止个体医疗机构实施计划生育手术。

第四十二条　计划生育技术服务人员应当指导公民选择安全、有效、适宜的避孕节育措施。

实施避孕节育手术，应当保证受术者的安全。

第四十三条　公民生育应当接受孕产期保健指导，防止或者减少出生缺陷。

经指定的县级以上医疗机构确诊，育龄夫妻一方患有医学上认为不应当生育的严重遗传性疾病的，应当及时采取绝育措施或者长效避孕措施，禁止生育。

第四十四条　严禁任何单位和个人利用超声技术和其他技术进行非医学需要的胎儿性别鉴定和选择性别的人工终止妊娠。

第四十五条　在计划生育技术服务机构和从事计划生育技术服务的医疗、保健机构实行计划生育手术的，经县级以上人民政府计划生育行政部门组织鉴定认定为计划生育手术并发症的，给予免费治疗。

因计划生育手术造成丧失或者基本丧失劳动能力的，除按照国家有关规定办理外，国家工作人员、企业职工由所在单位按工伤对待；农村居民、城镇无业居民由所在基层单位在生产、生活上给予照顾和资助，符合救济条件的应当给予社会救济。

第六章　法律责任

第四十六条　凡不符合本条例规定生育子女的，对生育双方按以下标准各一次性征收社会抚养费：

（一）不符合第十九条规定生育第二个子女，是国家工作人员、企业职工的，按不低于本人上年度工资总额二点五倍的金额征收；是民营企业经营者和个体劳动者的，按不低于本人上年度纯收入二点五倍的金额征收；是城镇无业居民的，按不低于本市、镇居民上年度人均可支配收入二点五倍的金额征收；是农村居民的，按不低于本乡、民族乡、镇农村居民上年度人均纯收入二点五倍的金额征收。不符合本条例规定生育第三个子女的，按生育第二个子女的征收金额各加百分之百征收；生育第四个以上子女的，征收金额以此递进累加。

（二）不符合第二十条规定而提前生育第二个子女的，从生育年度起至法定年度止，每提前一年分别按一千五百元的金额征收。

（三）符合第十九条、第二十条规定但未办理《第二个子女生育证》而生育的，分别按五百元的金额征收。

（四）未达到法定结婚年龄生育第一个子女的，分别比照本条第（一）项规定的第二个子女的征收标准征收；生育第二个子女的，比照本条第（一）项规定的第三个子女的征收标准征收；生育第三个以上子女的，以此类推。

（五）达到法定结婚年龄但未办理《结婚证》而生育第一个子女的，分别按一千五百元的金额征收。

（六）除本条第（四）、（五）项外，其他因非婚姻关系生育子女的，按双方子女总数计算子女数，比照本条第（四）项标准征收。

第四十七条　不符合《中华人民共和国收养法》规定而收养子女的，对收养人按以下标准征收社会抚养费：

（一）符合法定条件但未进行登记而收养的，按一千元的金额征收；

（二）无子女但未达到法定收养年龄而收养的，每提前一年按二千元的金额征收；

（三）有子女而收养的，按照子女数比照本条例第四十六条第（一）项规定的标准征收。

第四十八条　对不符合本条例第十九条规定而生育的或者不符合《中华人民共和国收养法》规定而收养子女的当事人，除按第四十六条、第四十七条规定征收社会抚养费外，是国家工作人员的，给予行政处分；

是其他人员的，由其所在单位或者组织给予纪律处分。

第四十九条　对出现不符合本条例规定而生育或者收养的当事人所在机关、事业单位及各类企业的主要负责人和主管负责人，给予行政处分，并取消单位当年评选先进的资格。

对造成人口失控的地方和机关、事业单位及各类企业，给予其主要负责人和主管负责人降级以上行政处分；农村享受定额补贴的，扣发百分之二十的补贴。下年度仍无明显转变的，给予其主要负责人和主管负责人撤职以上的行政处分；农村享受定额补贴的，停发定额补贴。

第五十条　违反本条例规定，不履行人口与计划生育目标管理职责和不履行协助管理人口与计划生育义务的，由有关地方人民政府责令改正，并给予通报批评；对直接负责的主管人员和其他直接责任人员依法给予行政处分。

第五十一条　对违反本条例第二十八条规定不按期接受孕情检查指导的，由计划生育行政部门给予警告，限期改正；逾期不改正的，处以二百元至五百元罚款。

违反本条例第二十九条规定不采取终止妊娠措施的，由计划生育行政部门给予警告，限期改正；逾期不改正的，处以一千元至二千元罚款。

第五十二条　违反本条例规定，具有下列行为之一的单位或者个人，由县级以上人民政府计划生育行政部门或者卫生行政部门依据职权责令改正，给予警告，没收违法所得；违法所得一万元以上的，处违法所得二倍以上六倍以下的罚款；没有违法所得或者违法所得不足一万元的，处一万元以上三万元以下的罚款；情节严重的，由原发证机关依法吊销执业证书；构成犯罪的，依法追究刑事责任：

（一）非法为他人施行计划生育手术的；

（二）为他人进行非医学需要的胎儿性别鉴定或者选择性别的人工终止妊娠的；

（三）实施假节育手术、进行假医学鉴定、出具假计划生育证明的。

第五十三条　违反本条例规定，伪造、变造、买卖计划生育证明的，由县级以上人民政府计划生育行政部门没收违法所得，违法所得五千元以上的，处违法所得二倍以上十倍以下的罚款；没有违法所得或者违法所得不足五千元的，处五千元以上二万元以下的罚款；构成犯罪的，依法追究刑事责任。

第五十四条　对具有下列行为之一的单位或者个人，依照有关法律、法规予以处理：

（一）拒绝、阻碍工作人员依法执行计划生育公务或者造谣惑众、煽动闹事的；

（二）威胁、侮辱、殴打、诬陷计划生育工作人员的；

（三）违反计划生育技术服务管理有关规定的。

第五十五条　国家工作人员在人口与计划生育工作中，具有下列行为之一的，依法给予行政处分；有违法所得的，没收违法所得；构成犯罪的，依法追究刑事责任：

（一）侵犯公民人身权、财产权和其他合法权益的；

（二）对公民的生育申请在法定期限内无正当理由不予办理或者故意刁难申请人的；

（三）弄虚作假或者滥发计划生育证件的；

（四）以征收社会抚养费代替采取补救措施的；

（五）虚报、瞒报、伪造、篡改或者拒报人口与计划生育统计数据的；

（六）滥用职权、玩忽职守、徇私舞弊或者违法违纪并造成重大事故的；

（七）贪污、截留、克扣、挪用人口与计划生育经费、社会抚养费、没收的违法所得和罚款的；

（八）索取、收受贿赂的。

第五十六条　本条例所规定的社会抚养费征收的程序及管理和使用，按照国务院《社会抚养费征收管理办法》的有关规定执行。

本条例所规定的行政处罚的程序及罚没款项的管理和使用，按照

《中华人民共和国行政处罚法》的有关规定执行。

第五十七条 当事人对征收社会抚养费和行政处罚决定不服的，可以依法申请行政复议或者提起行政诉讼。

第七章 附则

第五十八条 省人民政府可以根据本条例制定实施细则。

第五十九条 本条例自2003年10月1日起施行。根据2001年3月30日河北省第九届人民代表大会常务委员会第二十次会议《关于修改〈河北省计划生育条例〉的决定》修正的《河北省计划生育条例》同时废止。

河北省人口与计划生育条例

（2003年7月18日河北省第十届人民代表大会常务委员会第四次会议通过　根据2014年5月30日河北省第十二届人民代表大会常务委员会第八次会议《河北省人民代表大会常务委员会关于修改〈河北省人口与计划生育条例〉的决定》修正）

第一章　总则

第一条　为控制人口数量，提高人口素质，稳定低生育水平，实现人口与经济、社会、资源、环境的协调发展，根据《中华人民共和国人口与计划生育法》和有关法律、法规的规定，结合本省实际，制定本条例。

第二条　凡本省行政区域内的中国公民、法人或者其他组织及户籍在本省而离开省境的公民，均应当遵守本条例。

第三条　实行计划生育是我国的一项基本国策。

各级人民政府应当依靠宣传教育、科学技术进步、综合服务、建立健全奖励和社会保障制度，开展人口与计划生育工作。

第四条　各级人民政府领导本行政区域的人口与计划生育工作。

县级以上人民政府计划生育行政部门负责本行政区域的计划生育工作和与计划生育有关的人口工作。

县级以上各级人民政府其他有关部门应当履行人口与计划生育工作职责，并在各自的职责范围内制定具体措施，共同做好有关的人口与计划生育工作。

第五条　工会、共产主义青年团、妇女联合会等社会团体，应当协助人民政府做好人口与计划生育工作。

各级计划生育协会应当协助同级人民政府组织公民在计划生育工作中实行自我教育、自我管理、自我服务。

第六条　村民委员会、居民委员会和国家机关、事业单位的计划生育工作由其主要负责人负责，根据工作需要设置计划生育管理机构或者配备专职、兼职工作人员。企业的计划生育工作由其法定代表人或者主要负责人负责，并接受所在地人民政府计划生育行政部门或者机构的指导、监督和检查。

第二章　人口发展规划

第七条　县级以上人民政府根据上一级人民政府人口发展规划，结合当地实际编制本行政区域的人口发展规划，并将其纳入国民经济和社会发展计划。

第八条　县级以上人民政府根据人口发展规划，制定人口与计划生育实施方案，并加强对人口与计划生育工作的管理、监督和检查指导。

人口与计划生育实施方案应当规定控制人口数量、优化人口结构、加强母婴保健、提高人口素质的措施。

第九条　乡、民族乡、镇人民政府和城市街道办事处负责落实本管辖区域的人口与计划生育实施方案。

第十条　城市的人口与计划生育工作，实行属地管理、单位负责、居民自治、社区服务的管理和服务机制，并将其纳入创建文明街道、文明社区、文明家庭的内容。

第十一条　流动人口的计划生育工作由其户籍所在地和现居住地的人民政府共同负责管理，以现居住地管理为主，具体办法由省人民政府制定。

第十二条　在人口与计划生育工作中，应当对生育政策、奖励政策、处罚标准以及安排生育情况等定期公开，自觉接受公众监督。

人口与计划生育统计数据必须实事求是，如实上报，任何单位和个人不得虚报、瞒报、伪造、篡改或者拒报统计数据。

第十三条　各级人民政府实行人口与计划生育工作目标管理责任制，并负责贯彻实施。

发展改革、财政、卫生、民政、公安、工商、劳动和社会保障、教育、药品监督、统计等部门在各自职责范围内，负责有关的人口与计划生育工作，提供人口与计划生育有关数据，实行人口信息资源共享。

第十四条　计划生育、教育、科技、文化、卫生、民政、新闻、出版等部门应当组织开展人口与计划生育宣传教育，引导公民树立科学、文明、进步的人口观念和生育观念，自觉实行计划生育。

大众媒体负有开展人口与计划生育的社会公益性宣传的义务。

第十五条　对县级以下计划生育行政部门或者机构和国家机关、企业事业单位的专职计划生育工作人员，实行岗位津贴；对村民委员会、居民委员会计划生育管理人员给予适当报酬。

县级以下人民政府计划生育行政部门或者机构及其所属事业单位的计划生育工作人员，在计划生育工作岗位工作二十年以上，并在计划生育工作岗位上退休的，增加百分之五的退休金。

第十六条　各级人民政府应当对人口与计划生育经费予以保障，并逐步提高对人口与计划生育经费投入的总体水平。

任何单位和个人不得截留、克扣、挪用人口与计划生育经费。

第三章　生育调节

第十七条　公民有生育的权利，也有依法实行计划生育的义务，夫妻双方在实行计划生育中负有共同的责任。

第十八条　鼓励公民晚婚晚育，提倡一对夫妻生育一个子女。

第十九条　双方无子女的公民结婚后，可以自愿安排生育第一个子女。符合下列条件之一的夫妻，经过批准可以再生育一个子女：

（一）第一个子女为病残儿，不能成长为正常劳动力，但医学上认为可以再生育的；

（二）依法收养一个子女后，又怀孕的；

（三）夫妻一方为独生子女，只有一个子女的；

（四）夫妻一方为二等乙级以上革命伤残军人，或者相当此标准的其他非遗传性残疾者，只有一个子女的；

（五）夫妻双方均为全国一千万以下人口的少数民族，只有一个子女的；

（六）夫妻双方均为归国华侨或者在本省定居的台湾、香港、澳门同胞，只有一个子女的；

（七）从事海洋作业的沿海渔区的渔民，只有一个子女的；

（八）山区、坝上的农村居民，只有一个子女的；

（九）农村中男到有女无儿家结婚落户的居民，只有一个子女的；

（十）从事井下作业连续五年以上，且继续从事井下作业的矿工，只有一个女孩的；

（十一）平原、丘陵的农村居民，只有一个女孩的；

（十二）再婚夫妻一方无子女，另一方有两个以下子女的；

（十三）经省人民政府批准，属于其他特殊情况的。

第二十条　符合第十九条（第十二项“再婚夫妻一方无子女，另一方有两个以下子女的”除外）规定的，妇女再生育时的年龄应当在二十六周岁以上，生育间隔应当在四年以上；年龄在二十八周岁以上的，可以缩短生育间隔。

第二十一条　涉外婚姻的生育，涉及台湾、香港、澳门同胞的生育和出国留学人员的生育，按照国家有关规定执行。

第二十二条　育龄夫妻由农村居民转为城镇居民后，按照城镇居民的生育政策执行。属于成建制转为城镇居民的育龄夫妻，其执行农村居民生育政策的过渡期为二十四个月。

第二十三条　育龄夫妻生育第一个子女的，应当在怀孕三个月内主动到女方户籍所在地的乡、民族乡、镇人民政府或者城市街道办事处计划生育工作机构进行登记。

育龄夫妻生育第一个子女实行免费登记制度。

第二十四条　育龄夫妻要求生育第二个子女的，县级人民政府计划生育行政部门应当自受理申请之日起一个月内给予审批。其中有一方是国家工作人员或者符合第十九条第（一）项、第（四）项的职工，设区市人民政府计划生育行政部门应当自受理申请之日起三个月内给予审批。

审批期限不包括第十九条第（一）项、第（四）项病残儿、成人伤残鉴定时间。

对批准生育的，由女方户籍所在地县级人民政府计划生育行政部门发给《第二个子女生育证》；对不予批准生育的，应当书面告知申请人不批准的理由。

第二十五条　遗弃、溺害、买卖、藏匿、违法送养子女的夫妻，不再安排生育。

已领取《第二个子女生育证》的夫妻，未经县级人民政府计划生育行政部门批准，擅自实行中期以上（妊娠14周以上）非医学需要的终止妊娠手术的，《第二个子女生育证》作废，不再安排生育。

第二十六条　实行计划生育，以避孕为主。

预防和减少非意愿妊娠。

第二十七条　各级人民政府应当创造条件，保障实行计划生育的公民享有避孕节育措施的知情选择权。

第二十八条　育龄夫妻应当自觉落实安全、有效、适宜的计划生育避孕节育措施，并接受计划生育技术服务和孕情检查指导。

对已生育子女的夫妻，提倡首选长效避孕措施。

第二十九条　不符合第十九条、第二十条规定而怀孕者，应当在计划生育技术服务人员指导下采取终止妊娠措施。

第三十条　育龄夫妻的管理单位可以同育龄夫妻签订计划生育合同，约定双方的权利、义务。

第三十一条　实行计划生育的已婚育龄夫妻，免费享受国家规定的基本项目的计划生育技术服务。

前款所需经费，按照有关规定列入各级人民政府财政预算或者由社会保险予以保障。

第四章　奖励与社会保障

第三十二条　公民晚婚晚育，应当获得奖励。

按法定结婚年龄推迟三年以上结婚的为晚婚；已婚妇女二十四周岁以上第一次生育的为晚育。实行晚婚的，奖励婚假十五天；实行晚育的，奖励产假四十五天，并给予男方护理假十天。奖励婚、产假期间，享受正常婚、产假待遇。

第三十三条　对计划生育受术者，按规定给予节育假；接受绝育手术确需其配偶护理的，其配偶享受七至十天的护理假。国家工作人员、企业职工在上述假期内，视为全勤；农村居民可以由所在乡、民族乡、镇人民政府给予适当补助。

第三十四条　对自愿终身只生育一个子女的夫妻，经乡、民族乡、镇人民政府或者城市街道办事处登记，发给《独生子女父母光荣证》，并持证享受以下奖励：

（一）从领取《独生子女父母光荣证》之日起，到子女十八周岁止，对独生子女父母由双方所在单位每月分别发给不低于十元的奖金；

（二）在产假期间领取《独生子女父母光荣证》的，对产妇增加奖励产假三十天；

（三）对符合第十九条规定可以生育第二个子女而自愿不再生育的夫妻，分别给予不低于一千元的一次性奖励；

（四）独生子女父母，是国家工作人员、企业事业单位职工的，退休时分别给予不低于三千元的一次性奖励；是农村居民及城镇无业居民的，年老丧失劳动能力时，给予适当补助。

前款规定的奖励、补助费的来源，由省人民政府制定。

第三十五条　县级以上人民政府可以设立人口与计划生育救助公益金。其经费来源主要是财政投入和社会募捐，主要用于独生子女发生意外伤残、死亡，其父母不再生育或者不再收养子女的，退休或者丧失劳动能力时的补助。具体办法由省人民政府制定。

第三十六条　在扶持发展生产上，对独生子女家庭给予资金、技术、培训等方面的优惠和支持；对实行计划生育的贫困家庭，在扶贫、以工代赈和社会救济等方面给予优先照顾。

应当提高农村独生子女家庭宅基地标准；多增加一人份的集体福利分配份额；对下岗的独生子女父母，在同等条件下优先安排培训和就业。

农村独生子女在参加本省中考、高考时，给予增加10分的照顾。对独生子女入托儿所、幼儿园、上小学、就医住院给予适当照顾。

本条规定的优先优惠具体办法由省人民政府制定。

第三十七条　在有条件的农村，可以根据政府引导、农民自愿的原则，逐步建立独生子女家庭和两女家庭养老保障制度，实行多种形式的养老保障办法。

第三十八条　对执行本条例成绩显著的单位和个人，各级人民政府或者计划生育行政部门应当给予表彰或者奖励。

第五章　计划生育技术

第三十九条　各级人民政府计划生育行政部门负责管理本行政区域内的计划生育技术服务工作。各级人民政府卫生行政等有关部门应当在各自的职责范围内，配合计划生育行政部门做好计划生育技术服务工作。

县级以上人民政府计划生育行政部门应当定期对本行政区域的计划生育技术服务工作进行检查。

第四十条　各级人民政府应当建立健全由计划生育技术服务机构和从事计划生育技术服务的医疗、保健机构组成的计划生育技术服务网络。

计划生育技术服务机构和从事计划生育技术服务的医疗、保健机构的设立，按照国务院颁布的《计划生育技术服务管理条例》的有关规定进行审批。

第四十一条　计划生育技术服务机构和从事计划生育技术服务的医疗、保健机构，应当在各自的职责范围内，针对育龄人群的特点开展人口与计划生育基础知识宣传教育，对已婚育龄妇女开展孕情检查和随访服务工作，承担计划生育和生殖保健的咨询、指导和技术服务。

计划生育技术服务人员中有关的临床服务人员，应当按照国务院颁布的《计划生育技术服务管理条例》的有关规定，取得执业资格并注册登记。

禁止个体医疗机构实施计划生育手术。

第四十二条　计划生育技术服务人员应当指导公民选择安全、有效、适宜的避孕节育措施。

实施避孕节育手术，应当保证受术者的安全。

第四十三条　公民生育应当接受孕产期保健指导，防止或者减少出生缺陷。

经指定的县级以上医疗机构确诊，育龄夫妻一方患有医学上认为不应当生育的严重遗传性疾病的，应当及时采取绝育措施或者长效避孕措施，禁止生育。

第四十四条　严禁任何单位和个人利用超声技术和其他技术进行非医学需要的胎儿性别鉴定和选择性别的人工终止妊娠。

第四十五条　在计划生育技术服务机构和从事计划生育技术服务的医疗、保健机构实行计划生育手术的，经县级以上人民政府计划生育行政部门组织鉴定认定为计划生育手术并发症的，给予免费治疗。

因计划生育手术造成丧失或者基本丧失劳动能力的，除按照国家有关规定办理外，国家工作人员、企业职工由所在单位按工伤对待；农村居民、城镇无业居民由所在基层单位在生产、生活上给予照顾和资助，符合救济条件的应当给予社会救济。

第六章　法律责任

第四十六条　凡不符合本条例规定生育子女的，对生育双方按以下标准各一次性征收社会抚养费：

（一）不符合第十九条规定生育第二个子女，是国家工作人员、企业职工的，按不低于本人上年度工资总额二点五倍的金额征收；是民营企业经营者和个体劳动者的，按不低于本人上年度纯收入二点五倍的金额征收；是城镇无业居民的，按不低于本市、镇居民上年度人均可支配收入二点五倍的金额征收；是农村居民的，按不低于本乡、民族乡、镇农村居民上年度人均纯收入二点五倍的金额征收。不符合本条例规定生育第三个子女的，按生育第二个子女的征收金额各加百分之百征收；生育第四个以上子女的，征收金额以此递进累加。

（二）不符合第二十条规定而提前生育第二个子女的，从生育年度起至法定年度止，每提前一年分别按一千五百元的金额征收。

（三）符合第十九条、第二十条规定但未办理《第二个子女生育证》而生育的，分别按五百元的金额征收。

（四）未达到法定结婚年龄生育第一个子女的，分别比照本条第（一）项规定的第二个子女的征收标准征收；生育第二个子女的，比照本条第（一）项规定的第三个子女的征收标准征收；生育第三个以上子女的，以此类推。

（五）达到法定结婚年龄但未办理《结婚证》而生育第一个子女的，分别按一千五百元的金额征收。

（六）除本条第（四）、（五）项外，其他因非婚姻关系生育子女的，按双方子女总数计算子女数，比照本条第（四）项标准征收。

第四十七条　不符合《中华人民共和国收养法》规定而收养子女的，对收养人按以下标准征收社会抚养费：

（一）符合法定条件但未进行登记而收养的，按一千元的金额征收；

（二）无子女但未达到法定收养年龄而收养的，每提前一年按二千元的金额征收；

（三）有子女而收养的，按照子女数比照本条例第四十六条第（一）项规定的标准征收。

第四十八条　对不符合本条例第十九条规定而生育的或者不符合《中华人民共和国收养法》规定而收养子女的当事人，除按第四十六条、

第四十七条规定征收社会抚养费外，是国家工作人员的，给予行政处分；是其他人员的，由其所在单位或者组织给予纪律处分。

第四十九条　对出现不符合本条例规定而生育或者收养的当事人所在机关、事业单位及各类企业的主要负责人和主管负责人，给予行政处分，并取消单位当年评选先进的资格。

对造成人口失控的地方和机关、事业单位及各类企业，给予其主要负责人和主管负责人降级以上行政处分；农村享受定额补贴的，扣发百分之二十的补贴。下年度仍无明显转变的，给予其主要负责人和主管负责人撤职以上的行政处分；农村享受定额补贴的，停发定额补贴。

第五十条　违反本条例规定，不履行人口与计划生育目标管理职责和不履行协助管理人口与计划生育义务的，由有关地方人民政府责令改正，并给予通报批评；对直接负责的主管人员和其他直接责任人员依法给予行政处分。

第五十一条　对违反本条例第二十八条规定不按期接受孕情检查指导的，由计划生育行政部门给予警告，限期改正；逾期不改正的，处以二百元至五百元罚款。

对违反本条例第二十九条规定不采取终止妊娠措施的，由计划生育行政部门给予警告，限期改正；逾期不改正的，处以一千元至二千元罚款。

第五十二条　违反本条例规定，具有下列行为之一的单位或者个人，由县级以上人民政府计划生育行政部门或者卫生行政部门依据职权责令改正，给予警告，没收违法所得；违法所得一万元以上的，处违法所得二倍以上六倍以下的罚款；没有违法所得或者违法所得不足一万元的，处一万元以上三万元以下的罚款；情节严重的，由原发证机关依法吊销执业证书；构成犯罪的，依法追究刑事责任

（一）非法为他人施行计划生育手术的；

（二）为他人进行非医学需要的胎儿性别鉴定或者选择性别的人工终止妊娠的；

（三）实施假节育手术、进行假医学鉴定、出具假计划生育证明的。

第五十三条　违反本条例规定，伪造、变造、买卖计划生育证明，由县级以上人民政府计划生育行政部门没收违法所得，违法所得五千元以上的，处违法所得二倍以上十倍以下的罚款；没有违法所得或者违法所得不足五千元的，处五千元以上二万元以下的罚款；构成犯罪的，依法追究刑事责任。

第五十四条　对具有下列行为之一的单位或者个人，依照有关法律、法规予以处理：

（一）拒绝、阻碍工作人员依法执行计划生育公务或者造谣惑众、煽动闹事的；

（二）威胁、侮辱、殴打、诬陷计划生育工作人员的；

（三）违反计划生育技术服务管理有关规定的。

第五十五条　国家工作人员在人口与计划生育工作中，具有下列行为之一的，依法给予行政处分；有违法所得的，没收违法所得；构成犯罪的，依法追究刑事责任：

（一）侵犯公民人身权、财产权和其他合法权益的；

（二）对公民的生育申请在法定期限内无正当理由不予办理或者故意刁难申请人的；

（三）弄虚作假或者滥发计划生育证件的；

（四）以征收社会抚养费代替采取补救措施的；

（五）虚报、瞒报、伪造、篡改或者拒报人口与计划生育统计数据的；

（六）滥用职权、玩忽职守、营私舞弊或者违法违纪并造成重大事故的；

（七）贪污、截留、克扣、挪用人口与计划生育经费、社会抚养费、没收的违法所得和罚款的；

（八）索取、收受贿赂的。

第五十六条　本条例所规定的社会抚养费征收的程序及管理和使用，

按照国务院《社会抚养费征收管理办法》的有关规定执行。

本条例所规定的行政处罚的程序及罚没款项的管理和使用，按照《中华人民共和国行政处罚法》的有关规定执行。

第五十七条　当事人对征收社会抚养费和行政处罚决定不服的，可以依法申请行政复议或者提起行政诉讼。

第七章　附则

第五十八条　省人民政府可以根据本条例制定实施细则。

第五十九条　本条例自2003年10月1日起施行。根据2001年3月30日河北省第九届人民代表大会常务委员会第二十次会议《关于修改〈河北省计划生育条例〉的决定》修正的《河北省计划生育条例》同时废止。

河北省人口与计划生育条例

（2003 年 7 月 18 日河北省第十届人民代表大会常务委员会第四次会议通过　根据 2014 年 5 月 30 日河北省第十二届人民代表大会常务委员会第八次会议《河北省人民代表大会常务委员会关于修改〈河北省人口与计划生育条例〉的决定》修正　根据 2015 年 7 月 24 日河北省第十二届人民代表大会常务委员会第十六次会议《河北省人民代表大会常务委员会关于修改〈河北省人口与计划生育条例〉的决定》修正　根据 2016 年 3 月 29 日河北省第十二届人民代表大会常务委员会第二十次会议《河北省人民代表大会常务委员会关于修改〈河北省人口与计划生育条例〉的决定》修正）

第一章　总则

第一条　为控制人口数量，提高人口素质，保持适度生育水平，实现人口与经济、社会、资源、环境的协调发展，根据《中华人民共和国人口与计划生育法》和有关法律、法规的规定，结合本省实际，制定本条例。

第二条　居住在本省行政区域内的中国公民和户籍在本省而居住在省外的公民，以及本省行政区域内的国家机关、社会团体、企业事业单位和基层群众自治组织应当遵守本条例。

第三条　实行计划生育是我国的一项基本国策。各级人民政府应当依靠宣传教育、科学技术进步、综合服务、建立健全奖励和社会保障制度，开展人口与计划生育工作。

第四条　各级人民政府领导本行政区域的人口与计划生育工作。

县级以上人民政府卫生和计划生育行政部门负责本行政区域的计划

生育工作和与计划生育有关的人口工作。

县级以上各级人民政府其他有关部门应当履行人口与计划生育工作职责，并在各自的职责范围内制定具体措施，共同做好有关的人口与计划生育工作。

第五条　工会、共产主义青年团、妇女联合会等社会团体，应当协助人民政府做好人口与计划生育工作。各级计划生育协会应当协助同级人民政府组织公民在计划生育工作中实行自我教育、自我管理、自我服务。

第六条　村民委员会、居民委员会和国家机关、事业单位的计划生育工作由其主要负责人负责，根据工作需要设置计划生育管理机构或者配备专职、兼职工作人员。企业的计划生育工作由其法定代表人或者主要负责人负责，并接受所在地人民政府卫生和计划生育行政部门或者机构的指导、监督和检查。

第二章　人口发展规划的制定与组织实施

第七条　县级以上人民政府根据上一级人民政府人口发展规划，结合当地实际编制本行政区域的人口发展规划，并将其纳入国民经济和社会发展计划。

第八条　县级以上人民政府根据人口发展规划，制定人口与计划生育实施方案，并加强对人口与计划生育工作的管理、监督和检查指导。

人口与计划生育实施方案应当规定控制人口数量、优化人口结构、加强母婴保健、提高人口素质的措施。

第九条　乡（镇）人民政府和城市街道办事处负责落实本管辖区域的人口与计划生育实施方案。

第十条　城市的人口与计划生育工作，实行属地管理、单位负责、居民自治、社区服务的管理和服务机制，并将其纳入创建文明街道、文明社区、文明家庭的内容。

第十一条　各级人民政府及其卫生和计划生育行政部门应当按照法

定职责，加强流动人口计划生育服务管理，为流动人口提供基本公共卫生和计划生育服务，建立流动人口计划生育服务管理网络，完善流动人口计划生育服务管理体制和组织形式。

流动人口的计划生育工作由其户籍所在地和现居住地人民政府共同负责，以现居住地人民政府为主，户籍所在地人民政府予以配合。

第十二条　在人口与计划生育工作中，应当对生育政策、奖励政策、征收社会抚养费和行政处罚标准以及安排生育情况等定期公开，自觉接受公众监督。人口与计划生育统计数据必须实事求是，如实上报，任何单位和个人不得虚报、瞒报、伪造、篡改或者拒报统计数据。

第十三条　各级人民政府实行人口与计划生育工作目标管理责任制，并负责贯彻实施。

发展改革、财政、民政、公安、工商、人力资源社会保障、教育、食品药品监管、统计等部门在各自职责范围内，负责有关的人口与计划生育工作，提供人口与计划生育有关数据，实行人口信息资源共享。

第十四条　卫生和计划生育、教育、科技、文化、民政、新闻出版广电等部门应当组织开展人口与计划生育宣传教育，引导公民树立科学、文明、进步的人口观念和生育观念，自觉实行计划生育。

大众媒体负有开展人口与计划生育的社会公益性宣传的义务。

第十五条　加强计划生育基层基础工作，健全基层工作网络，对村民委员会、居民委员会计划生育管理人员给予适当报酬。

第十六条　各级人民政府应当对人口与计划生育经费予以保障，并逐步提高对人口与计划生育经费投入的总体水平。

任何单位和个人不得截留、克扣、挪用人口与计划生育经费。

第三章　生育调节

第十七条　公民有生育的权利，也有依法实行计划生育的义务。夫妻双方在实行计划生育中负有共同的责任。

第十八条　提倡一对夫妻生育两个子女。生育两个以内子女的实行免费登记服务制度。

第十九条　双方无子女的公民结婚后，可以自愿安排生育两个子女。符合下列条件之一的，可以申请安排再生育一个子女：

（一）夫妻生育的两个子女中有经医学鉴定为病残儿，医学上认为夫妻可以再生育的；

（二）再婚（不含复婚）夫妻，再婚前合计生育一个子女，婚后共同生育一个子女的；

（三）再婚（不含复婚）夫妻，再婚前合计生育两个以上子女，婚后未共同生育子女的。

第二十条　涉外婚姻的生育，涉及台湾、香港、澳门同胞的生育和出国留学人员的生育，按照国家有关规定执行。

第二十一条　夫妻生育第一个子女和第二个子女的，应当在怀孕期间通过计划生育网上办理平台或者到夫妻一方户籍所在地（居住地）的乡（镇）人民政府、街道办事处卫生和计划生育工作机构进行登记。

第二十二条　符合本条例第十九条规定，申请安排再生育的夫妻，应当持相关材料经一方户籍所在地的乡（镇）人民政府、街道办事处卫生和计划生育工作机构审核后，报县级人民政府卫生和计划生育行政部门审批。审核、审批应当自受理之日起各七个工作日内完成，特殊情况下审核、审批各不得超过十五个工作日。

审批期限不包括病残儿医学鉴定时间。对批准生育的，由一方户籍所在地县级人民政府卫生和计划生育行政部门发给《生育证》；对不予批准生育的，应当书面告知申请人不予批准的理由。

第二十三条　遗弃、溺害、买卖、藏匿、违法送养子女的夫妻，不再安排生育。

第二十四条　实行计划生育，以避孕为主。

预防和减少非意愿妊娠。

第二十五条　各级人民政府应当创造条件，保障实行计划生育的公民享有避孕节育措施的知情选择权。

第二十六条　育龄夫妻自主选择安全、有效、适宜的计划生育避孕节育措施。

对已生育两个以上子女的夫妻，提倡首选长效避孕措施。

第二十七条　实行计划生育的已婚育龄夫妻，免费享受国家规定的基本项目的计划生育技术服务。

前款所需经费，按照有关规定列入各级人民政府财政预算或者由社会保险予以保障。

第四章　奖励与社会保障

第二十八条　依法办理结婚登记的公民，除享受国家规定的婚假外，延长婚假十五天；符合法律法规规定生育子女的夫妻，除享受国家规定的产假外，延长产假六十天，并给予配偶护理假十五天。延长婚、产假期间，享受正常婚、产假待遇。

第二十九条　对计划生育受术者，按规定给予节育假；接受绝育手术确需其配偶护理的，其配偶享受七至十天的护理假。国家工作人员、企业职工在上述假期内，视为全勤；农村居民可以由所在乡（镇）人民政府给予适当补助。

第三十条　对自2016年1月1日起生育一个子女的夫妻，不再发给《独生子女父母光荣证》。依法领取《独生子女父母光荣证》的独生子女父母，持证享受以下奖励：

（一）从领取《独生子女父母光荣证》之日起，到子女十八周岁止，对独生子女父母由双方所在单位每月分别发给不低于十元的奖金；

（二）独生子女父母，是国家工作人员、企业事业单位职工的，退休时分别给予不低于三千元的一次性奖励；是农村居民及城镇无业居民的，年老丧失劳动能力时，给予适当补助。

第三十一条　县级以上人民政府对已领取《独生子女父母光荣证》的独生子女父母，其独生子女发生意外伤残、死亡的，按照规定给予扶助。在经济补贴、医疗保障、养老保障、应急帮扶、亲情关爱等方面给予照顾。

县级以上人民政府应当设立人口与计划生育救助公益金。其经费来源主要是财政投入和社会捐助，主要用于独生子女发生意外伤残、死亡，其父母不再生育或者不再收养子女的，退休或者丧失劳动能力时的补助。

第三十二条　在国家提倡一对夫妻生育一个子女期间，按照规定应当享受计划生育优先优惠的，继续享受相关优先优惠：

（一）在扶持发展生产上，对独生子女家庭给予资金、技术、培训等方面的优惠和支持；

（二）对实行计划生育的贫困家庭，在扶贫、以工代赈和社会救济等方面给予优先照顾；

（三）提高农村独生子女家庭宅基地标准，多增加一人份的集体福利分配份额；

（四）对下岗的独生子女父母，在同等条件下优先安排培训和就业；

（五）农村独生子女在参加本省中考、高考时，给予增加十分的照顾；

（六）对独生子女入托儿所、幼儿园、上小学、就医住院等方面给予适当照顾；

（七）对六十岁以上的独生子女父母，在就医、养老等方面给予优先照顾。

第三十三条　根据政府引导、农民自愿的原则，对在国家提倡一对夫妻生育一个子女期间符合政策的农村独生子女和两女家庭，按照规定继续发放奖励扶助金，有条件的农村可以实行多种形式的养老保障办法。

第三十四条　对领取《独生子女父母光荣证》并已享受本条例规定的各项奖励和优先优惠的夫妻再生育子女的，停止其奖励和优先优惠，收回《独生子女父母光荣证》。

第三十五条　对执行本条例成绩显著的单位和个人，各级人民政府或者卫生和计划生育行政部门应当给予表彰或者奖励。

第五章　计划生育技术服务

第三十六条　各级人民政府卫生和计划生育行政部门负责管理本行政区域内的计划生育技术服务工作。各级人民政府有关部门应当在各自的职责范围内，配合卫生和计划生育行政部门做好计划生育技术服务工作。

县级以上人民政府卫生和计划生育行政部门应当定期对本行政区域的计划生育技术服务工作进行检查。

第三十七条　各级人民政府应当建立、健全由从事计划生育技术服务的医疗、保健机构组成的计划生育技术服务网络，纳入区域卫生计生规划，改善技术服务设施和条件，提高技术服务水平。

第三十八条　从事计划生育技术服务的医疗、保健机构，应当在各自的职责范围内，针对育龄人群的特点开展人口与计划生育基础知识宣传教育，承担计划生育、生殖保健的咨询、指导和技术服务。

计划生育技术服务人员中有关的临床服务人员，应当按照国务院颁布的《计划生育技术服务管理条例》的有关规定，取得执业资格并注册登记。

禁止个体医疗机构实施计划生育手术。

第三十九条　计划生育技术服务人员应当指导公民选择安全、有效、适宜的避孕节育措施。

实施避孕节育手术，应当保证受术者的安全。

第四十条　公民生育应当接受孕产期保健指导，防止或者减少出生缺陷。经指定的县级以上医疗机构确诊，育龄夫妻一方患有医学上认为不应当生育的严重遗传性疾病的，应当及时采取绝育措施或者长效避孕措施，禁止生育。

第四十一条　严禁任何单位和个人利用超声技术和其他技术进行非医学需要的胎儿性别鉴定和选择性别的人工终止妊娠。

第四十二条　在从事计划生育技术服务的医疗、保健机构实行计划生育手术的，经县级以上人民政府卫生和计划生育行政部门组织鉴定认定为计划生育手术并发症的，给予免费治疗。

因计划生育手术造成丧失或者基本丧失劳动能力的，除按照国家有关规定办理外，国家工作人员、企业职工由所在单位按工伤对待；农村居民、城镇无业居民由所在基层单位在生产、生活上给予照顾和资助，符合救济条件的应当给予社会救济。

第六章　法律责任

第四十三条　凡不符合本条例规定生育子女的，对生育双方按以下标准各一次性征收社会抚养费：

（一）不符合本条例第十九条规定生育第三个子女，是国家工作人员、企业职工的，按本人上年度工资总额2.5倍的金额征收；是民营企业经营者和个体劳动者的，按本人上年度纯收入2.5倍的金额征收；是城镇无业居民的，按本地上年度城镇居民人均可支配收入2.5倍的金额征收；是农村居民的，按本地上年度农村居民人均可支配收入2.5倍的金额征收。不符合本条例第十九条规定生育第四个子女的，按生育第三个子女的征收金额各加百分之百征收；生育第五个以上子女的，征收金额以此递进累加。

（二）因非婚姻关系生育子女的，按双方子女总数计算子女数，比照本条第（一）项标准征收。

第四十四条　不符合《中华人民共和国收养法》规定有子女而收养的，对收养人按其子女数比照本条例第四十三条第（一）项标准征收社会抚养费。

第四十五条　对不符合本条例第十九条规定而生育的当事人，除按第四十三条规定征收社会抚养费外，是国家工作人员的，给予处分；是其他人员的，由其所在单位或者组织给予纪律处分。

第四十六条　对人口和计划生育工作主要目标任务未完成的地方和机关、事业单位及各类企业，给予其主要负责人和主管负责人降级以上处分；农村享受定额补贴的，扣发百分之二十的补贴。下年度仍无明显转变的，给予其主要负责人和主管负责人撤职以上的处分；农村享受定额补贴的，停发定额补贴。

第四十七条 违反本条例规定，不履行人口与计划生育目标管理职责、不履行协助管理人口与计划生育义务、不执行生育假规定的，由有关地方人民政府责令改正，并给予通报批评；对直接负责的主管人员和其他直接责任人员依法给予处分。

第四十八条 违反本条例规定，具有下列行为之一的单位或者个人，由县级以上人民政府卫生和计划生育行政部门依据职权责令改正，给予警告，没收违法所得；违法所得一万元以上的，处违法所得二倍以上六倍以下的罚款；没有违法所得或者违法所得不足一万元的，处一万元以上三万元以下的罚款；情节严重的，由原发证机关依法吊销执业证书；构成犯罪的，依法追究刑事责任：

（一）非法为他人施行计划生育手术的；

（二）为他人进行非医学需要的胎儿性别鉴定或者选择性别的人工终止妊娠的；

（三）进行假医学鉴定、出具假计划生育证明的。

第四十九条 违反本条例规定，伪造、变造、买卖计划生育证明的，由县级以上人民政府卫生和计划生育行政部门没收违法所得，违法所得五千元以上的，处违法所得三倍以上九倍以下的罚款；没有违法所得或者违法所得不足五千元的，处五千元以上一万五千元以下的罚款；构成犯罪的，依法追究刑事责任。

第五十条 对具有下列行为之一的单位或者个人，依照有关法律、法规予以处理：

（一）拒绝、阻碍工作人员依法执行计划生育公务或者造谣惑众、煽动闹事的；

（二）威胁、侮辱、殴打、诬陷计划生育工作人员的；

（三）违反计划生育技术服务管理有关规定的。

第五十一条　国家工作人员在人口与计划生育工作中，具有下列行为之一的，依法给予处分；有违法所得的，没收违法所得；构成犯罪的，依法追究刑事责任：

（一）侵犯公民人身权、财产权和其他合法权益的；

（二）对公民的生育申请在法定期限内无正当理由不予办理或者故意刁难申请人的；

（三）弄虚作假或者滥发计划生育证件的；

（四）虚报、瞒报、伪造、篡改或者拒报人口与计划生育统计数据的；

（五）滥用职权、玩忽职守、徇私舞弊或者违法违纪并造成重大事故的；

（六）贪污、截留、克扣、挪用人口与计划生育经费、社会抚养费、没收的违法所得和罚款的；

（七）索取、收受贿赂的。

第五十二条　本条例所规定的社会抚养费征收的程序及管理和使用，按照国务院《社会抚养费征收管理办法》的有关规定执行。

本条例所规定的行政处罚的程序及罚没款项的管理和使用，按照《中华人民共和国行政处罚法》的有关规定执行。

第五十三条　当事人对征收社会抚养费和行政处罚决定不服的，可以依法申请行政复议或者提起行政诉讼。

第七章　附则

第五十四条　省人民政府可以根据本条例制定实施细则和相关办法。

第五十五条　本条例自 2003 年 10 月 1 日起施行。根据 2001 年 3 月 30 日河北省第九届人民代表大会常务委员会第二十次会议《关于修改〈河北省计划生育条例〉的决定》修正的《河北省计划生育条例》同时废止。

河北省人口与计划生育条例

（2003年7月18日河北省第十届人民代表大会常务委员会第四次会议通过　根据2014年5月30日河北省第十二届人民代表大会常务委员会第八次会议《河北省人民代表大会常务委员会关于修改〈河北省人口与计划生育条例〉的决定》修正　根据2015年7月24日河北省第十二届人民代表大会常务委员会第十六次会议《河北省人民代表大会常务委员会关于修改〈河北省人口与计划生育条例〉的决定》修正　根据2016年3月29日河北省第十二届人民代表大会常务委员会第二十次会议《河北省人民代表大会常务委员会关于修改〈河北省人口与计划生育条例〉的决定》修正　2021年11月23日河北省第十三届人民代表大会常务委员会第二十七次会议修订）

第一章　总则

第一条　为了调控人口数量，提高人口素质，推动实现适度生育水平，优化人口结构，促进人口长期均衡发展，根据《中华人民共和国人口与计划生育法》和有关法律、行政法规的规定，结合本省实际，制定本条例。

第二条　居住在本省行政区域内的中国公民和户籍在本省而居住在省外的公民，以及本省行政区域内的国家机关、社会团体、企业事业单位和基层群众自治组织应当遵守本条例。

第三条　实施计划生育基本国策是全社会的共同责任。

各级人民政府应当依靠宣传教育、科学技术进步、综合服务、建立健全奖励和社会保障制度，开展人口与计划生育工作。

第四条　各级人民政府领导本行政区域内的人口与计划生育工作。

县级以上人民政府卫生健康主管部门负责本行政区域内的计划生育工作和与计划生育有关的人口工作。

县级以上人民政府其他有关部门应当履行人口与计划生育工作职责，并在各自的职责范围内制定具体措施，共同做好有关的人口与计划生育工作。

第五条　工会、共产主义青年团、妇女联合会等社会团体，应当协助人民政府做好人口与计划生育工作。

各级计划生育协会应当协助同级人民政府组织公民在计划生育工作中实行自我教育、自我管理、自我服务。

第六条　村民委员会、居民委员会和国家机关、事业单位的计划生育工作由其主要负责人负责，根据工作需要设置计划生育管理机构或者配备专职、兼职工作人员。企业的计划生育工作由其法定代表人或者主要负责人负责，并接受所在地人民政府卫生健康主管部门或者机构的指导、监督和检查。

第二章　人口发展规划的制定与组织实施

第七条　县级以上人民政府根据上一级人民政府人口发展规划，结合当地实际编制本行政区域的人口发展规划，并将其纳入国民经济和社会发展计划。

第八条　县级以上人民政府根据人口发展规划，制定人口与计划生育实施方案，并加强对人口与计划生育工作的管理、监督和检查指导。

人口与计划生育实施方案应当规定调控人口数量，提高人口素质，推动实现适度生育水平，优化人口结构，加强母婴保健和婴幼儿照护服务，促进家庭发展的措施。

第九条　县级以上人民政府卫生健康主管部门负责实施人口与计划生育实施方案的日常工作。

乡（镇）人民政府和城市街道办事处负责本管辖区域内的人口与计划生育工作，贯彻落实人口与计划生育实施方案。

第十条　城市的人口与计划生育工作，实行属地管理、单位负责、居民自治、社区服务的管理和服务机制，并将其纳入创建文明街道、文明社区、文明家庭的内容。

第十一条　流动人口的计划生育工作由其户籍所在地和现居住地人民政府共同负责管理，以现居住地人民政府为主，户籍所在地人民政府予以配合。

第十二条　在人口与计划生育工作中，各级人民政府以及有关部门应当依法公开生育调节、奖励与社会保障、生育服务等方面的政策、措施及其实施情况，自觉接受公众监督。人口与计划生育统计数据必须实事求是，如实上报，任何单位和个人不得虚报、瞒报、伪造、篡改或者拒报统计数据。

第十三条　各级人民政府实行人口与计划生育工作目标管理责任制，并负责贯彻实施。

发展改革、财政、人力资源和社会保障、医疗保障、教育、自然资源、住房和城乡建设、民政、政务服务管理、公安、市场监督管理、统计等部门在各自职责范围内，负责有关的人口与计划生育工作，制定、实施积极生育支持措施，提供人口与计划生育有关数据，实行人口信息资源共享。

第十四条　各级人民政府以及卫生健康、教育、科技、文化和旅游、民政、新闻出版、广播电视等部门应当组织开展人口与计划生育宣传教育，引导公民树立科学、文明、进步的人口观念和婚育观念，尊重生育的社会价值，落实夫妻共同承担育儿责任。

新闻媒体负有开展人口与计划生育的社会公益性宣传的义务。

第十五条　县级以上人民政府应当加强计划生育基层基础工作，健全基层工作网络，对村民委员会、居民委员会计划生育管理人员给予适当报酬。

第十六条　县级以上人民政府应当根据国民经济和社会发展状况，逐步提高人口与计划生育经费投入的总体水平，保障人口与计划生育工作必要的经费。

任何单位和个人不得截留、克扣、挪用人口与计划生育经费。

第三章　生育调节

第十七条　公民有生育的权利，也有依法实行计划生育的义务。夫妻双方在实行计划生育中负有共同的责任。

第十八条　提倡适龄婚育、优生优育。一对夫妻可以生育三个子女。

已生育的三个子女中，有子女死亡或被认定为三级以上残疾的，可以再生育相同数量的子女。依法收养的子女或者再婚夫妻再婚前生育的子女，不合并计算。

第十九条　涉外婚姻的生育，涉及台湾、香港、澳门同胞的生育和出国留学人员的生育，按照国家有关规定执行。

第二十条　夫妻生育子女实行免费登记服务制度。

夫妻生育子女的，应当在怀孕期间通过计划生育网上办理平台或者到夫妻一方户籍所在地（居住地）的乡（镇）人民政府、街道办事处进行登记。

第二十一条　各级人民政府应当创造条件，保障实行计划生育的公民享有避孕节育措施的知情权和选择权。

第二十二条　育龄夫妻自主选择安全、有效、适宜的计划生育避孕节育措施，预防和减少非意愿妊娠。

第二十三条　实行计划生育的育龄夫妻，免费享受国家规定的基本项目的计划生育技术服务。

前款所需经费，按照有关规定列入各级人民政府财政预算或者由社会保险予以保障。

第四章　奖励与社会保障

第二十四条　县级以上人民政府及其有关部门应当按照国家规定，采取财政、税收、保险、教育、住房、就业和劳动保障等支持措施，减轻家庭生育、养育、教育负担。

第二十五条　依法办理结婚登记的公民，除享受国家规定的婚假外，延长婚假十五天；符合法律法规规定生育子女的夫妻，除享受国家规定的产假外，生育第一、二个子女的延长产假六十天，生育第三个以上子女的延长产假九十天，并给予配偶护理假十五天；三周岁以下婴幼儿父母双方每年可以享受各十天育儿假。婚假、产假待遇按照相关规定执行。护理假和育儿假期间，享受与在岗人员同等的待遇。

第二十六条　妇女怀孕、生育和哺乳期间，按照国家和本省有关规定享受特殊劳动保护，并可以获得帮助和补偿。公民实行计划生育手术，享受国家规定的休假。

县级以上人民政府及其有关部门应当依法保障妇女就业合法权益，为因生育影响就业的妇女提供就业服务。

第二十七条　各级人民政府及其有关部门应当提高生育服务管理规范化、便利化水平，依托一体化政务服务平台，推进出生医学证明、儿童预防接种、户口登记、医保参保、社保卡申领等出生事项联办。

第二十八条　县级以上人民政府应当加强对家庭婴幼儿照护的支持和指导，传播科学育儿知识，增强家庭科学育儿能力。

医疗卫生机构应当按照规定为婴幼儿家庭开展新生儿访视、预防接种、疾病防控等服务，提供膳食营养、生长发育、安全防护等健康指导。

第二十九条　县级以上人民政府应当在城乡社区建设中，建设与常住人口规模相适应的婴幼儿照护活动场所以及配套服务设施。老城区和已建成居住区无婴幼儿照护服务设施的，应当通过购置、置换、租赁等方式建设。

新建住宅小区应当同步配套建设婴幼儿照护活动场所以及配套服务设施，并与住宅同步验收、同步交付使用。

公共场所和女职工比较多的用人单位应当配置母婴设施，为婴幼儿照护、哺乳提供便利条件。

第三十条　县级以上人民政府应当综合采取规划、土地、住房、财政、金融、人才等措施，推动建立普惠托育服务体系，提高婴幼儿家庭获得服务的可及性和公平性。鼓励和引导社会力量兴办托育机构，支持幼儿园和机关、企业事业单位、社区、工业园区等提供托育服务。

职工适龄子女达到二十人以上的用人单位，可以采取自建自营或者委托运营的方式举办托育机构，为职工子女提供福利性托育服务，有条件的可以向附近居民开放。

托育机构的设置和服务应当符合托育服务相关标准和规范。托育机构应当按照规定向县级人民政府卫生健康主管部门备案。

鼓励商业保险机构开发托育机构综合责任保险。

鼓励和引导社会力量兴办家庭托育点，并加强家庭托育点管理。支持隔代照料、家庭互助等照护模式。

第三十一条　加强普惠性幼儿园建设。有条件的幼儿园可以适当延长在园时长或者提供托管服务。

中小学校应当依托学校教育资源，以公益普惠为原则，全面开展课后文体活动、社会实践项目和托管服务，推动放学时间与父母下班时间衔接。

第三十二条　县级以上人民政府在配租公租房时，对符合当地住房保障条件且有未成年子女的家庭，可以根据未成年子女数量，按照规定予以适当照顾。

县级以上人民政府可以根据家庭养育未成年子女负担情况，研究制定差异化租赁和购买房屋的优惠政策。

第三十三条　对自 2016 年 1 月 1 日起生育一个子女的夫妻，不再发给《独生子女父母光荣证》。依法领取《独生子女父母光荣证》的独生子女父母，持证享受以下奖励：

（一）从领取《独生子女父母光荣证》之日起，到子女十八周岁止，对独生子女父母由双方所在单位每月分别发给不低于十元的奖金；

（二）独生子女父母，是国家工作人员、企业事业单位职工的，退休时分别给予不低于三千元的一次性奖励；是农村居民、城镇无业居民的，年老丧失劳动能力时，给予适当补助。

第三十四条　县级以上人民政府对已领取《独生子女父母光荣证》的独生子女父母，其独生子女发生意外伤残、死亡的，按照规定给予扶助，并建立健全生活、养老、医疗、精神慰藉等全方位帮扶保障制度。

县级以上人民政府应当设立人口与计划生育救助公益金，主要用于对符合条件伤残、死亡的独生子女的父母发放一次性救助金，购买住院护工补贴保险，开展健康体检等，其经费来源主要是财政投入和社会捐助。

公办养老机构以及公建民营养老机构应当按照国家规定，在满足特困人员集中供养需求的前提下，为经济困难的独生子女伤残、死亡家庭老年人提供无偿或者低收费托养服务。

第三十五条　在国家提倡一对夫妻生育一个子女期间，按照规定应当享受优先优惠的，继续享受相关优先优惠：

（一）在扶持产业发展上，对独生子女家庭给予资金、技术、培训等方面的优惠和支持；

（二）对实行计划生育的贫困家庭，在扶贫、以工代赈和社会救济等方面给予优先照顾；

（三）提高农村独生子女家庭宅基地标准，多增加一人份的集体福利分配份额；

（四）对下岗的独生子女父母，在同等条件下优先安排培训和就业；

（五）农村独生子女在参加本省中考、高考时，给予增加十分的照顾；

（六）对独生子女入幼儿园、上小学、就医住院等方面给予适当照顾；

（七）对六十周岁以上的独生子女父母，在就医、养老等方面给予优先照顾。

第三十六条　对在国家提倡一对夫妻生育一个子女期间符合政策的农村独生子女和两女家庭，按照规定继续发放奖励扶助金。

第三十七条　老年人患病住院期间需要二级以上护理的，其子女所在用人单位应当给予独生子女每年累计不少于十五天的护理照料时间，给予非独生子女每年累计不少于七天的护理照料时间。

第三十八条　对领取《独生子女父母光荣证》并已享受本条例规定的各项奖励和优先优惠的夫妻再生育子女的，停止其奖励和优先优惠，《独生子女父母光荣证》予以作废。

第三十九条　对执行本条例成绩显著的单位和个人，各级人民政府或者卫生健康主管部门应当按照国家和本省有关规定给予表彰或者奖励。

第五章　计划生育服务

第四十条　各级人民政府应当采取措施，科学规范开展计划生育和生殖健康服务，保障公民享有计划生育服务，提高公民的生殖健康水平。

县级以上人民政府应当建立健全危重孕产妇、新生儿救治体系。加强出生缺陷综合防治工作，支持产前筛查和新生儿疾病筛查，预防和减少出生缺陷，提高出生人口素质。

第四十一条　县级以上人民政府卫生健康主管部门负责管理本行政区域内的计划生育服务工作。县级以上人民政府有关部门应当在各自的职责范围内，配合卫生健康主管部门做好计划生育服务工作。

县级以上人民政府卫生健康主管部门应当定期对本行政区域内的计划生育服务工作进行检查。

第四十二条　医疗卫生机构应当针对育龄人群开展优生优育知识宣传教育，对育龄妇女开展围孕期、孕产期保健服务，承担计划生育、优生优育、生殖保健的咨询、指导和技术服务，规范开展不孕不育症诊疗。

第四十三条　计划生育技术服务人员应当指导公民选择安全、有效、适宜的避孕节育措施。

实施避孕节育手术，应当保证受术者的安全。

第四十四条　公民生育应当接受孕产期保健指导，防止或者减少出生缺陷。

医师发现或者怀疑育龄夫妻一方患有严重遗传性疾病的，应当提出医学意见。育龄夫妻应当根据医学意见采取相应的措施。

第四十五条　禁止任何单位和个人利用超声技术和其他技术进行非医学需要的胎儿性别鉴定和选择性别的人工终止妊娠。

第四十六条　禁止个体医疗机构实施计划生育手术。

国家实施一对夫妻可以生育三个子女政策之前，在从事计划生育技术服务的医疗卫生、保健机构实行计划生育手术，经县级以上人民政府卫生健康主管部门组织鉴定认定为计划生育手术并发症的，给予免费治疗，因计划生育手术造成丧失或者基本丧失劳动能力的，除按照国家有关规定办理外，国家工作人员、企业职工由所在单位按工伤对待；农村居民、城镇无业居民由所在基层单位在生产、生活上给予照顾和资助，符合救济条件的应当给予社会救济。

第六章　法律责任

第四十七条　违反本条例规定，不履行人口与计划生育目标管理职责、不履行协助管理人口与计划生育义务、不执行产假、育儿假、护理假等规定的，由有关地方人民政府责令改正，并给予通报批评；对直接负责的主管人员和其他直接责任人员依法给予处分。

第四十八条　违反本条例规定，具有下列行为之一的单位或者个人，由县级以上人民政府卫生健康主管部门依据职权责令改正，给予警告，没收违法所得；没有违法所得或者违法所得不足一万元的，处一万元以上三万元以下的罚款；违法所得一万元以上的，处违法所得二倍以上六倍以下的罚款；情节严重的，由原发证机关依法吊销执业证书；构成犯罪的，依法追究刑事责任：

（一）非法为他人实施计划生育手术的；

（二）利用超声技术和其他技术手段为他人进行非医学需要的胎儿性别鉴定或者选择性别的人工终止妊娠的。

第四十九条　托育机构违反托育服务相关标准和规范的，由县级以上人民政府卫生健康主管部门责令改正，给予警告；拒不改正的，处五千元以上五万元以下的罚款；情节严重的，责令停止托育服务，并处五万元以上十万元以下的罚款。

托育机构有虐待婴幼儿行为的，其直接负责的主管人员和其他直接责任人员终身不得从事婴幼儿照护服务；构成犯罪的，依法追究刑事责任。

第五十条　国家工作人员在人口与计划生育工作中，具有下列行为之一的，依法给予处分；有违法所得的，没收违法所得；构成犯罪的，依法追究刑事责任：

（一）侵犯公民人身权、财产权和其他合法权益的；

（二）对公民的生育登记在法定期限内无正当理由不予办理或者故意刁难申请人的；

（三）弄虚作假或者滥发《独生子女父母光荣证》的；

（四）虚报、瞒报、伪造、篡改或者拒报人口与计划生育统计数据的；

（五）滥用职权、玩忽职守、徇私舞弊或者违法违纪并造成重大事故的；

（六）贪污、截留、克扣、挪用人口与计划生育经费、没收的违法所得和罚款的；

（七）索取、收受贿赂的。

第五十一条　公民、法人或者其他组织认为行政机关在实施计划生育管理过程中侵犯其合法权益的，可以依法申请行政复议或者提起行政诉讼。

第七章　附则

第五十二条　省人民政府可以根据本条例制定实施细则和相关办法。

第五十三条　本条例自 2021 年 11 月 23 日起施行。

参考文献

一、著作

王广州，胡耀岭，张丽萍．中国生育政策调整［M］．北京：社会科学文献出版社，2013.

王明远．中国人口（河北分册）［M］．北京：中国财政经济出版社，1987.

王培安．调整完善生育政策相关因素影响研究报告［M］．北京：中国人口出版社，2016.

田雪原．中国人口政策 60 年［M］．北京：社会科学文献出版社，2009.

吕红平．实施人口新政 打造计生良法——《人口与计划生育法》修订研究［M］．北京：人民出版社，2016.

吕红平，丁娟，包芳．中国性别文化概论［M］．北京：中国人口出版社，2011.

吕红平，吕静．生育政策调整后计划生育奖励扶助政策改革研究［M］．北京：人民出版社，2021.

吕红平，陈胜利．社会性别与人口发展［M］．北京：中国人口出版社，2005.

汤兆云．新中国人口政策研究［M］．北京：光明日报出版社，2015.

林语堂．中国人（全译本）［M］．郝志东，沈益洪，译．上海：学林出版社，1994.

国家人口和计划生育委员会. 中国人口和计划生育史［M］. 北京：中国人口出版社，2007.

张琪. 社会保障概论［M］. 2 版. 北京：中国劳动社会保障出版社，2019.

张维宏. 计划生育国际比较研究［M］. 北京：知识产权出版社，2017.

宋健，于景元. 人口控制论［M］. 北京：科学出版社，1985.

河北省地方志编纂委员会. 河北省志（第 12 卷 人口志）［M］. 石家庄：河北人民出版社，1991.

河北省地方志编纂委员会. 河北省志・人口与计划生育志（1979—2005）［M］. 石家庄：河北人民出版社，2017.

河北省计划生育委员会. 计划生育学习材料汇编（内部资料）［G］. 河北省计划生育委员会，1992.

河北省计划生育委员会. 计划生育学习材料汇编（内部资料）［G］. 河北省计划生育委员会，1994.

河北省计划生育委员会. 计划生育学习材料汇编（内部资料）［G］. 河北省计划生育委员会，1996.

战捷. 中国人口政策效应评价与调整思路（1949—2000 年）［M］. 北京：中国社会科学出版社，2018.

贾志科. 时代变迁中的青年择偶与婚育［M］. 武汉：武汉大学出版社，2019.

梁中堂. 中国生育政策研究［M］. 太原：山西人民出版社，2014.

彭珮云. 中国计划生育全书［M］. 北京：中国人口出版社，1997.

马斯洛. 人类动机理论［M］. 许金声，译. 北京：中国人民大学出版社，2007.

二、期刊论文

马春华. 瑞典和法国家庭政策的启示［J］. 妇女研究论丛，2016（02）.

王子彧. 北欧家庭福利政策与服务体系：经验与发展［J］. 社会政策研究，2017（06）.

王广州，王军. 中国人口老龄化趋势的经济社会影响及公共政策应对［J］. *China Economist*，2021，16（01）.

王亚迪. 生育状况、照料支持与已婚女性工资［J］. 中央财经大学学报，2022（02）.

王军，刘军强. 在分歧中寻找共识——中国低生育水平下的人口政策研究与演进［J］. 社会学研究，2019，34（02）.

王丹. 生育政策转型时期家庭婚姻压力与社会支持策略［J］. 农村经济与科技，2019，30（01）.

王金营，李庄园，王冬梅. 中国人口长期发展目标研究——基于增强经济实力的认识［J］. 人口研究，2022，46（04）.

王俊，石人炳. 育儿经济成本的阶层差异［J］. 青年研究，2022（03）.

王磊. 城市第一代独生子女婚育特征实证分析［J］. 北京青年研究，2020，29（02）.

中共国家卫生健康委党组. 谱写新时代人口工作新篇章［J］. 人口与健康，2022（08）.

风笑天. "全面二孩"政策实施效果：现有评价分析及其思考［J］. 东南大学学报（哲学社会科学版），2020，22（05）.

方慧芬，陈江龙，袁丰，等. 中国城市房价对生育率的影响——基于长三角地区41个城市的计量分析［J］. 地理研究，2021，40（09）.

田宏杰，孙宏艳，赵霞，等. 三孩政策下的低生育意愿：现实束缚与文化观念制约［J］. 青年探索，2022（04）.

申秋. 日韩家庭政策的发展过程及其对中国的启示 [J]. 学习与实践，2016 (09).

石人炳，陈宁，郑淇予. 中国生育政策调整效果评估 [J]. 中国人口科学，2018 (04).

史爱军，张翠玲，史卓. 子女教育成本对我国生育意愿的制约与优化建议 [J]. 人口与健康，2021 (07).

庄亚儿，姜玉，李伯华. 全面两孩政策背景下中国妇女生育意愿及其影响因素——基于 2017 年全国生育状况抽样调查 [J]. 人口研究，2021，45 (01).

庄渝霞. 生育保险待遇的覆盖面、影响因素及拓展对策——基于第三期中国妇女社会地位调查的实证分析 [J]. 人口与发展，2019，25 (05).

刘中一. “十四五”时期增强生育政策包容性的要义、路径与机制研究 [J]. 行政管理改革，2021 (09).

刘卓，王学义. 生育变迁：1949—2019 年中国生育影响因素研究 [J]. 西北人口，2021，42 (01).

冯学俊. 法国的家庭补助政策 [J]. 法国研究，1997 (02).

李志龙，陈技伟，冯帅. 房价上涨对已婚女性生育率的影响 [J]. 劳动经济研究，2020，8 (05).

李志华，茅倬彦. 中国家庭养育成本分担模式对再生育的影响 [J]. 人口学刊，2022，44 (03).

李相禹，彭茜. 新制度主义视角下实施“三孩”生育政策及配套支持措施的制度分析 [J]. 广州大学学报（社会科学版），2022，21 (01).

李亮亮. 欧盟典型国家家庭友好政策 [J]. 国际劳动，2013 (03).

李倢. 日本少子化政策演变及对中国生育支持政策的启示 [J]. 中国青年研究，2022 (07).

吕世辰，许团结. 发达国家生育支持政策及启示 [J]. 山西师大学报（社会科学版），2019，46 (02).

吕红平. 我国的生育政策：变化轨迹与未来调整［J］. 人口与社会，2015，31（04）.

吕红平. 完善配套政策：按政策生育的重要保障［J］. 人口与计划生育，2018（11）.

吕红平. 适度生育水平：人口长期均衡发展的重要基础［J］. 晋阳学刊，2022（01）.

吕红平，吕子晔. “老人老办法，新人新办法”奖励扶助制度改革之我见［J］. 河北大学学报（哲学社会科学版），2018，43（01）.

吕红平，耿之璇. “七普”公报主要数据引发的几点思考［J］. 人口与健康，2021（06）.

吕红平，邹超. 实施“全面两孩”后家庭支持政策改革与完善研究［J］. 人口与发展，2018，24（02）.

吕红平，耿之璇. 生育支持政策：推动实现适度生育水平的重要保障［J］. 人口与健康，2022（01）.

吕红平，崔红威，杨鑫. “全面两孩”后的计划生育奖励扶助政策走向［J］. 人口研究，2016，40（03）.

朱荟. 生育支持体系对青年流动女性就业的影响研究［J］. 青年研究，2019（02）.

朱荟，陆杰华. 现金补贴抑或托幼服务？欧洲家庭政策的生育效应探析［J］. 社会，2021，41（03）.

朱荟，崔宝琛，陆杰华. 新时代生育政策配套体系建构的内涵、挑战及顶层设计探究［J］. 中共福建省委党校学报，2018（10）.

乔晓春. 从“七普”数据看中国人口发展、变化和现状［J］. 人口与发展，2021，27（04）.

任玉霜，刘宁. 房价对已婚女性生育行为的影响研究——基于2018CFPS数据的实证分析［J］. 统计与管理，2021（08）.

任兰兰，向东. 我国生育支持政策的演进与优化路径［J］. 人口与健康，2022（05）.

刘卓，王学义. 生育变迁：1949—2019 年中国生育影响因素研究 [J]. 西北人口，2021，42 (01).

刘建金. 面子文化与中国家庭道德教育审视 [J]. 中国德育，2017 (03).

刘璐婵，张瑞利. “全面三孩”政策背景下教育成本的生育抑制效应 [J]. 统计与决策，2022，38 (13).

全国妇联妇女研究所. 部分国家家庭政策介绍 [J]. 中国妇运，2014 (01).

汤兆云，邓红霞. 日本、韩国和新加坡家庭支持政策的经验及其启示 [J]. 国外社会科学，2018 (02).

祁静，茅倬彦. 生命历程视角下的生育支持政策研究 [J]. 福建师大学报，2020 (02).

杨云彦. 构建鼓励生育的社会支持体系 [J]. 中国卫生，2017 (04).

杨菊华. 部分国家生育支持政策及其对中国的启示 [J]. 探索，2017 (02).

杨菊华. 生育支持与生育支持政策：基本意涵与未来取向 [J]. 山东社会科学，2019 (10).

杨菊华，杜声红. 部分国家生育支持政策及其对中国的启示 [J]. 探索，2017 (02).

杨琳琳. 从家庭照顾迈向社会照顾：德国和日本儿童照顾政策及其启示 [J]. 理论月刊，2022 (03).

吴帆. 欧洲家庭政策与生育率变化——兼论中国低生育率陷阱的风险 [J]. 社会学研究，2016 (01).

吴帆. 家庭政策支持：全面二胎放开后人口均衡发展的实现路径 [J]. 广东社会科学，2016 (04).

吴帆. 生育意愿研究：理论与实证 [J]. 社会学研究，2020，35 (04).

陈卫．中国的低生育率与三孩政策——基于第七次全国人口普查数据的分析［J］．人口与经济，2021（05）．

陈卫，靳永爱．中国妇女生育意愿与生育行为的差异及其影响因素［J］．人口学刊，2011（02）．

陈友华，孙永健．“三孩”生育新政：缘起、预期效果与政策建议［J］．人口与社会，2021，37（03）．

陈友华，孙永健．生育政策及其配套支持措施：认知偏误与政策偏差［J］．广州大学学报（社会科学版），2022，21（04）．

陈友华，苗国．低生育率陷阱：概念、OECD和“金砖四国”经验与相关问题探讨［J］．人口与发展，2015，21（06）．

陈友华，徐愫．生育关怀行动若干问题思考［J］．人口与发展，2010，16（01）．

陈梅，张梦皙，石智雷．国外生育支持理论与实践研究进展［J］．人口学刊，2021（06）．

张冲，李想．女性生育意愿与生育行为偏离的影响因素［J］．中国卫生统计，2020，37（06）．

张敏杰．德国家庭政策的回顾与探析［J］．浙江学刊，20141（03）．

张银锋．青年两孩生育意愿及其子女成本收益分析［J］．中国青年研究，2017（05）．

张樨樨，杜玉帆．“全面二孩”政策背景下生育对城镇女性职业中断的影响研究［J］．华东师范大学学报（哲学社会科学版），2019，51（01）．

张琪，张琳．生育支持对女性职业稳定的影响机制研究［J］．北京社会科学，2017（7）．

何海云．房价对城镇家庭生育行为的影响研究［J］．上海房产，2021（9）．

闵杰．“全面二孩”政策背景下在业女性的生支持与生育选择——以黑龙江省为例［J］．黑龙江社会科学，2018（6）．

宋健. 实施“三孩+配套”政策 补足民生短板推动社会发展 [J]. 人口与健康，2021 (08).

宋健，阿里米热·阿里木. 育龄女性生育意愿与行为的偏离及家庭生育支持的作用 [J]. 人口研究，2021，45 (04).

宋健，陈文琪. 育龄夫妇生育意愿的满足情况及家庭特征的影响——基于生育三维视角的实证分析 [J]. 人口研究，2022，46 (05).

宋健，郑航. 中国生育研究现状与问题——基于方法视角的观察 [J]. 中国人口科学，2021 (05).

林宝. 人口负增长与劳动就业的关系 [J]. 人口研究，2020，44 (03).

苗国，庞飞. 现代化与低生育率陷阱——东亚国家与地区生育政策的转向与反思 [J]. 现代经济探讨，2019 (06).

茅倬彦，王嘉晨，吴美玲. 欧洲生育支持政策效果的评估及启示——基于模糊集定性比较的分析 [J]. 人口与经济，2021 (02).

范昕，李敏谊，托幼服务治理模式国际比较及中国路径选择 [J]. 比较教育研究，2021，43 (01).

罗志华，吴瑞君，贾志科. 家庭养育成本对已育一孩夫妇生育意愿的影响——基于2019年西安市五城区调查数据的分析 [J]. 人口与经济，2022 (03).

徐兴文，刘芳. 低生育率时代典型国家家庭政策的实践与启示 [J]. 四川轻化工大学学报（社会科学版），2020，35 (3).

郑杨. 中瑞两国婴幼儿家庭政策比较 [J]. 学前教育研究，2014 (12).

房莉杰，陈慧玲. 平衡工作与家庭：家庭生育支持政策的国际比较 [J]. 人口学刊，2021，43 (2).

胡湛. 家庭建设与三孩生育政策落地 [J]. 妇女研究论丛，2021 (4).

贺丹. 完善生育支持政策 构建家庭友好社会 [J]. 人口与健康，

2020 (10).

贺丹. 实施好三孩生育政策 重在加强配套支持措施 [J]. 人口与健康，2021 (06).

贺丹. 积极实施生育支持政策 促进人口长期均衡发展 [J]. 中国政协，2021 (2).

郭林，董玉莲. 0—3 岁婴幼儿托育服务：国际比较与中国选择 [J]. 中共中央党校（国家行政学院）学报，2021，25 (05).

姜全保，淡静怡. 中国女性婚姻的推迟与补偿 [J]. 中国人口科学，2020，(05).

洪秀敏，朱文婷. 家庭“三孩”生育意愿及其与婴幼儿照护支持的关系 [J]. 广州大学学报（社会科学版），2022，21 (01).

洪秀敏，赵思婕，朱文婷. 托育服务供给模式及其普惠成效的国际比较与启示 [J]. 教育与经济，2021，37 (04).

贾志科，罗志华，茅倬彦. 全面两孩政策下“双非”夫妇的生育意愿与行为分析 [J]. 人口学刊，2021，43 (04).

顾宝昌. 生育意愿、生育行为和生育水平 [J]. 人口研究，2011，35 (02).

原新，刘旭阳. 促进人口均衡发展的长周期思考 [J]. 学海，2021 (04).

原新，范文清. 我国人口负增长和老龄社会的大趋势与新形势——基于“七普”数据再认识 [J]. 晋阳学刊，2022 (01).

夏婧，刘莉. 如何创造生育福利？——国际比较视域下“三孩”政策推进及配套措施构建 [J]. 广州大学学报（社会科学版），2021，20 (06).

徐兴文，刘芳. 低生育率时代典型国家家庭政策的实践与启示 [J]. 四川轻化工大学学报（社会科学版），2020，35 (03).

卿石松. 生育意愿的代际传递：父母观念和行为的影响 [J]. 中国人口科学，2022 (05).

唐一鹏. OECD国家的生育支持服务体系及其启示 [J]. 人口与社会，2018，34 (02).

葛玉好，张雪梅. 房价对家庭生育决策的影响 [J]. 人口研究，2019，43 (01).

彭希哲. 实现全面二孩政策目标需要整体性的配套 [J]. 探索，2016 (01).

靳永爱. 低生育率陷阱：理论、事实与启示 [J]. 人口研究，2014，38 (01).

童文胜，汪文靓. 挪威育儿家庭政策的经验 [J]. 当代青年研究，2015 (06).

温勇. 加强婴幼儿照护服务 构建生育支持体系 [J]. 人口与健康，2019 (12).

蔡昉. 打破"生育率悖论" [J]. 经济学动态，2022 (1).

翟振武，金光照，张逸杨. 中国生育水平再探索——基于第七次全国人口普查数据的分析 [J]. 人口研究，2022，46 (04).

阚唯，梁颖，李成福. 国际鼓励生育政策实践对中国的启示 [J]. 西北人口，2018，39 (05).

薛君. 适度生育水平与生育政策调整 [J]. 人口与社会，2018，34 (03).

穆光宗，江砥，林进龙. 构建生育友好型社会是提高生育率的关键 [J]. 群言，2021 (02).

穆滢潭，原新. "生"与"不生"的矛盾——家庭资源、文化价值还是子女性别? [J]. 人口研究，2018，42 (01).

Clare Simkin，James Hillage. Family Friendly Working：New Hope or Old Hype? IMS Report Series [J]. *Institute of Manpower Studies*，1992.

Michaela Kreyenfeld. Uncertainties in Female Employment Careers and the Postponement of Parenthood in Germany [J]. *European Socio-*

logical Review, 2010, 26 (3).

P. HAAN& WROHLICH. Can Child Care Policy Encourage Employment and Fertility? Evidence from a Structural Model [J]. *Labour Economics*, 2011 (4).

Theophile Ndjanmou Bieda. Women' Education and Fertility in Sub-Saharan Africa: Channels and Influence of Education on Fertility [J]. *Journal of Global Economics*, 2017, 5 (1).

UNFPA (United Nations Population Fund). State of the World Population-2019 [R]. *New York: UNFPA*, 2019.

三、学位论文

马庆林. 中国面子文化与法律语言："博弈—互补"范式 [D]. 西安：陕西师范大学，2018.

方红力. 幼儿照料服务的政策支持及其对生育意愿的影响研究 [D]. 西安：电子科技大学，2020.

邓玮珏. 生育意愿提升的政策支持研究 [D]. 长沙：湖南大学，2019.